图书在版编目（CIP）数据

近思录／（宋）朱熹，（宋）吕祖谦撰；王广注. —济南：山东画报出版社，2014.2（2024.5重印）
（国学经典读本丛书）
ISBN 978-7-5474-1058-5

Ⅰ.①近… Ⅱ.①朱… ②吕… ③王… Ⅲ.①理学—中国—南宋 ②《近思录》—注释 Ⅳ.①B244.72

中国版本图书馆CIP数据核字（2013）第237712号

JINSILU
近思录

〔宋〕朱 熹 〔宋〕吕祖谦撰 王 广注

丛书策划 尹奎友
责任编辑 怀志霄
装帧设计 王 芳
封面设计 博文斯创

主管单位 山东出版传媒股份有限公司
出版发行 山东画报出版社
  社　　址 济南市市中区舜耕路517号　邮编250003
  电　　话 总编室（0531）82098472
　　　　　 市场部（0531）82098479
  网　　址 http://www.hbcbs.com.cn
  电子信箱 hbcb@sdpress.com.cn
印　　刷 金世嘉元（唐山）印务有限公司
规　　格 140毫米×203毫米　32开
　　　　　 10.125印张　160千字
版　　次 2014年2月第1版
印　　次 2024年5月第2次印刷
书　　号 ISBN 978-7-5474-1058-5
定　　价 37.00元

出版说明

国学原指国家设立的学府,如小学、太学、国子监等。《周礼·春官·乐师》:"乐师掌国学之政,以教国子小舞。"孙诒让《周礼正义》:"国学者,在国城中王宫左之小学也。"由此可知,在周代,国学是国家所办的一种贵族子弟学校。到了汉代,在京师设太学,为中央最高学府。隋代以后的历朝历代都设国子监,而国子监内同时也设太学。

国学作为学问一说,始于20世纪初期西学东渐、文化转型的历史背景下。1902年秋,梁启超写信给黄遵宪提议创办《国学报》,"以保国粹为主义",使用了"国学"一词。1906年9月,章太炎在东京发起国学讲习会,不久之后又在此基础上成立了国学振起社。到"五四"爱国运动前后,北京大学文科研究所设立了国学门,出版《国学季刊》;清华大学成立了国学研究院,编印《国学论丛》;章太炎在上海等地演讲国学,出版了《国学概论》,国学研究之风大盛。至此,"国学"一词完成了由"国家设立的学府"向"我国固有的文化学术"意义的转变。

20世纪90年代以来,国学再度复兴,国学热一浪高过一浪。民间出现了以传授国学为主的私塾和国学馆，有的中小学校开设了国学课，北京大学、清华大学、中国人民大学等诸多大学相继创办了国学研究机构。这些举措，既带动了系统而精深的专业化国学研究，也带动了面向社会大众的常识性国学教育。

国学作为我国固有的文化学术，其主要内容是什么呢？1906年，章太炎在日本主编同盟会的机关报《民报》，刊登《国学振起社广告》，圈定国学讲授内容为："一、诸子学；二、文史学；三、制度学；四、内典学；五、宋明理学；六、中国历史。"（按"内典"即佛典）按照传统的分类，国学包括经、史、子、集四部，以经部、子部为重，尤倾向于经部。现在我们通常所说的国学，是指以先秦经典及诸子学为根基，涵盖了两汉经学、魏晋玄学、宋明理学和同时期的汉赋、六朝骈文、唐诗、宋词、元曲与明清小说并历代史学等在内的一套完整的文化学术体系。

要学习国学、研究国学，首先要做的是回归国学经典文本的阅读。近代以来，胡适、梁启超、顾颉刚、鲁迅、汪辟疆、朱自清、钱穆等著名学者都曾为国人开列过国学必读书目。20世纪90年代，北京大学、清华大学的学者、教授们也为学生开列过应读书目。我们此次策划出版"国学经典读本丛书"，就充分参考了以上大家、学者的意见，推出了《周易》《诗经》《大学·中庸》《左传》《论语》《孟子》《国语》《战国策》《史记》《汉书》《后汉书》《三国志》《老子》《庄子》《韩非子》《列子》《荀子》《孙子兵法·孙膑兵法》

《世说新语》《颜氏家训》《金刚经·心经》《坛经》《百喻经》《近思录》《传习录》《楚辞》《古文观止》《唐诗三百首》《宋词三百首》《元曲三百首》等三十种，呈现给广大读者。本丛书充分借鉴前人的研究成果，对所选国学经典进行注释、翻译，对难字加以注音，有的还在篇前加以导读性质的题解。其中，古文辞类各书采用原文加注释和译文的形式，诗词类各书采用原文加注释、赏析和辑评的形式；对于大部头的原著采用选编的方式，选择其重要且可读性强的篇章。丛书追求注释简明，译文通达。本丛书的编辑出版，旨在为国学爱好者提供一套浅近晓畅的国学读本——通过难字注音，使读者诵读经典顺畅无碍；通过题解、注释、翻译和赏析，令读者领悟国学经典的内在魅力，彰显国学经典的现代价值。

山东画报出版社
2012年3月

前　言

国学大师钱穆先生在列举中国人了解国学的必读书目时，仅仅列出了七部书，其中便有《近思录》。这部著作本是朱熹与吕祖谦有感于北宋理学著作令初学者无法把握，所编著的一部理学入门书。

乾道五年（1169）九月，朱熹七十岁的老母祝氏亡故，第二年正月，葬于建阳县崇泰里后山天湖之阳的寒泉坞。朱熹为守墓住在云谷山，这期间他在墓旁建起了一座寒泉精舍，以接纳来学士子。寒泉时期，是朱熹学术生涯中的一个重要发展阶段，从乾道六年（1170）至淳熙元年（1174），朱熹先后八次辞免朝命，潜心研究，著书立说。

为了更好应对佛老在形上思辨方面的优势，朱熹首先诠释了周敦颐、张载的《太极图说》和《西铭》篇。乾道六年，他完成了《太极图说解》和《西铭解》两部著作。在这两部著作中，朱熹把汉唐儒者以天人感应的目的论、阴阳五行的气化论为基调的宇宙图景，转化为以一个以形上之理作为生化根据、阴阳五行之气作为生化材质的宇宙图景。

除了弥补汉唐儒学形上思辨的不足，朱熹还借同湖湘学者的论战,来建构为汉唐儒学所轻忽的心性学说。这次论战从乾道六年一直持续到淳熙元年,历时四年多。在这次论战中,朱熹和以张栻为代表湘湖学者先后讨论了性学、仁学和心学方面的思想,这些思想体现在《论性答稿》《仁说》和《观心说》三篇著名论文中,这三篇论文标志着朱熹的性学、仁学和心学思想的建立。

通过吸取周敦颐、张载、二程的思想,参照佛老文化,朱熹为儒学建立起一个有着形上本体论、心性工夫论之话语体系的"生命的学问"。钱穆先生指出,当时理学中人,知有程颢、程颐,但不知有周敦颐、张载,以二程之说为是,以周、张之说为非,朱熹对周、张的表彰是当时理学的"一大转手",标志着寒泉时期的朱熹已从归宗二程学到超越二程学,实现了对周、张、二程四子之学的融会,直接催生了朱熹以四书学为核心的经学体系建设。

在朱熹看来,四子学是解读《大学》《中庸》《论语》和《孟子》这个有机一体的四书学的阶梯。这一时期,他建构了一个以四书《集解》为核心的四书学体系。朱熹在乾道六年曾修订《中庸集解》,又名《中庸详说》;乾道七年《大学章句》初稿写成;乾道八年正月,把修订的《孟子集解》和《论语要义》合并为一,取名为《论孟精义》,这年秋又写出《中庸章句》初稿。进一步讲,四书学也是解读五经的阶梯。这一时期,朱熹的经学建设主要体现在乾道九年所修订的《诗集解》上。不过,这一时期朱熹的四书学和后来的以四书《集注》为核心的四书学体系相比较,还不够成熟。在这些基础上确立的五经学体系自然也很不成熟，在经学史上具有重要意义的许多经学观点还没确立。

为进一步传播自己所确认的以四子思想为正统的理学文化，帮助那些"不知所入"的后学体会理学文化的独特话语体系，就需要编写一本能够集中体现四子思想的著作，来传播自己确立的学术文化主流意识。淳熙二年（1175）夏季，四十六岁的朱熹在寒泉精舍迎接到了一位重要客人。这位客人就是将要和他一起编纂《近思录》的吕祖谦。吕祖谦（1137—1181）出身名门望族，虽然在经学、史学上与朱熹存在分歧，但是在理学上也信奉二程，加上他兼取包容、折中百家的态度，因而能够求同存异，与朱熹共同编订《近思录》。

这一时期的朱熹与吕祖谦，都面临着如何对待江西心学学派和两浙事功学派的问题，尤其是前者。对朱熹来说，建立自己的学派就需要同其他学派竞争，一方面明晰阐述二程的理学体系已经成为必要，这就需要有一本能够概括二程理学体系的著作作为学习二程理学的简便阶梯，以吸引士子"入吾彀中"；另一方面还需要各学派的领袖坦率地到一起来相谈面论，交流思想。在朱熹这种想法之外，吕祖谦更有一重折中众家、会归众说于一的打算。而这一切又必须以朱熹和吕祖谦两位理学大师统一思想、认识一致为前提。寒泉之会让两人的认识大致统一起来，《近思录》就是他俩思想交流的成果。

吕祖谦从东阳来到建阳，住在朱熹的寒泉精舍。二人自四月初到五月初，朝夕研读、讨论四子著作和思想，历时一个月左右，完成了《近思录》的初编。《近思录》初稿的完成是在朱、陆鹅湖之辩的前夕。朱熹与吕祖谦选编《近思录》之后，便携朋友、门人自闽北赴江西信州鹅湖寺，与二陆会面论学。可见，《近思录》的编订标志着朱、吕二人已确立了他们学术思想的全部宗旨与细节，《近思录》为他们准备了面对二陆挑战的话语体系。甚至可以说，在某一程度上，《近思录》的编辑正是为了与二陆论学而明确理学形上本体理论和基本心性工夫的活动。

当然，寒泉著述时期的《近思录》只是初稿，从初稿到定稿成书历时约三四年，很可能在淳熙五年才最终定稿，因为淳熙五年之后朱熹给吕氏的信中再没有谈及《近思录》改订的事宜。从公私藏目著录看，《近思录》定稿之前的本子不止一种。朱熹在世时，《近思录》传本互有差异，《四库全书总目》就指出："《近思录》虽成于淳熙二年，其后又数经删补，故传本颇有异同。"

自从南宋淳熙二年编定以后，《近思录》在理学发展史上已经成为宋、元、明、清理学的经典。作为解读理学典籍和体系的典范，《近思录》历代传本都有注家诠释，屈指数来，也有十数家之多。诸家当中，能各见其长而为学者接受的，有宋代叶采注本和清代茅星来、江永、张伯行三家集注本。

叶采本最早出，自称为注此书"逾三十年"，"其诸纲要，悉本朱子旧注"。叶采本成于宋淳祐间（1241—1252），大行于元、明两代。这种至尊地位后来虽然不再，却仍不失其独特的价值，因为其毕竟是最接近和亲近朱熹的人的注本。

清康熙间（1662—1722），茅星来注《近思录》，该注以考据见长。在版本上，选取了周、张、二程理学四子全书，以及宋、元以来《近思录》的不同版本作为参照；在校勘上，"其先后次第，悉仍其旧，旧本舛错，仿朱氏《论》《孟》重出错简之例，注明其下，不敢擅自更易"；在注释上，能够荟萃众说，对于名物训诂和考证尤详，"又仿朱氏《论》《孟》附《史记》世家、列传例，取《伊洛渊源录》中四先生事状，删其繁复，为之注释，以附简端"。如此等等，其得在详繁，其失在不能精简。

康熙朝儒学名臣张伯行的注，凸显了义理阐述，十分本色，可借此窥探清代宋学中人的思想理路。张伯行本《四库全书》未收，被辑入《丛书集成初编》，通常可见。相比较之下，江永集解本比茅、张二本有更多优胜处。

江永集解本的一大优势是用朱熹之言解《近思录》。《近思录》问世后，朱熹有很多议论、评说文字散见在各书中，那是理解《近思录》最好的注脚。江永把"凡朱子《文集》《或问》《语类》中其言有相发明者，悉行采入分注"，方便读者参用。尤难能可贵的是，他剪取诸家注释要而不繁，博采众长，亦间附己意，且详略得当，极宜入门初进。故其书一出，即成为最通行的注本，及至今日，尚无出其右者。

《近思录》选编的是北宋理学的文献，但对今人来说，以此书入门并不容易。即使其中语录的部分带有当时口语的特色，对今天的人也已不易读。其不易读，不仅是古文与现代白话语文的差异，事实上《近思录》的古文本身并不是很难读的，真正的困难在于《近思录》的内容是一套从儒家经典化出的话语体系。本注解在参照叶采等以往注释及时贤注译成果的基础上，除了词义简释外，更重视理学"话语体系"所形成的经典出处的注解，以此管窥：《近思录》何以成为解读理学四子思想之阶梯；理学四子思想又何以成为解读以四书学为核心的经学体系之阶梯的脉络。

目 录

卷一　道体　1

卷二　为学　28

卷三　致知　71

卷四　存养　105

卷五　克治　134

卷六　家道　153

卷七　出处　165

卷八　治体　185

卷九　治法　201

卷十　政事　220

卷十一　教学　247

卷十二　警戒　258

卷十三　异端　271

卷十四　圣贤　282

后序

　朱熹《书近思录后》　297

　吕祖谦《近思录跋》　298

　附录：《近思录》与理学话语的建构　300

卷一　道体

【题解】

　　本卷旨在论述天道变化的形上本体与人性至善的形上本原，也就是理学家常说的阴阳性命之理。叶采的题解为："此卷论性之本源，道之体统，盖学问之纲领也。"共收录五十一条，其中周敦颐两条、张载九条、二程合四十条。该卷不仅是全书的大纲，也是理学思想的总纲领。

　　理学主要奠基者程颐指出："能文者谓之文士，谈经者泥为讲师，惟知道者乃儒学也。"（《二程遗书》卷六）在理学家看来，自孟子以后的儒林，充斥着"能文者"和"谈经者"，而鲜于"知道者"。与佛老，尤其是佛教文化相比，汉唐儒学缺失了两个识度：一个是"形容道体"，另一个是"心上起工夫"。也正是由于这个"形容道体"识度的缺失，导致汉唐儒者虽然一直在说天道变化，但始终无法说到宇宙的形上本根（体）层面；虽然一直在论人性至善，但始终无法说到人之生命的形上本原（真）层面。

　　该卷第一条的《太极图说》就是"形容道体"的佳作，周敦颐也因该文被朱熹推尊为理学的开山祖师。这个短篇言简意赅地阐明了宇宙的本体及发用：无极而太极，一动一静而生阴阳五行；论述了人之生命的本真及流行：人得二气五行之秀而最灵，圣人"定之以中正仁义，而主静，立人极焉"。此外，最著名的命题还有程颐的"性即理也"（第三十八条）与张载的"心统性情者也"（第五十条）。前者指出天地万物的本性无不禀自上天所赋予的天理；后者指出心统摄性与情，性为心之体，乃喜怒哀乐未发的"寂然不动"，情为心之用，乃喜怒哀乐已发的"感而遂通"。这两者让儒学拥有了可以同佛老文化抗衡的心性论，不仅让人性论有了形上本原层面，而且还有了"心上起工夫"的识度。

鉴于该卷所揭示课题的重要性，所以被列为全书之首。吕祖谦在《近思录跋》（见《后序》）中解释说，该卷可以让后学"特使知其名义，有所向往而已"，如果不重视该卷所揭示的"道体"，阅读《近思录》就会"茫然不识其梗概"，不知道该著作所讲的为学、致知、家道、政事、讲学等诸方面内容植根的形上基础是什么。当然，朱熹一再叮咛吕祖谦务必告诫后学，要想体会这个"极高明"道体，必须"道中庸"，"循是而进，自卑升高，自近及远"，坚决反对"厌卑近而骛高远，躐等凌节，流于空虚，迄无所依据"。因为这个儒家所讲的"道体"如同该卷第十九条所说"器亦道，道亦器"，虽然"道体""直造先天未画前"，未有天地之前就已经存在，但其"不离日用常行内"，我们生活的现实世界就是道体流行的道场，我们见父知孝、见兄知悌的日常行为就是道体的发用。

1.1　濂溪先生[1]曰：无极而太极[2]。太极动而生阳，动极而静。静而生阴，静极复动。一动一静，互为其根。分阴分阳，两仪[3]立焉。阳变阴合，而生水火木金土。五气[4]顺布，四时行焉。五行，一阴阳也。阴阳，一太极也。太极本无极也。五行之生也，各一其性。无极之真，二五[5]之精，妙合而凝。乾道成男，坤道成女，二气交感，化生万物。万物生生，而变化无穷焉。惟人也，得其秀而最灵。形既生矣，神发知矣。五性[6]感动，而善恶分，万事出矣。圣人定之以中正仁义（本注：圣人之道，仁义中正而已矣。）而主静（本注：无欲故静。），立人极焉。故圣人与天地合其德[7]，日月合其明，四时合其序，鬼神合其吉凶。君子修之吉，小人悖之凶。故曰："立天之道，曰阴与阳。立地之道，曰柔与刚。立人之道，曰仁与义。[8]"又曰："原始反终，故知死生之说。[9]"大哉《易》也，斯其至矣！（周敦颐《太极图说》）

【注释】

〔1〕濂溪先生：即北宋理学家周敦颐（1017—1073），字茂叔，原名敦实，因避宋英宗旧讳改名敦颐，道州营道（今湖南南道县）人。晚年知南康军时，家居庐山莲花峰下，取故居之"濂溪"名之，世称濂溪先生，卒谥元公。著《太极图说》及《通书》，阐发儒家经典中的心性义理思想，被后世尊为宋明理学之开山祖。　〔2〕无极而太极："无极"概念源于《老子》："知其白，守其黑，为天下式。为天下式，常德不忒，复归于无极。""太极"语出《周易·系辞传上》："易有太极，是生两仪，两仪生四象，四象生八卦。"都是指宇宙生生不息的本根（体），人和天地万物的本真（原）状态。朱熹把"自无极而太极"中的"自"删去，认为不是太极之外另有一个"无极"，而是以"无极"一词来形容太极这一本根（体）的无声无臭和广大无边的情状。
〔3〕两仪：阴阳。　〔4〕五气：五行（金、木、水、火、土）之气。
〔5〕二五：阴阳二气与五行。　〔6〕五性：仁、义、礼、智、信。
〔7〕圣人与天地合其德：语出《周易·乾卦·文言传》对"大人"生

命情态的描述："夫大人者，与天地合其德，与日月合其明，与四时合其序，与鬼神合其吉凶，先天而天弗违，后天而奉天时。天且弗违，而况于人乎，况于鬼神乎？"　〔8〕"立天之道，曰阴与阳"句：语出《周易·说卦传》："昔者圣人之作《易》也，将以顺性命之理。是以立天之道，曰阴与阳；立地之道，曰柔与刚；立人之道，曰仁与义。"〔9〕原始反终，故知死生之说：语出《周易·系辞传上》："《易》与天地准，故能弥纶天地之道也。仰以观于天文，俯以察于地理，是故知幽明之故。原始反终，故知死生之说。精气为物，游魂为变，是故知鬼神。"原，考察。反，反观。

1.2　诚无为〔1〕，几〔2〕善恶。德〔3〕爱曰仁，宜曰义，理曰礼，通曰智，守曰信。性焉安焉〔4〕之谓圣；复焉执焉〔5〕之谓贤；发微不可见、充周〔6〕不可穷之谓神〔7〕。（周敦颐《通书·诚几德第三》）

【注释】

〔1〕诚无为：指人和天地万物的本真状态。诚，真实无妄。无为，自然无伪无欲。　〔2〕几：语出《周易·系辞传下》："几者，动之微，吉之先见者也。"在此指善恶之念将动而尚未外显的征兆，这一征兆体现着"诚无为"的本真状态现世化为人之日常行为善恶的机缘。〔3〕德：张伯行《近思录集解》卷一："道得于身谓之德。"是指天道显现在个体身上的德性。　〔4〕性焉安焉：圣人的生命本真状态之自然澄明。"性焉"是指本性如此，"安焉"是指安然而行，不待勉强学习。　〔5〕复焉执焉：贤人的生命本真状态之有意去蔽。"复焉"是指返复本性，"执焉"是指操持固守而不失。执，守。　〔6〕充周：使诚扩充而周遍。　〔7〕神：一种人和天地万物一体合流的神妙莫测情状，语出《周易·系辞传上》："阴阳不测之谓神。"

1.3 伊川先生[1]曰:"喜怒哀乐之未发谓之中。[2]"中也者,言"寂然不动[3]"者也,故曰"天下之大本"。"发而皆中节谓之和。"和也者,言"感而遂通"者也,故曰"天下之达道"。(《二程遗书》卷二十五《畅潜道录》)

【注释】

〔1〕伊川先生:即程颐(1033—1170),字正叔,号伊川,学者称伊川先生。河南洛阳人,因久居洛阳,所以其学被称为"洛学"。著《程氏易传》(又称《伊川易传》)四卷,以义理释《易》。程颢(1032—1085)之弟,兄弟二人合称"二程",都从学于周敦颐,同为北宋理学的奠基者之一。他们不重著述,唯求义理。二人的著作合称为《二程全书》。 〔2〕喜怒哀乐之未发谓之中:语出《中庸》:"喜怒哀乐之未发谓之中;发而皆中节谓之和。中也者,天下之大本也;和也者,天下之达道也。"中,不偏不倚。中节,合乎法度。 〔3〕寂然不动:语出《易经·系辞下传》:"《易》无思也,无为也,寂然不动,感而遂通天下之故。"

1.4 心一也,有指体[1]而言者(本注:寂然不动是也。),有指用[2]而言者(本注:感而遂通天下之故是也。),惟观其所见何如耳。(《二程文集》卷九《答吕大临论中书》)

【注释】

〔1〕体:事物的本体、本质、本然。 〔2〕用:事物的现象、功用、实然。

1.5 乾,天也。天者,乾之形体;乾者,天之性情。

乾，健也，健而无息之谓乾。[1]夫天，专言之则道也，"天且弗违[2]"是也。分而言之，则以形体谓之天，以主宰谓之帝，以功用谓之鬼神，以妙用谓之神，以性情谓之乾。（《程氏易传·乾》）

【注释】

〔1〕健而无息之谓乾：本条是程颐《程氏易传·乾传》对《周易·乾卦》"天行健，君子以自强不息"一句的解说。健，刚健不息。〔2〕天且弗违：天、人、鬼神都与道不相违背，语出《周易·乾卦·文言传》："夫大人者，与天地合其德，与日月合其明，与四时合其序，与鬼神合其吉凶，先天而天弗违，后天而奉天时。天且弗违，而况于人乎？况于鬼神乎？"。

1.6 四德[1]之元，犹五常[2]之仁。偏言则一事，专言则包四者。（《程氏易传·乾》）。

【注释】

〔1〕四德：元、亨、利、贞。 〔2〕五常：仁、义、礼、智、信。

1.7 天所赋为命，物所受为性。[1]（《程氏易传·乾》）

【注释】

〔1〕此条是对《周易·乾卦》用九象辞"乾道变化，各正性命，保合太和，乃利贞"的解说。

1.8 鬼神[1]者,造化[2]之迹也。(《程氏易传·乾》)

【注释】

〔1〕鬼神:以气而言,"鬼"为归,属阴,"神"为伸,为阳。
〔2〕造化:"造"是指自无而有,"化"是指自有而无。

1.9 《剥》之为卦[1],诸阳消剥已尽,独有上九一爻尚存。如硕大之果不见食,将有复生之理。上九亦变,则纯阴矣。然阳无可尽之理。变于上则生于下,无间可容息也。圣人[2]发明此理,以见阳与君子之道不可亡也。或曰:"《剥》尽则为纯《坤》,岂复有阳乎?"曰:"以卦配月,则《坤》当十月[3]。以气消息言,则阳剥为《坤》,阳来为《复》,阳未尝尽也。《剥》尽于上,则《复》生于下矣。故十月谓之阳月[4],恐疑其无阳也。阴亦然[5],圣人不言耳。"(《程氏易传·剥》)

【注释】

〔1〕《剥》之为卦:本条为对《周易·剥卦》上九爻辞的解说,上九曰:"硕果不食,君子得舆,小人剥庐。"不食,不被剥食。〔2〕圣人:指孔子。 〔3〕坤当十月:据卦气说,四月为乾,乾卦六爻皆阳。六爻由下而上,每月一爻变为阴爻,故至十月,六爻皆阴,即坤卦。 〔4〕十月谓之阳月:语出《尔雅·释天》:"正月为陬,二月为如,三月为寎,四月为余,五月为皋,六月为且,七月为相,八月为壮,九月为玄,十月为阳,十一月为辜,十二月为涂。" 〔5〕阴亦然:指四月也是因为恐疑其无阴,谓之阴月。

1.10 一阳复于下〔1〕，乃天地生物之心也。先儒皆以静为见天地之心，盖不知动之端〔2〕乃天地之心也。非知道者孰能识之？〔3〕（《程氏易传·复》）

【注释】

〔1〕一阳复于下：《复》卦卦体震下坤上，只有初九爻为阳爻，所以叫"一阳复于下"。 〔2〕端：端倪。 〔3〕本条为对《周易·复卦·象传》的解说。象传曰："复亨，刚反，动而以顺行，是以出入无疾，朋来无咎。反复其道，七日来复，天行也。利有攸往，刚长也。复，其见天地之心乎？"儒家认为，天地以生物为心，所以"以静为见天地之心"的说法不对。

1.11 仁者，天下之公，善之本也。〔1〕（《程氏易传·复》）

【注释】

〔1〕本条为对《周易·复卦》六二爻象辞的解说。六二曰："休复之吉，以下仁也。""休复"是说休止既往之非而复归于善道，"下仁"是说下顺仁德之君子。

1.12 有感必有应。凡有动皆为感，感则必有应。所应复为感，所感复有应，所以不已也。感通之理，知道者默而观之可也。〔1〕（《程氏易传·咸》）

【注释】

〔1〕本条为对《周易·咸卦》象辞"咸，感也"的解说。

1.13 天下之理,终而复始,所以恒而不穷。恒,非一定之谓也,一定则不能恒矣。惟随时变异,乃常道也。天地常久之道,天下常久之理,非知道者孰能识之?[1]（《程氏易传·恒》）

【注释】

[1] 本条是对《周易·恒卦》的解说。《周易·恒卦·彖传》曰："恒,久也。刚上而柔下,雷风相与,巽而动,刚柔皆应,恒。恒亨无咎利贞,久于其道也。天地之道,恒久而不已也。利有攸往,终则有始也。日月得天,而能久照。四时变化,而能久成。圣人久于其道,而天下化成。观其所恒,而天地万物之情可见矣。"这里体现了"恒"的辩证法：不变不能恒久,只有变才能恒久。

1.14 人性本善,有不可革者,何也？曰：语其性则皆善也,语其才则有下愚之不移[1]。所谓下愚有二焉：自暴也,自弃也。[2]人苟以善自治,则无不可移者。虽昏愚之至,皆可渐磨而进。惟自暴者拒之以不信,自弃者绝之以不为。虽圣人与居,不能化而入也。仲尼之所谓下愚也。然天下自弃自暴者,非必皆昏愚也,往往强戾而才力有过人者,商辛[3]是也。圣人以其自绝于善,谓之下愚。然考其归,则诚愚也。既曰下愚,其能革面,何也？曰：心虽绝于善道,其畏威而寡罪,则与人同也。惟其有与人同,所以知其非性之罪也。[4]（《程氏易传·革》）

【注释】

[1] 语其才则有下愚之不移：语出《论语·阳货》："子曰：'唯上

智与下愚不移。'" 〔2〕自暴也，自弃也：语出《孟子·离娄上》："孟子曰：'自暴者，不可与有言也。自弃者，不可与有为也。言非礼义，谓之自暴也。吾身不能居仁由义，谓之自弃也。'" 〔3〕商辛：商朝纣王之名。他是商代最后的君王，史家都称他的恶行是商朝灭亡的主要原因，最后自焚于鹿台。 〔4〕本条为对《周易·革卦》上六爻辞之解释。上六曰："君子豹变，小人革面，征凶，居贞吉。"

1.15 在物为理，处[1]物为义。[2]（《程氏易传·艮》）

【注释】

〔1〕处：区分，处理。 〔2〕本条是对《周易·艮卦》象传的解说。《周易·艮卦·象传》："艮，止也。时止则止，时行则行，动静不失其时，其道光明。艮其止，止其所也。上下敌应，不相与也。是以不获其身，行其庭不见其人，无咎也。"

1.16 动静无端[1]，阴阳无始。非知道者，孰能识之？[2]（《程氏经说·易说》）

【注释】

〔1〕端：始。 〔2〕本条为对《周易·系辞传上》"一阴一阳之谓道，继之者善也，成之者性也"的解说。

1.17 仁者天下之正理，失正理则无序而不和。[1]（《程氏经说·论语解》）

【注释】

〔1〕本条为对《论语·八佾》"人而不仁，如礼何？人而不仁，如

乐何"的解说。

1.18 明道先生[1]曰：天地生物，各无不足之理。常思天下君臣父子兄弟夫妇，有多少不尽分[2]处。(《二程遗书》卷一《端伯传师说》)

【注释】

〔1〕明道先生：即程颢（1032—1085），字伯淳，学者称明道先生。河南洛阳人。历官鄠与上元等县主簿。十五六岁时与弟程颐从学于周敦颐，遂厌科举之习。出入于释老者近十年，然后返求六经。其时王安石（1021—1086）执政，议更新法，与王安石不和，出为判官。迁太长丞，知扶沟县，士子来学。文彦博（1006—1097）表其墓曰"明道先生"，死后谥曰纯公，改封河南伯，从祀孔庙。 〔2〕尽分：尽其职分。

1.19 "忠信所以进德[1]""终日乾乾[2]"。君子当终日"对越在天[3]"也。盖"上天之载，无声无臭[4]"。其体则谓之易，其理则谓之道，其用则谓之神，其命于人则谓之性，率性则谓之道，修道则谓之教[5]。孟子去其中又发挥出浩然之气[6]，可谓尽矣。故说神"如在其上，如在其左右[7]"。大小大事而只曰"诚之不可掩如此"。夫彻上彻下，不过如此。"形而上为道，形而下为器[8]。"须著如此说，器亦道，道亦器。但得道在，不系今与后，己与人。(《二程遗书》卷一《端伯传师说》)

【注释】

〔1〕忠信所以进德：语出《周易·乾卦·文言传》："君子所以进德修业，忠信所以进德也，修辞立其诚所以居业也。"进德，增进道德。 〔2〕终日乾乾：语出《周易·乾卦》九三爻辞："君子终日乾乾，夕惕若，厉无咎。"乾乾，勤勉努力。 〔3〕对越在天：语出《诗经·周颂·清庙》："济济多士，秉文之德，对越在天。"对，配。越，乎。 〔4〕上天之载，无声无臭：语出《诗经·大雅·文王》："上天之载，无声无臭。仪刑文王，万邦作孚。"上天之载，上天之事。载，存在状态。 〔5〕修道则谓之教：语出《中庸》："天命之谓性，率性之谓道，修道之谓教。"率，遵循。教，教化。 〔6〕浩然之气：充塞天地的一种至大至刚的精神气概。语出《孟子·公孙丑上》："我知言，我善养吾浩然之气。""其为气也，至大至刚，以直养而无害，则塞于天地之间。其为气也，配义与道，无是馁也。是集义所生也，非义袭而取之也。" 〔7〕如在其上，如在其左右：是说神无所不在，语出《中庸》："子曰：鬼神之为德，其盛矣乎。视之而弗见，听之而弗闻，体物而不可遗。使天下之人，齐明盛服，以承祭祀。洋洋乎如在其上，如在其左右。诗曰：神之格思，不可度思，矧可射思。夫微之显，诚之不可掩如此夫。" 〔8〕形而下为器：语出《周易·系辞传上》："是故形而上者谓之道，形而下者谓之器，化而裁之谓之变，推而行之谓之通，举而措之天下之民谓之事业。"道，无形无相，为形上本体；器，有形有相，为具体事物。

1.20 医书言手足痿痹为不仁〔1〕，此言最善名状。仁者以天地万物为一体，莫非己也。认得为己，何所不至？若不有诸己，自不与己相干。如手足不仁，气已不贯，皆不属己。故博施济众〔2〕，乃圣之功用。仁至难言，故止曰"己欲立而立人，己欲达而达人。能近取譬，可谓仁之方也已"。

欲令如是观仁，可以得仁之体。（《二程遗书》卷二《元丰己未吕与叔东见二先生语》）

【注释】

〔1〕手足痿痹为不仁：语出《黄帝内经·痹论篇》："皮肤不营，故为不仁。"又《黄帝内经·痿论篇》："脾气热则胃干而渴，肌肉不仁，发为肉痿。"痿痹，指瘫痪和麻木。　〔2〕博施济众：语出《论语·雍也》："子贡曰：'如有博施于民而能济众，何如？可谓仁乎？'子曰：'何事于仁，必也圣乎！尧舜其犹病诸！夫仁者，己欲立而立人，己欲达而达人。能近取譬，可谓仁之方也已。'"博施于民，广泛地给人民好处。能近取譬，能够就当下的事实选择学习例子一步步去做。为仁之方，成就仁德的途径。

1.21　生之谓性[1]。性即气，气即性，生之谓也。人生气禀，理有善恶。然不是性中元有此两物相对而生也。有自幼而善，有自幼而恶（本注：后稷之克岐克嶷[2]，子越椒[3]始生，人知其必灭若敖氏之类。），是气禀有然也。善固性也，然恶亦不可不谓之性也。盖生之谓性，人生而静[4]，以上不容说。才说性时便已不是性也。凡人说性，只是说"继之者善也[5]"。孟子言性善[6]是也。夫所谓"继之者善也"者，犹水流而就下也。皆水也，有流而至海终无所污，此何烦人力之为也？有流而未远固已渐浊，有出而甚远方有所浊，有浊之多者，有浊之少者。清浊虽不同，然不可以浊者不为水也。如此则人不可以不加澄治之功。故用力敏勇则疾清，用力缓怠则迟清。及其清也，则却只是元初水也。不是将清来换却浊，亦不是取出浊来置在一隅也。水之清，则性善之谓也。故不是善与恶在性中为两物相对，各自出来。此理，天命也。顺而循之，则道也。循此而修之，各得其分则教也[7]。自天命以至于教，我无加损焉。此舜有天下而不与焉[8]者也。（《二程遗书》卷一《端伯传师说》）

【注释】

〔1〕生之谓性：语出《孟子·告子上》："告子曰：'生之谓性。'"告子主张性无善无恶论，与孟子的性善论对立。这里的"生之谓性"是对孟子性善论义理的阐发，与告子之说不同。今人牟宗三在《心体与性体·第三部》对此有详疏。　〔2〕后稷：舜帝时掌农业之官。《诗经·大雅·生民之什》谓其自幼"克岐克嶷"。岐、嶷是指山势高危之状，这里形容后稷人品超凡、品德高尚。　〔3〕子越椒：据《左传·宣公四年》，子越椒生而有熊虎之状、豺狼之声，如不杀掉他，必灭掉其族若敖氏，后来终因他叛乱，致使若敖氏一族被灭。　〔4〕人生而静：语出《礼记·乐记》："人生而静，天之性也；感于物而动，性之欲也。"　〔5〕继之者善也：语出《周易·系辞传上》："一阴一阳之谓道。继之者善也，成之者性也。仁者见之谓之仁，知者见之谓之知。百姓日用而不知，故君子之道鲜矣。"继，禀受、承继。〔6〕性善：语出《孟子·告子上》："水信无分于东西。无分于上下乎？人性之善也，犹水之就下也。人无有不善，水无有不下。"就，接近。〔7〕各得其分则教也：语出《中庸》："天命之谓性，率性之谓道，修道之谓教。"分，职分。　〔8〕舜有天下而不与焉：语出《论语·泰伯》："子曰：'巍巍乎！舜禹之有天下也，而不与焉。'"不与，不掺入自己的意志，一切都顺从天理。与，参与、关联。

1.22　观天地生物气象[1]。（本注：周茂叔[2]看。）

(《二程遗书》卷六)

【注释】

〔1〕天地生物气象：语出《周易·系辞传上》："天地之大德曰生。"观天地生化万物之气象，可体天地生生之仁德。　〔2〕周茂叔：即周敦颐，茂叔为其号，见卷一第一条注〔1〕。

1.23　万物之生意最可观，此元者善之长也^[1]。斯所谓仁也。（《二程遗书》卷十一《师训》）

【注释】

〔1〕元者善之长也：语出《周易·乾卦·文言传》："元者，善之长也。亨者，嘉之会也。利者，义之和也。贞者，事之干也。君子体仁足以长人，嘉会足以合礼，利物足以合义，贞固足以干事。君子行此四德者，故曰：'乾，元亨，利贞。'"《乾卦·象传》解释"乾元"："大哉乾元，万物资始，乃统天。"《坤卦·象传》解释"坤元"："至哉坤元，万物资生，乃顺承天。"元，大，在《易经》中，它被解释成一种生成天地万物的最终根据和伟大动力。

1.24　满腔子^[1]是恻隐之心^[2]。（《二程遗书》卷三《谢显道记忆平日语》）

【注释】

〔1〕腔子：身躯，当时洛阳俗语。　〔2〕恻隐之心：同情心，语出《孟子·公孙丑上》："恻隐之心，仁之端也；羞恶之心，义之端也；辞让之心，礼之端也；是非之心，智之端也。""恻"是伤之切，"隐"

是痛之深。

1.25　天地万物之理,无独必有对[1],皆自然而然,非有安排[2]也。每中夜以思,不知手之舞之,足之蹈之也。(《二程遗书》卷十一《师训》)

【注释】

〔1〕无独必有对:没有单独存在的事物,只有相对立存在的事物,如阴阳、动静。　〔2〕安排:不任随自然,施加心思人力,加以人为干预。

1.26　中者天下之大本,天地之间,亭亭当当[1],直上直下之正理。出则不是。惟"敬而无失[2]"最尽。(《二程遗书》卷十一《师训》)

【注释】

〔1〕亭亭当当:妥妥当当,不偏不倚。　〔2〕敬而无失:语出《论语·颜渊》:"司马牛忧曰:'人皆有兄弟,我独亡。'子夏曰:"商闻之矣:死生有命,富贵在天。君子敬而无失,与人恭而有礼。四海之内,皆兄弟也。君子何患乎无兄弟也?"

1.27　伊川先生曰:公则一,私则万殊。"人心不同如面[1]",只是私心。(《二程遗书》卷十五《入关语录》)

【注释】

〔1〕人心不同如面:语出《左传·襄公三十一年》:"子产曰:'人

心之不同，如其面焉。吾岂敢谓子面如吾面乎？抑心所谓危，亦以告也。'子皮以为忠，故委政焉。子产是以能为郑国。"

1.28　凡物有本末，不可分本末为两段事。"洒扫应对[1]"，是其然，必有所以然。(《二程遗书》卷十五《入关语录》)

【注释】

〔1〕洒扫应对：语出《论语·子张》："子游曰：'子夏之门人小子，当洒扫、应对、进退，则可矣。抑末也，本之则无。如之何？'子夏闻之曰：'噫！言游过矣！君子之道，孰先传焉？孰后倦焉？譬诸草木，区以别矣。君子之道，焉可诬也？有始有卒者，其惟圣人乎！'"按子游所说，"本"是指学问根基，"末"是具体行事。到程颐这里，则"本"成了洒扫应对的所以然之理，"末"则成了洒扫应对之事。

1.29　杨子[1]拔一毛不为，墨子[2]又摩顶放踵为之[3]，此皆是不得中。至如子莫[4]执中，欲执此二者之中，不知怎么执得？识得则事事物物上皆天然有个中在那上，不待人安排也。安排着则不中矣。(《二程遗书》卷十七)

【注释】

〔1〕杨子：杨朱，字子居，战国时期魏国（今河南开封）人。主张"贵生""重己"，一意于保全自己的天性与生命，反对他人对自己的侵夺，也反对自己对他人侵夺。没有著作存世，观点散见于《庄子》《孟子》《韩非子》《吕氏春秋》等书。　〔2〕墨子（约前468－前376）：名翟，先于杨朱。春秋鲁国人，或说宋国人。仕宋时为大夫。

墨家学派创始人，主张兼爱、尚贤、尚同、天志、明鬼、非命、非攻、非乐、节用、节葬等学说。　〔3〕摩顶放踵为之：语出《孟子·尽心上》："杨子取为我，拔一毛而利天下，不为也。墨子兼爱，摩顶放踵利天下，为之。"摩顶放踵，从头顶到脚后跟都磨破了，不辞劳苦的意思。　〔4〕子莫：鲁国贤人。见《孟子·尽心上》："子莫执中，执中为近之，执中无权，犹执一也。"执中，采取中间态度。

1.30　问时中[1]如何？伊川先生曰："'中'字最难识，须是默识心通。且试言一厅，则中央为中。一家则厅中非中而堂为中。言一国则堂非中而国之中为中。推此类可见矣。如'三过其门不入[2]'，在禹稷之世为中，若'居陋巷[3]'，则非中也。'居陋巷'在颜子[4]之时为中，若'三过其门不入'，则非中也。"（《二程遗书》卷十八《刘元承手编》）

【注释】

〔1〕时中："中"不是固定不变的，要随着时、地、势变化而变化。　〔2〕三过其门不入：据《孟子·滕文公上》，当尧之时，洪水横流，五谷不登。尧独忧之，举舜而弗治。舜使禹治水。禹疏九河。在外八年，三过其门而不入。后稷教民稼穑，五谷熟而人民育。〔3〕居陋巷：语出《孟子·离娄下》："颜子当乱世，居于陋巷，一箪食，一瓢饮；人不堪其忧，颜子不改其乐，孔子贤之。"　〔4〕颜子（前521—前481）：名回，字子渊，又称颜渊，春秋末鲁国人。孔子门人中最贤，以德行著称，其心三月不违仁。自汉代起，颜渊被列为七十二贤之首。明嘉靖九年被封为"复圣"，曲阜有复圣庙。

1.31　无妄之谓诚，不欺其次矣。（本注：李邦直[1]

云："不欺之谓诚。"便以不欺为诚。徐仲车[2]云："不息之谓诚。"《中庸》言"至诚无息[3]"，非以无息解诚也。或以问先生，先生曰云云。）(《二程遗书》卷六)

【注释】

〔1〕李邦直：名清臣，字邦直。宋哲宗绍圣初（1095）为中书侍郎。详《宋史》卷三二八《李邦直传》。 〔2〕徐仲车：名积，因聋疾不仕，擅长天文，1088年间任教授。《宋名臣言行录》卷十四有其传。 〔3〕至诚无息：语出《中庸》："故至诚无息，不息则久，久则征，征则悠远，悠远则博厚，博厚则高明。博厚所以载物也，高明所以覆物也，悠久所以成物也。博厚配地，高明配天，悠久无疆。"

1.32 冲漠无朕[1]，万象森然已具。未应不是先，已应不是后。如百尺之木，自根本至枝叶，皆是一贯。不可道上面一段事，无形无兆却待人旋安排，引入来教入途辙。既是途辙，却只是一个途辙[2]。(《二程遗书》卷十五《入关语录》)

【注释】

〔1〕冲漠无朕：形容宇宙无形无象。冲，虚无。漠，通寞。朕，朕兆。 〔2〕既是途辙，却只是一个途辙：此句语意难解，《朱子语类》卷九十五中，朱熹认为原文记录可能有误，"恐是记者欠了字，亦晓不得"。途，路途。辙，车辙。

1.33 近取诸身[1]，百理皆具。屈伸往来之义，只于鼻息之间见之。屈伸往来，只是理不必将既屈之气，复为方伸之气。生生之理，自然不息。如《复》卦言"七日来复〔2〕"，其间元不断续，阳已复生。"物极必返〔3〕"，其理须如此。有生便有死，有始便有终。（《二程遗书》卷十五《入关语录》）

【注释】

〔1〕近取诸身：语出《周易·系辞传下》："古者包牺氏之王天下也，仰观象于天，俯则观法于地，观鸟兽之文，与地之宜。近取诸身，远取诸物，于是始作八卦，以通神明之德，以类万物之情。"表明古人以自己身体作为认识世界的尺度。　〔2〕七日来复：语出《周易·复卦·彖传》："复：亨。出入无疾，朋来无咎。反复其道，七日来复。利有攸往。彖曰：复，亨，刚反，动而以顺行，是以出入无疾，朋来无咎。反复其道，七日来复，天行也。利有攸往，刚长也。复，其见天地之心乎？"复，往来。　〔3〕物极必返：语出《鹖冠子·环流》："美恶相饰，命曰复周，物极则反，命曰环流。"返，同反。

1.34　明道先生曰：天地之间，只有一个感与应而已，更有甚事？（《二程遗书》卷十五《入关语录》）

1.35　问仁。伊川先生曰："此在诸公自思之。将圣贤〔1〕所言仁处类聚观之，体认出来。孟子曰：'恻隐之心，仁也。'后人遂以爱为仁。爱自是情，仁自是性，岂可专以爱为仁？孟子言：'恻隐之心，仁之端也。'既曰仁之端，则不可便谓之仁。退之〔2〕言：'博爱之谓仁〔3〕。'非也。仁者固博爱，然便以博爱为仁则不可。"（《二程遗书》卷十八

《刘元承手编》)

【注释】

〔1〕圣贤：指孔子、孟子。　〔2〕退之：韩愈（768－824），字退之，唐河内河阳（今河南孟州）人，谥文，尊称韩文公，因为他自称郡望昌黎，所以又称韩昌黎。历任监察御史，中书舍人，刑部侍郎。元和十四年（819）因谏迎佛骨，贬至潮州（属今广东）。尽通经史百家，行文秀丽，后世宗之，称为韩文。由汉至宋，为最杰出之儒者。他是唐代古文运动的倡导者，宋代苏轼称他"文起八代之衰"，明人推举他为唐宋八大家之首。《新唐书》卷一七六有传。　〔3〕博爱之谓仁：语出《韩昌黎全集·原道》："博爱之谓仁，行而宜之之谓义；由是而之焉之谓道，足乎，己无待于外之德。"

1.36　问仁与心何异？伊川曰："心譬如谷种。生之性，便是仁。阳气发处，乃情也。"（《二程遗书》卷十八《刘元承手编》)

1.37　义训宜，礼训别，智训知，仁当何训？说者谓训觉〔1〕、训人〔2〕，皆非也。当合孔孟言仁处，大概〔3〕研究之，二三岁得之未晚也。（《二程遗书》卷二十四《邹德久本》)

【注释】

〔1〕训觉：谢良佐以识痛痒为仁。谢良佐（1050－1103），北宋学者，字显道，蔡州上蔡（河南上蔡）人，所以人称上蔡先生或谢上蔡。元丰进士，历仕州县。宋徽宗时，因召对忤旨，废为民。受学于二程，与游酢、杨时、吕大临并称程门"四先生"。他创立了上蔡学派，是心

学的奠基人、湖湘学派的鼻祖,在程朱理学的发展史上起到桥梁作用。著有《论语说》《文集》《语录》。 〔2〕训人:语出《中庸》:"仁者人也,亲亲为大;义者宜也,尊贤为大。" 〔3〕大概:大略。

1.38 性即理也。[1]天下之理,原其所自[2],未有不善。喜怒哀乐未发,何尝不善?发而中节,则无往而不善。[3]凡言善恶,皆先善而后恶;言吉凶,皆先吉而后凶;言是非,皆先是而后非。(本注:《易传》曰:"成而后有败,败非先成者也。得而后有失,非得何以有失也?[4]")(《二程遗书》卷二十二上《伊川杂录》)

【注释】

〔1〕"性即理也"句:此下原文有"所谓性理是也",《近思录》将此语删掉。 〔2〕原其所自:推究其本原。原,考察、推究。 〔3〕"则无往而不善"句:别本《二程遗书》,《孟子集注·滕文公上》,与若干注家(如张伯行《近思录集解》)此下有"发不中节,然后为不善"九字。《近思录》删去此语。 〔4〕"得而后有失,非得何以有失也"句:原文出自《程氏易传·大有》的《象》传:"元者物之先也,物之先岂有不善者乎?事成而后有败,败非先成者也;兴而后有衰,衰固后有兴也;得而后有失,非得则何以有失也?"

1.39 问心有善恶否?曰:在天为命,在物为理[1],在人为性,主于身为心,其实一也。心本善,发于思虑则有善有不善。若既发则可谓之情,不可谓之心。譬如水,只可谓之水。至如流而为派,或行于东或行于西,却谓之流也。(《二程遗书》卷十八《刘元承手编》)

【注释】

〔1〕在物为理：朱熹于此条注云："在义为理"疑是"在物为理"。

1.40　性出于天，才出于气。气清则才清，气浊则才浊。才则有善有不善，性则无不善。（《二程遗书》卷十九《杨遵道录》）

1.41　性者自然完具。信只是有此者也。故四端〔1〕不言信。（《二程遗书》卷九《少日所闻诸师友说》）

【注释】

〔1〕四端：语出《孟子·公孙丑上》：以恻隐、羞恶、辞让、是非之心为仁义礼智之四端。

1.42　心，生道也。有是心，斯具是形以生。恻隐之心，人之生道也。（《二程遗书》卷二十一下《附师说后》）

1.43　横渠先生〔1〕曰：气坱然〔2〕太虚，升降飞扬，未尝止息。此虚实动静之机〔3〕，阴阳刚柔之始。浮而上者阳之清，降而下者阴之浊。其感遇聚结为风雨，为霜雪。万品之流行，山川之融结。糟粕煨烬〔4〕，无非教也。（张载《正蒙·太和》）

【注释】

〔1〕横渠先生：姓张，名载，字子厚（1020－1077）。大梁（今河

南开封）人，徙家凤翔郿县（今陕西眉县）横渠镇，世称横渠先生。他是二程兄弟的表叔，也是理学奠基人之一。少喜谈兵，年十八，上书范仲淹（989－1052）。范氏授以《中庸》，告以儒者自有名教，何事于兵？之后，张载求诸佛老，后反求之六经，曾经坐虎皮讲《周易》于京师，二程至与他论《周易》，第二天就撤座辍讲，告知大家学习二程的《周易》思想，不用再学习自己的。其学以《易》为宗，以《中庸》为体，以孔孟为法，谓太虚无形，气之本体。所著为《正蒙》《西铭》《横渠易说》。因为他讲学关中，所以其学又被称为关学。
〔2〕坱然：盛大氤氲的样子。　　〔3〕机：机微，或写作"几"。
〔4〕糟粕煨烬：糟粕是做酒之后剩下的渣滓，煨烬是燃烧之后余下的灰烬。

1.44　游气[1]纷扰[2]，合而成质者，生人物之万殊。其阴阳两端，循环不已者，立天地之大义。（张载《正蒙·太和》）

【注释】

〔1〕游气：游离之气，指太虚之气散开时的状态。　　〔2〕纷扰：参差不齐。

1.45　天体物不遗，犹仁体事而无不在也。"礼仪三百，威仪三千。[1]"无一物而非仁也。"昊天曰明，及尔出王。昊天曰旦，及尔游衍。[2]"无一物之不体也。（张载《正蒙·天道》）

【注释】

〔1〕礼仪三百，威仪三千：指礼仪准则非常多，语出《中庸》：

"大哉圣人之道，洋洋乎发育万物，峻极于天。优优大哉，礼仪三百，威仪三千，待其人而后行。"〔2〕昊天曰明，及尔出王。昊天曰旦，及尔游衍：语出《诗经·大雅·板》。昊，广大无边。王，往。

1.46 鬼神者，二气之良能[1]也。（张载《正蒙·太和》）

【注释】

〔1〕良能：语出《孟子·尽心上》："人之所不学而能者，其良能也。"这里指阴阳二气屈伸往来，本于自然，不待人为安排。

1.47 物之初生，气日至而滋息[1]。物生既盈，气日反而游散。至之谓神，以其伸也；反之谓鬼，以其归也。（张载《正蒙·动物》）

【注释】

〔1〕滋息：生息，生长。

1.48 性[1]者万物之一源，非有我之得私也。惟大人[2]为能尽其道，是故立必俱立，知必周知，爱必兼爱，成不独成。彼自蔽塞而不知顺吾理者，则亦未如之何矣。（张载《正蒙·诚明》）

【注释】

〔1〕性：张载所说的性有天地之性与气质之性两种，这里所说的

性是天地之性。 〔2〕大人：圣人。

1.49 一故神[1]。譬之人身，四体皆一物，故触之而无不觉，不待心使至此而后觉也。此所谓"感而遂通[2]"，"不行而至，不疾而速[3]"也。（张载《横渠易说·系辞上》）

【注释】

〔1〕一故神：语出《正蒙·参两》："一故神，两在故不测；两故化，推行于一。"一，一元之气、太虚之气，是宇宙变化的本体。两，指阴阳二气。神，指作为宇宙本体的太虚之气变化莫测的神妙功用。
〔2〕感而遂通：语出《周易·系辞传上》："易无思也，无为也，寂然不动，感而遂通天下之故。非天下之至神，其孰能与于此。"
〔3〕不行而至，不疾而速：不必行走就能够到达，不必急赶就能够速达，语出《周易·系辞传上》："唯神也，故不疾而速，不行而至。"

1.50 心，统[1]性情者也。（张载《性理拾遗》）

【注释】

〔1〕统：统摄。

1.51 凡物莫不有是性[1]。由通蔽开塞，所以有人物之别[2]。由蔽有厚薄，故有知愚[3]之别。塞者牢不可开，厚者可以开而开之也难，薄者开之也易，开则达于天道与圣人。（张载《性理拾遗》）

【注释】

〔1〕性：这里指天地之性。　〔2〕人物之别：天性通者、开者为人，蔽者、塞者为物。　〔3〕知愚：同"智愚"。

卷二　为学

【题解】

本卷旨在论述为学之道。叶采的题解为："此卷总论为学之要。盖尊德性矣，必道问学，明乎道体，知所指归，斯可究为学之大凡矣。"共收录一百一十一条，其中周敦颐两条、张载三十三条，其余七十六条来自二程。

其中最重要的篇章包括：第三条程颐的《颜子所好何学论》，论述如何经由学习而成圣成贤的途径；第四条程颢的《定性书》，强调要"廓然而大公，物来而顺应"，要学者避免自私而用智；第八十九条张载的《西铭》，发挥仁者以天地万物为一体，以及理一分殊的义理，《西铭》全文虽只二百五十三字，却在理学史上占有极重要的地位。本卷最有名的、传诵千古的一段话则是第九十五条，张载所说的："为天地立心，为生民立道，为去圣继绝学，为万世开太平。"

儒家向来重为学，孔子就提倡"学而不厌"。大体言之，儒家所为之学是一种调适、安顿、运转自身生命的"为己之学"，是一种关于怎么做人的"生命的学问"。在理学家看来，成为什么样的人也就是"道体"落实于个人的体现，所以该卷开宗明义标出为学的目的就是要做一个能"志伊尹之所志，学颜子之所学"之人。该条目充分体现了理学家内圣（颜子之所学）外王（伊尹之所志）的为学宏规。到了该卷第一百条，张载则进一步将"内圣外王"的为学宏规深化为"自求变化气质"，即将纯杂不一的"气质之性"，逐渐回复到纯然的"天地之性"。张载这一论述，体现了理学家对人自身之"生命的学问"的深度省思。理学家基本认同张载所做的"天地之性"和"气质之性"的分判。所谓"天地之性"，是指人受命于天的本然善性，是人之生命的本真状态；而"气质之性"则是指人在出生时由于气禀不同，是人之生命本真状态在现实世界中的沉沦、遮蔽。"天地之性"是纯粹的善性；"气质之性"则因受后天的气禀与习染影响而显现出恶性。

如此一来，为学的过程就是在不断去蔽、澄明我们生命本真状态的过程中实现内圣外王的生命理想格局，或者是在实现内圣外王生命格局过程中不断去蔽、澄明我们生命的本真状态。这一过程离不开圣贤们的为学经验，所以当以研读经书为要，只有深入研习经书才能进入圣学之门。因为经书无不是圣人深切体悟大道之后，笔之于书的成果，所以周、张、二程四子才会反复结合四书、五经，讲论为学之道。

2.1　濂溪先生曰：圣希[1]天，贤希圣，士希贤。伊尹[2]、颜渊，大贤也。伊尹耻其君不为尧舜，一夫不得其所，若挞于市[3]。颜渊"不迁怒，不贰过[4]"，"三月不违仁[5]"。志伊尹之所志，学颜子之所学，过则圣，及则贤，不及则亦不失于令名[6]。（周敦颐《通书·志学》）

【注释】

〔1〕希：希慕，由仰慕而效法。　〔2〕伊尹：名挚，尹是官名。殷商开国的贤相，辅佐成汤攻灭夏桀，建立商朝。汤去世后，历佐外

丙、仲壬二王。仲壬死后，由汤之孙太甲继位，但太甲无道，于是伊尹放逐之，三年后太甲悔过，才接回复位。死于沃丁时。〔3〕若挞于市：语出《尚书·说命下》："伊尹曰：'予弗克俾厥后惟尧舜，其心愧耻，若挞于市。'一夫不获，则曰：'时予之辜。'"意思是说，如果我不能使我的君王成为尧舜那样的圣君，我的心中就会感到羞愧，感觉就像在闹市被鞭挞一样。如果天下有一个人没有得到合适的安置，就会说："这是我的罪过。"〔4〕不迁怒，不贰过：自己犯了错不迁怒于别人，也不再犯，语出《论语·雍也》："有颜回者好学，不迁怒，不贰过，不幸短命死矣。"〔5〕三月不违仁：语出《论语·雍也》："回也，其心三月不违仁，其余则日月至焉而已矣。"与上都为孔子对颜回的评价。〔6〕令名：美好的名声。

2.2 圣人之道，入乎耳，存乎心。蕴[1]之为德行，行之为事业。彼以文辞而已者陋矣！（周敦颐《通书·陋》）

【注释】

〔1〕蕴：积累，藏蓄。明曹端《通书述解》卷下："蓄之于中则为吾之德行焉，发之于外则为吾之事业焉。"

2.3 或问[1]："圣人之门，其徒三千，独称颜子为好学[2]。夫《诗》、《书》、六艺[3]，三千子非不习而通也，然则颜子所独好者，何学也？"伊川先生曰："学以至圣人之道也。""圣人可学而至欤？"曰："然。""学之道如何？"曰："天地储精，得五行[4]之秀者为人。其本也真而静，其未发也五性具焉，曰仁、义、礼、智、信。形既生矣，外物触其形而动其中矣。其中动而七情出焉，曰喜、怒、哀、乐、爱、恶、欲。情既炽而益荡，其性凿矣。是故觉者约其情，使合于中，正其心，养其性。愚者则不知制之，纵其情而至于邪僻，梏其性而亡之[5]。然学之道，必先明诸心，知所养，然后力行以求至，所谓'自明而诚[6]'也。诚之之道[7]，在乎信道笃。信道笃则行之果，行之果则守之固。仁义忠信，不离乎心。'造次必于是，颠沛必于是[8]'，出处语默必于是。久而弗失，则居之安。动容周旋中礼[9]，而邪僻之心无自生矣。故颜子所事，则曰：'非礼勿视，非礼勿听，非礼勿言，非礼勿动[10]。'仲尼称之，则曰：'得一善则拳拳服膺而弗失之矣[11]。'又曰：'不迁怒，不贰过。''有不善未尝不知，知之未尝复行也[12]。'此其好之笃，学之道也。然圣人则'不思而得，不勉而中[13]'，颜子则必思而得，必勉而后中。其与圣人相去一息，所未至者，守之也，非化之也。以其好学之心，假[14]之以年，则不日而化矣。后人不达，以谓圣本生知，非学可至，而为学之道遂失。不求诸己而求诸外，以博闻强记巧文丽辞为工[15]，荣华其言，鲜有至于道者。则今之学与颜子所好异矣。（《二程文集》卷八《颜子所好何学论》）

【注释】

〔1〕或问：《颜子所好何学论题》下注云："先生始冠，游太学。胡安定（胡瑗，993—1059）以是试诸生。得此论大惊异之，即请相见，遂以先生为学职。"由此可以理解成"或"是指胡瑗，不过此非口试问答而是论说，设为问答，也是文章体例之一。　〔2〕独称颜子为

好学:语出《论语·雍也》:"哀公问:'弟子孰为好学?'孔子对曰:'有颜回者好学,不迁怒,不贰过。不幸短命死矣!今也则亡,未闻好学者也。'"亡,无。 〔3〕六艺:一是指礼、乐、射、御、书、数六种技艺,二是指《诗》《书》《礼》《易》《乐》《春秋》六经。这里指前者。 〔4〕五行:金,木,水,火,土。 〔5〕梏其性而亡之:原文"养其性"下有"故曰性其情"五字,"而亡之"下有"故曰性其情"五字,朱熹一起删除。"性其情"之语,来自王弼(226—249)《周易注·乾卦》的"乾元用九"注。王氏受道家影响,以情为恶。朱熹删此两语,以其有情恶气味。原文共七百一十四字。朱子删二百五十五字,加十三字,共四百七十二字。除此处外,全文与原文无别。梏,拘禁、束缚。 〔6〕自明而诚:语出《中庸》:"自诚明,谓之性;自明诚,谓之教。"诚,真实无妄。明,光明、明白。 〔7〕诚之之道:语出《中庸》:"诚者,天之道;诚之者,人之道。"诚之,使之诚。 〔8〕颠沛必于是:语出《论语·里仁》:"君子无终食之间违仁,造次必于是,颠沛必于是。"造次,仓促匆忙。颠沛,困顿挫折。〔9〕动容周旋中礼:语出《孟子·尽心下》:"动容周旋中礼者,盛德之至也。"动容,动作容貌。周旋,身体运转。 〔10〕非礼勿视,非礼勿听,非礼勿言,非礼勿动:语出《论语·颜渊》:"颜渊问仁。子曰:'克己复礼为仁。一日克己复礼,天下归仁焉。为仁由己,而由人乎哉?'颜渊曰:'请问其目。'子曰:'非礼勿视,非礼勿听,非礼勿言,非礼勿动。'颜渊曰:'回虽不敏,请事斯语矣。'"事,从事、实行。 〔11〕得一善则拳拳服膺而弗失之矣:语出《中庸》:"子曰:回之为人也,择乎中庸,得一善则拳拳服膺,而弗失之矣。"拳拳服膺,牢牢放在心上。服,放置。膺,胸口。 〔12〕知之未尝复行:语出《周易·系辞传下》:"子曰:颜氏之子,其殆庶几乎?有不善,未尝不知;知之,未尝复行也。《易》曰:'不远复,无祗悔,元吉。'"。 〔13〕不勉而中:语出《中庸》:"诚者不勉而中,不思而得,从容中道圣人也。诚之者,择善而固执之者也。" 〔14〕假:给予。〔15〕工：巧。

2.4 横渠先生问于明道先生曰[1]："定性未能不动，犹累于外物，何如？"明道先生曰："所谓定者，动亦定，静亦定，无将迎，无内外[2]。苟以外物为外，牵己而从之，是以己性为有内外也。且以性为随物于外，则当其在外时，何者为在内？是有意于绝外诱而不知性之无内外也。既以内外为二本，则又乌可遽[3]语定哉？夫天地之常，以其心普万物而无心。圣人之常，以其情顺万事而无情。故君子之学，莫若廓然而大公，物来而顺应。《易》曰：'贞吉，悔亡，憧憧往来，朋从尔思[4]。'苟规规[5]于外诱之除，将见灭于东而生于西也。非惟日之不足，顾其端无穷，不可得而除也。人之情各有所蔽，故不能适道，大率患在于自私而用智。自私则不能以有为为应迹，用智则不能以明觉为自然。今以恶外物之心，而求照无物之地，是反鉴[6]而索照也。《易》曰：'艮其背，不获其身。行其庭，不见其人。[7]'孟氏亦曰：'所恶于智者，为其凿也[8]。'与其非外而是内，不若内外之两忘也，两忘则澄然无事矣。无事则定，定则明，明则尚何应物之为累哉？圣人之喜，以物之当喜。圣人之怒，以物之当怒。是圣人之喜怒，不系于心，而系于物也。是则圣人岂不应于物哉？乌得以从外者为非，而更求在内者为是也？今以自私用智之喜怒，而视圣人喜怒之正为如何哉？夫人之情易发而难制者，惟怒为甚。第[9]能于怒时遽忘其怒，而观理之是非，亦可见外诱之不足恶，而于道亦

思过半矣。"(《二程文集》卷二《答横渠张子厚先生书》)

【注释】

〔1〕横渠先生问于明道先生曰：本条是改编程颢《答横渠张子厚先生书》一文而成，文字略有出入，删去了最后一节。理学家称此文为《定性书》。　〔2〕无将迎，无内外：这是述庄子意。《庄子·应帝王》云："至人之用心若镜，不将不迎，应而不藏，故能胜物而不伤。"将迎，送迎。　〔3〕遽：匆忙。　〔4〕憧憧往来，朋从尔思：意思是心意不定，往来不停，但他的朋友还是跟从，语出《周易·咸卦》九四爻辞。憧憧，往来不绝。　〔5〕规规：浅陋拘泥。　〔6〕反鉴：镜子的背面。　〔7〕艮其背，不获其身。行其庭，不见其人：语出《周易·艮卦》卦辞。艮，静止。　〔8〕为其凿也：语出《孟子·离娄下》："孟子曰：'天下之言性也，则故而已矣。故者以利为本。所恶于智者，为其凿也。如智者若禹之行水也，则无恶于智矣。禹之行水也，行其所无事也。如智者亦行其所无事，则智亦大矣。天之高也，星辰之远也，苟求其故，千岁之日至，可坐而致也。'"凿，牵强、穿凿，破坏事物的天然本性。　〔9〕第：但，只。

2.5　伊川先生《答朱长文[1]书》曰：圣贤之言不得已也。盖有是言则是理明，无是言则天下之理有阙[2]焉。如彼耒耜[3]陶冶之器，一不制则生人之道有不足矣。圣贤之言，虽欲已，得乎？然其包涵尽天下之理，亦甚约[4]也。后之人始执卷则以文章为先，平生所为动多于圣人。然有之无所补，无之靡所阙，乃无用之赘[5]言也。不止赘而已，既不得其要，则离真失正，反害于道必矣。来书所谓欲使后人见其不忘乎善，此乃世人之私心也。夫子"疾没世而名不称[6]"焉者,疾没身无善可称云尔,非谓疾无名也。名者可以厉[7]中人,君子所存,非所汲汲[8]。(《二程文集》卷九《答朱长文书》)

【注释】

〔1〕朱长文(1039—1098):字伯源,号乐圃,苏州吴县人。年未冠举嘉祐四年(1055)进士,元祐(1086—1093)中召为太学博士,迁秘书省正字兼编修。《宋史》有传。 〔2〕阙:通缺,空缺。〔3〕耒耜:农具的统称。 〔4〕约:简明。 〔5〕赘:多余。〔6〕疾没世而名不称焉者:语出《论语·卫灵公》:"子曰:'君子疾没世而不称焉。'"称,称道。 〔7〕厉:通励,激励。 〔8〕汲汲:心情急切,热衷。

2.6 内积忠信,所以进德也。择言笃志,所以居业也。知至至之[1],致知也。求知所至而后至之,知之在先,故可与几。所谓"始条理者,智之事也[2]"。知终,终之力行也。既知所终,则力进而终之。守之在后,故可与存义[3]。所谓"终条理者,圣之事也"。此学之始终也。(《程氏易传·乾》)

【注释】

〔1〕知至至之:前"至"为名词,意思是发展,后"至"为动词。〔2〕始条理者,智之事也:语出《孟子·万章下》:"伯夷,圣之清者也;伊尹,圣之任者也。柳下惠,圣之和者也;孔子,圣之时者也。孔子之谓集大成。集大成也者,金声而玉振之也。金声也者,始条理也。玉振之也者,终条理也。始条理者,智之事也。终条理者,圣之

事也。智，譬则巧也；圣，譬则力也。由射于百步之外也，其至，尔力也；其中，非尔力也。"始条理，指奏乐中节奏旋律的开始。
〔3〕故可与存义：语出《周易·乾卦·文言传》曰："君子终日乾乾。……君子进德修业。忠信所以进德也。修辞立其诚，所以居业也。知至至之，可与言几也。知终终之，可与存义也。"

2.7　君子主敬以直其内，守义以方其外[1]。敬立而直内，义形而外方。义形于外，非在外也。敬义既立，其德盛矣，不期大而大矣，德不孤[2]也。无所用而不周[3]，无所施而不利，孰为疑乎？（《程氏易传·坤》）

【注释】

〔1〕守义以方其外：语出《周易·坤卦·文言传》："直其正也，方其义也。君子敬以直内，义以方外，敬义立而德不孤。'直、方、大，不习无不利'，则不疑其所行也。"直，端正。方，方正。
〔2〕德不孤：有德者不会孤单，语出《论语·里仁》："德不孤，必有邻。"　〔3〕周：周遍。

2.8　动以天[1]为无妄，动以人欲则妄矣。《无妄》之意大矣哉！虽无邪心，苟不合正理，则妄也，乃邪心也。既已无妄，不宜有往[2]，往则妄也。故《无妄》之《象》曰："其匪正有眚，不利有攸往[3]。"（《程氏易传·无妄》）

【注释】

〔1〕动以天：叶采及其他注家以"天"为"天理"。　〔2〕往：指私意之营为。　〔3〕不利有攸往：语出《周易·无妄·象传》："元

亨，利贞。其匪正有眚，不利有攸往。"眚，指灾难。

2.9 人之蕴蓄，由学而大。在多闻前古圣贤之言与行。考迹以观其用，察言以求其心。识而得之，以蓄成其德。[1]（《程氏易传·大畜》）

【注释】

〔1〕此条是程颐对《周易·大畜·象传》的解说。

2.10 《咸》之《象》曰："君子以虚受人[1]。"《传》[2]曰："中无私主，则无感不通。以量而容之，择合而受之，非圣人有感必通之道也。"其九四曰："贞吉，悔亡。憧憧往来，朋从尔思。"《传》曰："感者，人之动也。故《咸》皆就人身取象[3]，四当心位而不言咸其心，感乃心也。感之道无所不通。有所私系，则害于感通，所谓[4]悔也。圣人感天下之心，如寒暑雨旸[5]无不通无不应者，亦贞而已矣。贞者，虚中无我之谓也。若往来憧憧然，用其私心以感物，则思之所及者，有能感而动，所不及者不能感也。以有系之私心，既主于一隅[6]一事，岂能廓然无所不通乎？"（《程氏易传·咸》）

【注释】

〔1〕君子以虚受人：语出《周易·咸卦·象传》："山上有泽，咸，君子以虚受人。"《咸》卦卦体艮下兑上，象征泽在山上，山受泽中之水，所以君子应效法山之精神，"以虚受人"。 〔2〕《传》：指《程氏

易传》卷三。 〔3〕就人身取象：指《咸》卦取象人身，即初为拇，二为腓，三为股，五为脢，上为辅颊舌，四当心位。 〔4〕所谓：《易传》原文作"乃有"。 〔5〕旸：日出，天晴。 〔6〕一隅：一个方面。

2.11 君子之遇艰阻，必自省于身，有失而致之乎？有所未善则改之。无歉于心则加勉。乃自修其德也。[1]（《程氏易传·蹇》）

【注释】

〔1〕此条是对《周易·蹇卦·象传》的解释。《象》曰："山上有水，蹇。君子以反身修德。"《蹇》卦卦体下艮上坎，山上有水，山高水险，意谓遭遇险阻。

2.12 非明则动无所之，非动则明无所用。（《程氏易传·丰》）

2.13 习，重习也。[1]时复思绎[2]，浃洽[3]于中，则说[4]也。以善及人而信从者众，故可乐也。虽乐于及人，不见是而无闷[5]，乃所谓君子。（《程氏经说·论语解》）

【注释】

〔1〕习，重习也：本条论《论语·学而》："学而时习之，不亦说乎？有朋自远方来，不亦乐乎？人不知而不愠，不亦君子乎？"习，习行，复习。 〔2〕思绎：反复推究。绎，寻绎，理出头绪，引申为解析。 〔3〕浃洽：贯通。 〔4〕说：通悦。 〔5〕不见是而无闷：

不被称道而不苦恼,语出《周易·乾卦·文言传》。"龙德而隐者也。不易乎世,不成乎名,遁世无闷,不见是而无闷。乐则行之,忧则违之,确乎其不可拔,潜龙也。"

2.14 古之学者为己〔1〕,欲得之于己也。今之学者为人,欲见知于人也。〔2〕(朱熹《论语精义》卷七)

【注释】

〔1〕古之学者为己:语出《论语·宪问》:"子曰:'古之学者为己,今之学者为人。'" 〔2〕此条出处,原注为《程氏经说》,检今本无此条。

2.15 伊川先生谓方道辅〔1〕曰:圣人之道,坦如大路,学者病不得其门耳。得其门,无远之不到也。求入其门,不由于经乎?今之治经者亦众矣,然而买椟还珠〔2〕之蔽〔3〕,人人皆是。经所以载道也,诵其言辞,解其训诂,而不及道,乃无用之糟粕耳。觊足下由经以求道,勉之又勉。异日见卓尔有立于前,然后不知手之舞,足之蹈,不加勉而不能自止矣。(程颐《手帖》)

【注释】

〔1〕方道辅:名元寀,字道辅,莆田人,程颐学生。 〔2〕买椟还珠:语出《韩非子·外储说左上》:"楚人有卖其珠于郑者。……郑人买其椟而还其珠。" 〔3〕蔽:别本作"弊"。

2.16 明道先生曰:"修辞立其诚〔1〕",不可不子细理会。言能修省言辞，便是要立诚。若只是修饰言辞为心，只是为伪也。若修其言辞，正为立己之诚意，乃是体当自家"敬以直内，义以方外[2]"之实事。道之浩浩，何处下手？惟立诚才有可居之处。有可居之处，则可以修业也。"终日乾乾"，大小大[3]事，却只是忠信所以进德，为实下手处。修辞立其诚，为实修业处。（《二程遗书》卷一《端伯传师说》）

【注释】

〔1〕修辞立其诚：语出《周易·乾卦·文言传》："'九三曰：君子终日乾乾，夕惕若，厉无咎。'何谓也？子曰：'君子进德修业。忠信，所以进德也。修辞立其诚，所以居业也。知至至之，可与几也。知终终之，可与存义也。是故居上位而不骄，在下位而不忧。故乾乾因其时而惕，虽危无咎矣。'"乾乾，健健。修辞，本义为修饰文辞，引申为写作文章。　〔2〕敬以直内，义以方外：敬慎使内心正直，外在行为体现出合乎正义，语出《周易·坤卦·文言传》，见卷二第七条注〔1〕。　〔3〕大小大：宋代俗语，重大。

2.17　伊川先生曰：志道[1]恳切，固是诚意。若迫切不中理，则反为不诚。盖实理[2]中自有缓急，不容如是之迫。观天地之化乃可知。（《二程遗书》卷二上《元丰己未吕与叔东见二先生语》）

【注释】

〔1〕志道：志于道。　〔2〕实理：实存之理。

2.18　孟子才高，学之无可依据。学者当学颜子，入圣人为近，有用力处。又曰：学者要学得不错，须是学颜子。（本注：有准的。[1]）（《二程遗书》卷二上《元丰己未吕与叔东见二先生语》，卷三《谢显道记忆平日语》）

【注释】

[1] 准的：目标，用力处。

2.19　明道先生曰：且省外事，但明乎善，惟进诚心，其文章虽不中，不远矣。所守不约，泛滥无功。（《二程遗书》卷二上《元丰己未吕与叔东见二先生语》）

2.20　学者识得仁体[1]，实有诸己，只要义理栽培。如求经义，皆栽培之意。（《二程遗书》卷二上《元丰己未吕与叔东见二先生语》）

【注释】

[1] 仁体：仁之全体，仁之本体。

2.21　昔受学于周茂叔，每令寻颜子、仲尼乐处，所乐何事[1]。（《二程遗书》卷二上《元丰己未吕与叔东见二先生语》）

【注释】

[1] 所乐何事：孔子（仲尼）之乐在"饭疏食饮水，曲肱而枕之，

乐亦在其中矣"(《论语·述而》),颜子之乐在"一箪食,一瓢饮,在陋巷,人不堪其忧,回也不改其乐"(《论语·雍也》)。

2.22　所见所期,不可不远且大。然行之亦须量力有渐。志大心劳,力小任重,恐终败事。(《二程遗书》卷二上《元丰己未吕与叔东见二先生语》)

2.23　朋友讲习,更莫如"相观而善[1]"工夫多。(《二程遗书》卷二上《元丰己未吕与叔东见二先生语》)

【注释】

[1] 相观而善:语出《礼记·学记》:"相观而善之谓摩。"

2.24　须是大其心,使开阔。譬如为九层之台[1],须大做脚[2]始得。(《二程遗书》卷二上《元丰己未吕与叔东见二先生语》)

【注释】

[1] 九层之台:语出《老子》:"九层之台,起于累土。" [2] 大做脚:指打一个很大的根基。

2.25　明道先生曰:自舜发于畎亩之中,至百里奚举于市[1],若要熟,也须从这里过。(《二程遗书》卷三《谢显道记忆平日语》)

【注释】

〔1〕百里奚举于市：语出《孟子·告子下》："舜发于畎亩之中……孙叔敖举于海，百里奚举于市。故天将降大任于是人也，必先苦其心志，劳其筋骨，饿其体肤，空乏其身，行拂乱其所为。所以动心忍性，增益其所不能。"孙叔敖，蒍氏，名敖，字孙叔，一字艾猎，春秋时楚国期思邑（今河南淮宾县期思乡）人。楚庄王时，由前令尹虞丘推荐，任孙叔敖为令尹。百里奚，也称百里子或百里，名奚，春秋时楚国宛（今河南南阳）人。早年贫穷困乏，流落不仕，后被晋国俘虏。晋献公把嫁女儿给秦穆公时，把百里奚当作陪嫁小臣送到了秦国，秦穆公闻其贤名，用五羊皮赎之，立其为相。

2.26 参〔1〕也，竟以鲁得之。（《二程遗书》卷三《谢显道记忆平日语》）

【注释】

〔1〕参：即曾子，名参，孔子弟子，以孝名。《论语·先进》谓"参也鲁"。鲁，指迟钝。

2.27 明道先生以记诵博识为"玩物丧志〔1〕"。（本注：时以经语录作一册。郑毂〔2〕云："尝见显道先生云：'某从洛中学时，录古人善行别作一册，明道先生见之，曰是玩物丧志。'盖言心中不宜容丝发事。"补注：胡安国云〔3〕："谢先生初以记问为学，自负该博。对明道举史书成篇，不遗一字。明道曰：'贤却记得许多，可谓玩物丧志。'谢闻此语汗流浃背，面发赤。及看明道读史，又却逐行看过，不蹉一字，谢甚不服。后来醒悟。却将此书作话头，接引博学之

士。")(《二程遗书》卷三《谢显道记忆平日语》)

【注释】

〔1〕玩物丧志：语出《尚书·旅獒》："玩人丧德，玩物丧志。志以道宁，言以道接。"　〔2〕郑毅：字致远。第进士，以秘书郎守临江，遂丐祠归。　〔3〕胡安国云：该段是朱熹补注，非上面"本注"，胡安国（1074—1138），字康侯，仕至宝文阁直学士，谥文定。

2.28　礼乐只在进反之间，便得性情之正。(《二程遗书》卷三《拾遗》)

2.29　父子君臣，天下之定理，无所逃于天地之间[1]。安得天分，不有私心，则行一不义，杀一不辜，有所不为[2]。有分毫私，便不是王者事。(《二程遗书》卷五)

【注释】

〔1〕无所逃于天地之间：语出《庄子·人间世》："仲尼曰：'天下有大戒二：其一，命也；其一，义也。子之爱亲，命也，不可解于心；臣之事君，义也，无适而非君也，无所逃于天地之间。是之谓大戒。'"　〔2〕有所不为：语出《孟子·公孙丑上》："行一不义，杀一不辜而得天下，皆不为也。"

2.30　论性不论气，不备；论气不论性，不明。二之则不是[1]。(《二程遗书》卷六)

【注释】

〔1〕二之则不是：《二程遗书》本文无"二之则不是"五字，惟有

注云:"一本此下云:'二之则不是。'"

2.31　论学便要[1]明理,论治便须识体。(《二程遗书》卷五)

【注释】

〔1〕要:又本作"须"。

2.32　曾点[1]、漆雕开[2]已见大意,故圣人与[3]之。(《二程遗书》卷六)

【注释】

〔1〕曾点:字皙,曾子之父,孔子弟子。　〔2〕漆雕开:姓漆雕,字子开,亦孔子弟子。　〔3〕与:赞许。

2.33　根本须是先培壅[1],然后可立趋向也。趋向既正,所造浅深,则由勉与不勉也。(《二程遗书》卷六)

【注释】

〔1〕培壅:把土或肥料培在植物根上。

2.34　敬义[1]夹持,直上达天德自此。(《二程遗书》卷五)

【注释】

〔1〕敬义:语出《周易·坤卦·文言传》:"君子敬以直内,义以

方外。"此处"敬""义"二字,也就是使内直,使外方,内外夹持,不使倾斜。

2.35 懈意一生,便是自弃自暴[1]。(《二程遗书》卷六)

【注释】

〔1〕自弃自暴:语出《孟子·离娄上》,见卷一第十四条注〔2〕。

2.36 不学便老而衰。(《二程遗书》卷七)

2.37 人之学不进,只是不勇。(《二程遗书》卷十四《亥九月过汝所闻》)

2.38 学者为气所胜,习所夺,只可责志。(《二程遗书》卷十五《入关语录》)

2.39 内重则可以胜外之轻,得深则可以见诱之小。(《二程遗书》卷六)

2.40 董仲舒[1]谓:"正其义,不谋其利;明其道,不计其功[2]。"孙思邈[3]曰:"胆欲大而心欲小,智欲圆而行欲方[4]。"可以为法矣。(《二程遗书》卷九《少日所闻诸师友说》)

【注释】

〔1〕董仲舒（前179－前约104）：汉广川郡（今河北景县）人。少治春秋，为博士，下帷讲学，三年不窥园。汉武帝即位，董仲舒以贤良对策。汉武帝元光元年（前134），任江都王刘非国相十年。元朔四年（前125），任胶西王国相，四年后辞职回家。此后，居家著书。朝廷每有大议，令使者及廷尉就其家问之。该句话是对胶西王之答（参看《春秋繁露》卷九《对胶西王越大夫不得为仁第三十二》）。《汉书》卷五十六有传。　〔2〕明其道，不计其功：此为《汉书》卷五十六《董仲舒传》所载之语。《春秋繁露》卷九《对胶西王越大夫不得为仁第三十二》所载则为："正其道，不谋其利；修其理，不急其功。"〔3〕孙思邈（581－682）：唐朝京兆华原（今陕西省铜川市耀州区）人。长于阴阳与医药，隐居不仕。征为国子博士，亦称疾不起。《唐书》及《新唐书》均为之传，被誉为"药王"，著《千金要方》《千金翼方》。　〔4〕智欲圆而行欲方：语出《淮南子·主术训》："心欲小而志欲大，智欲圆而行欲方。"唐代刘肃《大唐新语·隐逸》："（孙思邈）又曰：胆欲大而心欲小，智欲圆而行欲方。《诗》曰：'如临深渊，如履薄冰'，谓小心也；'赳赳武夫，公侯干城'，谓大胆也。"

2.41　大抵学不言而自得〔1〕者，乃自得也。有安排布置者，皆非自得也。（《二程遗书》卷十一《师训》）

【注释】

〔1〕自得：有二说，一为自然得之，朱熹采此说；一为自得之于己，张栻采此说。

2.42　视听思虑动作，皆天也。人但于其中要识得真与妄尔。（《二程遗书》卷十一《师训》）

2.43 明道先生曰：学只要鞭辟近里，著己[1]而已。故"切问而近思，则仁在其中矣[2]"。"言忠信，行笃敬，虽蛮貊之邦行矣。言不忠信，行不笃敬，虽州里行乎哉？立则见其参于前也，在舆则见其倚于衡也，夫然后行[3]。"只此是学。质美者明得尽，查滓[4]便浑化，却与天地同体。其次惟庄敬持养，及其至则一也。（《二程遗书》卷十一《师训》）

【注释】

〔1〕著己：切实贴身。 〔2〕仁在其中矣：语出《论语·子张》："子夏曰：'博学而笃志，切问而近思，仁在其中矣。'" 〔3〕夫然后行：语出《论语·卫灵公》："子张问行。子曰：'言忠信，行笃敬，虽蛮貊之邦行矣。言不忠信，行不笃敬，虽州里行乎哉？立则见其参于前也，在舆则见其倚于衡也，夫然后行。'"衡，车前横木。 〔4〕查滓：渣滓。

2.44 "忠信所以进德，修辞立其诚所以居业"者，乾道也。"敬以直内，义以方外"者，坤道也。（《二程遗书》卷十一《师训》）

2.45 凡人才学，便须知着力处。既学，便须知得力处。（《二程遗书》卷十二《戌冬见伯淳先生洛中所闻》）

2.46 有人治园圃，役知力甚劳。先生曰：《蛊》之象："君子以振民育德[1]。"君子之事，惟有此二者，余无他焉。

二者为己为人之道也。(《二程遗书》卷十四《亥九月过汝所闻》)

【注释】

〔1〕君子以振民育德：语出《周易·蛊卦·象传》。

2.47 "博学而笃志，切问而近思"，何以言"仁在其中矣"？学者要思得之。了此便是彻上彻下之道。(《二程遗书》卷十四《亥九月过汝所闻》)

2.48 弘而不毅，则难立。毅而不弘，则无以居之。[1]（本注：《西铭》[2]，言弘之道。）(《二程遗书》卷十四《亥九月过汝所闻》)

【注释】

〔1〕"无以居之"句：语出《论语·泰伯》："曾子曰：'士不可以不弘毅，任重而道远。仁以为己任，不亦重乎？死而后已，不亦远乎？'"弘毅，宽宏坚毅。　〔2〕《西铭》：张载《正蒙·乾称》篇的首段，张载曾抄出贴在西窗上，后来自题作《订顽》，程颐改为《西铭》。卷二第八十九条即是《西铭》全文。

2.49 伊川先生曰：古之学者，优柔厌饫[1]，有先后次序。今之学者，却只做一场话说，务高而已。常爱杜元凯[2]语："若江海之浸，膏泽之润，涣然冰释，怡然理顺，然后为得也。"今之学者，往往以游、夏[3]为小，不足学。

然游、夏一言一事，却总是实。后之学者好高，如人游心于千里之外，然自身却只在此。(《二程遗书》卷十五《入关语录》)

【注释】

〔1〕厌饫：饱满。 〔2〕杜元凯：杜预（222－284），字元凯，京兆杜陵（今陕西西安东南）人，西晋时期的镇南将军。因为平定吴国而晋爵当阳侯，《晋书》卷三十四有传。他同时也是著名经学家，撰有《春秋左氏经传集解》《春秋释例》等。引文见《全晋文》卷四十三《春秋左传序》。 〔3〕游、夏：指子游与子夏，都是孔子弟子。子游，姓言，名偃，字子游；子夏，姓卜，名商，字子夏。《论语·先进》："文学：子游、子夏。"孔子赞二人为门人中"文学"（指文献之学）造诣最高的学生。

2.50 修养之所以引年，国祚〔1〕之所以祈天永命〔2〕，常人之至于圣贤，皆工夫到这里则有此应。(《二程遗书》卷十五《入关语录》)

【注释】

〔1〕国祚：国家的命运。 〔2〕祈天永命：语出《尚书·召诰》："王其德之用，祈天永命。"

2.51 忠恕所以公平，造德则自忠恕，其致则公平。(《二程遗书》卷十五《入关语录》)

2.52 仁之道，要之只消道一"公"字。公只是仁之理，不可将公便唤做仁。公而以人体之故为仁。只为公则物我兼照，故仁所以能恕，所以能爱。恕则仁之施，爱则仁之用也。[1]（《二程遗书》卷十五《入关语录》）

【注释】

[1] 陈荣捷先生认为："此条归入卷二而不入卷一，以此乃为仁之方而非言仁体也。"（《〈近思录〉详注集评》，下面有关陈先生的引文都出自该书。）

2.53 今之为学者，如登山麓。方其迤逦[1]，莫不阔步，及到峻处便止。须是要刚决果敢以进。（《二程遗书》卷十七）

【注释】

[1] 迤逦：曲折连绵。

2.54 人谓要力行，亦只是浅近语。人既能知，见一切事皆所当为，不必待着意。才着意便是有个私心。这一点意气，能得几时了[1]！（《二程遗书》卷十七）

【注释】

[1] 能得几时了：茅星来《近思录集注》卷二从叶采本，去"了"用"子"，为"能得几时子"。

2.55 知之必好之，好之必求之，求之必得之。古人此

个学，是终身事。果能颠沛造次必于是[1]，岂有不得道理？（《二程遗书》卷十七）

【注释】

〔1〕颠沛造次必于是：语出《论语·里仁》："子曰：'富与贵，是人之所欲也，不以其道得之，不处也；贫与贱，是人之所恶也，不以其道得之，不去也。君子去仁，恶乎成名？君子无终食之间违仁，造次必于是，颠沛必于是。'"

2.56 古之学者一，今之学者三，异端[1]不与焉。一曰文章之学，二曰训诂之学，三曰儒者之学。欲趋道，舍儒者之学不可。（《二程遗书》卷十八《刘元承手编》）

【注释】

〔1〕异端：这里指佛教与道教。

2.57 问[1]："作文害道否"曰："害也。凡为文不专意则不工，若专意则志局于此，又安能与天地同其大也？《书》曰：'玩物丧志。'为文亦玩物也。吕与叔[2]有诗云：'学如元凯[3]方成癖，文似相如[4]殆类俳[5]。独立孔门无一事，只输[6]颜氏得心斋[7]。'此诗[8]甚好。古之学者，惟务养情性，其他则不学。今为文者，专务章句悦人耳目。既务悦人，非俳优而何？"曰："古者学为文否？"曰："人见六经，便以谓圣人亦作文，不知圣人亦[9]摅发胸中所蕴，自成文耳[10]。所谓'有德者必有言[11]'也。"曰："游、夏称文学,何也?"曰:"游、夏亦何尝秉笔学为词章也?且如'观乎天文以察时变,观乎人文以化成天下[12]',此岂词章之文也。"(《二程遗书》卷十八《刘元承手编》)

【注释】

[1] 问:据茅星来《近思录集注》卷二,问者为刘安节(1068—1116),字元承,永嘉县人。北宋元祐(1086—1093)年间和弟刘安上联荐于乡,同入太学,后又联袂赴洛阳从程颐受业。他曾编《伊川语录四》。两兄弟被列入"元丰永嘉九先生",安节称大刘先生。　[2] 吕与叔:名大临,字与叔,初学于张载,后学于二程。元祐中为秘书省正字。与谢良佐、游酢、杨时为程门四大弟子。　[3] 元凯:杜预之字。杜预注《左传》,逾十万言,自称有"《左传》癖",所以程颐说他"文成癖"。　[4] 相如:指司马相如(前179—前117),字长卿,成都人,西汉辞赋家。相传《长门赋》为他所作,后世批评此文为俳谐之文。　[5] 俳:指俳优,伶人。　[6] 只输:《二程遗书》本注云:"一作'惟传'。"　[7] 颜氏得心斋:语出《庄子·人间世》:"惟道集虚,虚者心斋也。"谓孔子学生颜回不听之以耳或心而听之以气,气为"虚",所以称为"心斋"。指一种排除思虑与欲望的精神修养境界。　[8] 此诗:载《上蔡语录》上。　[9] 亦:《二程遗书》本注云:"一作'只'。"　[10] 耳:《二程遗书》本注云:"一作'章'。"　[11] 有德者必有言:语出《论语·宪问》:"子曰:'有德者必有言,有言者不必有德。仁者必有勇,勇者不必有仁。'"　[12] 观乎人文以化成天下:语出《周易·贲卦·彖传》:"贲,亨,柔来而文刚,故亨。分刚上而文柔,故'小利有攸往',天文也。文明以止,人文也。观乎天文,以察时变;观乎人文,以化成天下。"

2.58　涵养须用敬,进学则在致知。[1](《二程遗书》

卷十八《刘元承手编》）

【注释】

〔1〕涵养须用敬，进学则在致知："涵养"是说修养德性，"进学"是指进修学业。

2.59　莫说道将第一等让与别人，且做第二等。才如此说，便是自弃。虽与不能居仁由义[1]者差等不同，其自小一也。言学便以道为志，言人便以圣为志。（《二程遗书》卷十八《刘元承手编》）

【注释】

〔1〕居仁由义：语出《孟子·离娄上》："吾身不能居仁由义，谓之自弃也。"

2.60　问："'必有事焉[1]'，当用敬否？"曰："敬[2]是涵养一事，'必有事焉'，须用集义[3]。只知用敬，不知集义，却是都无事也。"又问："义莫是中理否？"曰："中理在事，义在心。"（《二程遗书》卷十八《刘元承手编》）

【注释】

〔1〕必有事焉：语出《孟子·公孙丑上》："必有事焉而勿正，心勿忘，勿助长也。"　〔2〕敬：《二程遗书》："敬"下有"只"字。
〔3〕集义：语出孟子《孟子·公孙丑上》。孟子认为，浩然之气至大至刚，充塞天地，不待外求，纯由内心"集义所生"。

2.61 问:"敬、义何别?"曰:"敬只是持己之道,义便知有是有非。顺理而行,是为义也。若只守一个敬,不知集义,却是都无事也。且如欲为孝,不成只守着一个孝字。须是知所以为孝之道,所以侍奉当如何,温清[1]当如何,然后能尽孝道也。"[2](《二程遗书》卷十八《刘元承手编》)

【注释】

[1] 温清:语出《礼记·曲礼上》:"凡为人子之礼,冬温而夏清,昏定而晨省,在丑夷不争。"清,凉。 [2]《二程遗书》此条与上条合为一段,茅星来《近思录集注》卷二沿之。

2.62 学者须是务实,不要近名方是。有意近名,则是伪也。大本已失,更学何事?为名与为利,清浊虽不同,然其利心则一也。(《二程遗书》卷十八《刘元承手编》)

2.63 "回也其心三月不违仁",只是无纤毫私意,有少私意便是不仁。(《二程遗书》卷二十二上《伊川杂录》)

2.64 "仁者先难而后获[1]。"有为而作,皆先获也。古人惟知为仁而已,今人皆先获也。(《二程遗书》卷二十二上《伊川杂录》)

【注释】

[1] 先难而后获:语出《论语·雍也》:"樊迟问知。子曰:'务民之义,敬鬼神而远之,可谓知矣。'问仁。曰:'仁者先难而后获,可

谓仁矣。'"

2.65　有求为圣人之志，然后可与共学。学而善思，然后可与适道。思而有所得，则可与立。立而化之，则可与权[1]。(《二程遗书》卷二十五《畅潜道录》)

【注释】

[1] 可与权：语出《论语·子罕》："可与共学，未可与适道。可与适道，未可与立。可与立，未可与权。"权，同权衡之权，称物而知其轻重。

2.66　古之学者为己，其终至于成物。今之学者为物，其终至于丧己[1]。(《二程遗书》卷二十五《畅潜道录》)

【注释】

[1] 丧己：语出《论语·宪问》："古之学者为己，今之学者为人。"

2.67　君子之学必日新[1]。日新者，日进也。不日新者，必日退，未有不进而不退者。惟圣人之道，无所进退，以其所造者极也。(《二程遗书》卷二十五《畅潜道录》)

【注释】

[1] 日新：语出《大学》："苟日新，日日新，又日新。"

2.68　明道先生曰：性静者可以为学。(《二程外书》卷

一 《朱公掞录拾遗》)

2.69 弘而不毅则无规矩,毅而不弘则隘陋。(《二程外书》卷二《朱公掞问学拾遗》)

2.70 知性善〔1〕以忠信为本〔2〕,此先立其大者〔3〕。(《二程外书》卷二《朱公掞问学拾遗》)

【注释】

〔1〕性善:语出《孟子·告子上》。 〔2〕忠信为本:语出《论语·学而》:"子曰:'主忠信,毋友不如己者,过则勿惮改。'" 〔3〕先立其大者:语出《孟子·告子上》:"先立乎其大者,则其小者不能夺也。"

2.71 伊川先生曰:人安重〔1〕则学坚固。(《二程外书》卷六《罗氏本拾遗》)

【注释】

〔1〕安重:安详稳重。

2.72 "博学之,审问之,慎思之,明辨之,笃行之。〔1〕"五者废其一,非学也。(《二程外书》卷六《罗氏本拾遗》)

【注释】

〔1〕"博学之"句:语出《中庸》:"博学之,审问之,慎思之,明

辨之，笃行之。"

2.73　张思叔[1]请问，其论或太高，伊川不答。良久，曰：累[2]高必自下。(《二程外书》卷十一《时氏本拾遗》)

【注释】

〔1〕张思叔（1071—1108）：名绎。年三十从学于程颐，初以文闻名，后来作文字甚少。未及仕，后程颐一年卒。详见《伊洛渊源录》卷十二、《宋元学案》卷三十、《宋史》卷四二八有传。　〔2〕累：积累。

2.74　明道先生曰：人之为学，忌先立标准。若循循不已，自有所至矣。(《二程外书》卷十二《传闻杂记》)

2.75　尹彦明[1]见伊川后，半年方得《大学》[2]《西铭》[3]看。(《二程外书》卷十二《传闻杂记》)

【注释】

〔1〕尹彦明：尹焞（1071—1142），字彦明，赐号和靖处士。师侍程颐二十年。当侍讲，权礼部侍郎。所著有《孟子解》《和靖集》。〔2〕《大学》：本为《礼记》第四十二章。北宋仁宗天圣八年（1030）赐进士王拱宸（1012—1085）《大学》轴，这是首次单行本。其后程颢、程颐、朱熹均更改经文，以后改本无数。朱熹将其整理成《大学章句》。主张经一章与传十章而补第五章格致之传，又以经一章为孔子之言而曾子述之，其传十章认为是曾子之意而门人记之。后又著《大学或问》，并于1190年刊《大学》《论语》《孟子》和《中庸》为"四

子",亦即为"四书"。1313年明朝廷令考试以"四书""五经"的程朱注为主。于是"四书"之学遍布天下,直至民国初年仍是基本教材。〔3〕《西铭》:详第八十九条。

2.76 有人说无心。伊川曰:"无心便不是,只当云无私心。"(《二程外书》卷十二《传闻杂记》)

2.77 谢显道[1]见伊川[2],伊川曰:"近日事如何?"对曰:"天下何思何虑[3]?"伊川曰:"是则是有此理,贤却发得太早。"在伊川直是会锻炼得人,说了又道:"恰好着工夫也。"(《二程外书》卷十二《传闻杂记》)

【注释】

〔1〕谢显道(1050—1103):名良佐,字显道,河南上蔡人。程颐学生,学者称上蔡先生,著有《论语说》《上蔡语录》。 〔2〕伊川:一本作"伯淳"。 〔3〕天下何思何虑:语出《周易·系辞传下》:"子曰:天下何思何虑?天下同归而殊途,一致而百虑。天下何思何虑?"

2.78 谢显道云:昔伯淳教诲,只管着[1]他言语。伯淳曰:与贤说话,却似扶醉汉,救得一边,倒了一边。只怕人执着一边。(《二程外书》卷十二)

【注释】

〔1〕着:《上蔡语录》中作"看"。

2.79 横渠先生曰:"精义入神[1]",事豫吾内,求利吾外也。"利用安身",素利吾外,致养吾内也。"穷神知化",乃养盛自至,非思勉之能强。故崇德而外,君子未或致知也。(张载《正蒙·神化》)

【注释】

[1] 精义入神:语出《周易·系辞传下》:"日往则月来,月往则日来,日月相推而明生焉。寒往则暑来,暑往则寒来,寒暑相推而岁成焉。往者屈也,来者信也,屈信相感而利生焉。尺蠖之屈,以求信也。龙蛇之蛰,以存身也。精义入神,以致用也。利用安身,以崇德也。过此以往,未之或知也。穷神知化,德之盛也"。精义,精通事物之理。入神,进入神妙境地。

2.80 形而后有气质之性。善反之,则天地之性存焉。故气质之性,君子有弗性者焉。(张载《正蒙·诚明》)

2.81 德不胜气,性命于气。德胜其气,性命于德。穷理尽性,则性天德,命天理。气之不可一变者独死生修夭而已。(张载《正蒙·诚明》)

2.82 莫非天也。阳明胜则德性用,阴浊胜则物欲行。"领恶而全好[1]"者,其必由学乎!(张载《正蒙·诚明》)

【注释】

[1] 领恶而全好:语出《礼记·仲尼燕居》:"子贡退,言游进曰:

'敢问礼也者,领恶而全好者与?'子曰:'然。然则何如?'"领,治理。好,善。

2.83 大其心,则能体天下之物。物有未体,则心为有外。世人之心,止于见闻之狭。圣人尽性,不以见闻梏其心,其视天下无一物非我。孟子谓"尽心则知性知天[1]"以此。天大无外,故有外之心,不足以合天心。(张载《正蒙·大心》)

【注释】

[1] 尽心则知性知天:语出《孟子·尽心上》:"孟子曰:'尽其心者,知其性也。知其性,则知天矣。存其心,养其性,所以事天也。夭寿不贰,修身以俟之,所以立命也。'"

2.84 仲尼绝四[1],自始学至成德,竭两端之教也[2]。意,有思也。必,有待也。固,不化也。我,有方也。四者有一焉,则与天地为不相似矣。(张载《正蒙·中正》)

【注释】

[1] 绝四:语出《论语·子罕》:"子绝四:毋意,毋必,毋固,毋我。"即不悬空揣测,不绝对肯定,不拘泥固执,不自以为是。
[2] 竭两端之教也:语出《论语·子罕》:"子曰:'吾有知乎哉?无知也。有鄙夫问于我,空空如也,我叩其两端而竭焉。'"两端,即从头到尾,自始学至成德。

2.85 上达反天理,下达徇人欲者欤。(张载《正蒙·

诚明》）

2.86 知崇，天也，形而上也[1]。通昼夜而知[2]，其知崇矣。知及之而不以礼性之，非己有也。故知礼成性而道义出，如天地位而易行。（张载《正蒙·至当》）

【注释】

〔1〕形而上也：语出《周易·系辞传上》："是故形而上者谓之道，形而下者谓之器，化而裁之谓之变，推而行之谓之通，举而措之天下之民谓之事业。" 〔2〕通昼夜而知：语出《周易·系辞传上》："通乎昼夜之道而知。""知崇礼卑。崇效天，卑法地。天地设位，而易立乎其中矣。成性存存，道义之门。"

2.87 困之进人也，为德辨[1]，为感速。孟子谓"人有德慧术智者，常存乎疢疾[2]"以此。（张载《正蒙·三十》）

【注释】

〔1〕德辨：语出《周易·系辞传下》："困，德之辨也。"辨，明辨。 〔2〕常存乎疢疾：语出《孟子·尽心上》："孟子曰：'人之有德、慧、术、知者，恒存乎疢疾。独孤臣孽子，其操心也危，其虑患也深，故达。'"疢疾，灾祸。

2.88 言有教，动有法，昼有为，宵有得，息有养，瞬有存。[1]（张载《正蒙·有德》）

【注释】

〔1〕此条与第九十五条为张载最有名之句,学者人人传诵。

2.89 横渠先生作《订顽》曰:乾称父,坤称母[1]。予兹藐焉,乃混然中处。故天地之塞,吾其体。天地之帅,吾其性。民吾同胞,物吾与也。大君[2]者,吾父母[3]宗子,其大臣,宗子之家相也。尊高年,所以长其长。慈孤弱,所以幼其幼[4]。圣其合德,贤其秀也。凡天下疲癃[5]残疾茕独鳏寡,皆吾兄弟之颠连而无告者也。于时保之,予之翼也。乐且不忧,纯乎孝者也。违曰悖德,害仁曰贼。济恶者不才,其践形惟肖者也。知化则善述其事,穷神则善继其志[6]。不愧屋漏[7]为无忝,存心养性为匪懈。恶旨酒[8],崇伯子之顾养。育英材,颖封人之锡类[9]。不弛劳而底豫[10],舜其功也。无所逃而待烹[11],申生其恭也。体其受而归全者[12],参乎!勇于从而顺令者[13],伯奇也。富贵福泽,将厚吾之生也。贫贱忧戚,庸玉汝于成也。存吾顺事,没吾宁也。

又作《砭愚》曰:戏言出于思也,戏动作于谋也。发于声,见乎四支,谓非己心,不明也。欲人无己疑,不能也。过言非心也,过动非诚也。失于声,缪迷其四体,谓己当然,自诬也。欲他人己从,诬人也。或者谓出于心者,归咎为己戏;失于思者,自诬为己诚。不知戒其出汝者,归咎其不出汝者。长傲且遂非,不智孰甚焉!(本注:横渠学堂双牖,右书《订顽》,左书《砭愚》。伊川曰:"是起争端。"改

《订顽》曰《西铭》,《砭愚》曰《东铭》》(张载《正蒙·乾称》)

【注释】

〔1〕乾称父,坤称母:语出《周易·说卦传》:"乾,天也,故称乎父。坤,地也,故称乎母。" 〔2〕大君:指天子。 〔3〕父母:指天地。 〔4〕所以幼其幼:语出《孟子·梁惠王上》:"孟子曰:'道在迩而求诸远,事在易而求诸难。人人亲其亲,长其长,而天下平。'"迩,近。 〔5〕疲癃:衰老多病。 〔6〕善继其志:语出《中庸》:"夫孝者善继人之志,善述人之事也。" 〔7〕不愧屋漏:语出《诗经·大雅·抑》:"相在尔室,尚不愧屋漏。"屋漏,屋西北角,人所不见处。 〔8〕恶旨酒:语出《孟子·离娄下》:"孟子曰:'禹恶旨酒而好善言。'"旨酒,美酒。 〔9〕锡类:据《左传·隐公元年》载,颍考叔为封人,纯爱其母,施及庄公。《左传》引《诗经·大雅·既醉》云:"孝子不匮,永锡尔类。"锡类,把恩德赐给朋类。 〔10〕不弛劳而底豫:语出《孟子·离娄下》:"舜尽事亲之道而瞽瞍底豫,瞽瞍底豫而天下化,瞽瞍底豫而天下之为父子者定,此之谓大孝。"不弛劳,虽劳累但不懈怠。 〔11〕无所逃而待烹:事见《左传·僖公五年》与《礼记·檀弓上》。申生为晋献公世子。《传》谓世子欲弑其父,晋侯将杀之。申生不逃,宁受赐而死。 〔12〕体其受而归全:语出《礼记·祭义》:"父母全而生之,子全而归之。"又见《孝经》第一章,孔子云:"身体发肤,受之父母,不敢毁伤,孝之始也。"《论语·泰伯》:"曾子有疾,召门弟子曰:'启予足,启予手!'" 〔13〕勇于从而顺令者:《汉书》卷七十九赞曰:"故伯奇放流。"颜师古(581—645)注云:"《说苑》云:'王国子前母子伯奇,后母子伯封,兄弟相重。后母欲令其子立为太子,乃谮伯奇,而王信之,乃放伯奇也。'"放伯奇事又见《孔子家语》卷九《七十二弟子解第三十八》上。但颜师古所述《说苑》语,不见今本《说苑》。

2.90　将修己，必先厚重以自持。厚重知学，德乃进而不固矣。忠信进德，惟尚友而急贤。欲胜己者亲，无如改过之不吝。（张载《正蒙·乾称》）

2.91　横渠先生谓范巽之[1]曰："吾辈不及古人，病源何在？"巽之请问。先生曰："此非难悟。设此语者，盖欲学者存意之不忘，庶游心浸熟，有一日脱然如大寐之得醒耳。"（张载《近思录拾遗·文集》）

【注释】

〔1〕范巽之（壮年1087）：名育，字巽之，张载学生。历知县府，后升为户部侍郎。

2.92　未知立心，恶思多之致疑。既知所立，恶讲治之不精。讲治之思，莫非术内，虽勤而何厌！所以急于可欲者，求立吾心于不疑之地，然后若决江河以利吾往。"逊此志，务时敏，厥修乃来[1]。"虽仲尼之才之美，然且敏以求之[2]。今持不逮之资，而欲徐徐以听其自适，非所闻也。（张载《近思录拾遗·文集》）

【注释】

〔1〕逊此志，务时敏，厥修乃来：语出《尚书·说命下》："惟学，逊志务时敏，厥修乃来。允怀于兹，道积于厥躬。"逊，谦虚。务，必须来，到达。时敏，无时而不敏。　〔2〕敏以求之：语出《论语·述而》："子曰：'我非生而知之者，好古，敏以求之者也。'"

2.93　明善为本。固执之乃立,扩充之则大,易视[1]之则小。在人能弘之而已。(张载《性理拾遗》)

【注释】

〔1〕易视:轻视。

2.94　今且只将尊德性而道问学[1]为心,日自求于问学者有所背否?于德性有所懈否?此义亦是博文约礼[2],下学上达[3]。以此警策一年,安得不长?每日须求多少为益。知所亡,改得少不善,此德性上之益;读书求义理,编书须理会有所归著,勿徒写过,又多识前言往行[4],此问学上益也。勿使有俄顷间度,逐日似此,三年,庶几有进。(张载《近思录拾遗·文集》)

【注释】

〔1〕尊德性而道问学:语出《中庸》:"君子尊德性而道问学,致广大而尽精微,极高明而道中庸。"　〔2〕博文约礼:语出《论语·颜渊》:"子曰:'君子博学于文,约之以礼,亦可以弗畔矣夫!'"　〔3〕下学上达:语出《论语·宪问》:"子曰:'不怨天,不尤人,下学而上达。'"　〔4〕多识前言往行:语出《周易·大畜·象传》:"象曰:天在山中,大畜。君子以多识前言往行,以畜其德。"

2.95　为天地立心,为生民立道[1],为去圣继绝学,为万世开太平。(张载《横渠语录》卷中)

【注释】

〔1〕为生民立道:《张子全书》卷十四把"道"作"命"。

2.96　载所以使学者先学礼者,只为学礼则便除去了世俗一副当[1]。习熟缠绕,譬之延蔓之物,解缠绕即上去。苟能除去了一副当,世习便自然脱洒也。又学礼则可以守得定。(张载《横渠语录》卷下附《语录抄》)

【注释】

〔1〕一副当:"一副当"为关中方言,不见各种辞书。茅星来《近思录集注》卷二谓"'一副',总括之词"。

2.97　须放心宽快,公平以求之,乃可见道。况德性自广大。《易》曰:"穷神知化,德之盛也。[1]"岂浅心可得?(张载《横渠易说·系辞下》)

【注释】

〔1〕穷神知化,德之盛也:语出《周易·系辞传下》:"往者屈也,来者信也,屈信相感而利生焉。尺蠖之屈,以求信也。龙蛇之蛰,以存身也。精义入神,以致用也。利用安身,以崇德也。过此以往,未之或知也。穷神知化,德之盛也。"穷神知化,穷究事物之神妙,了解事物之变化。

2.98　人多以老成则不肯下问,故终身不知。又为人以道义先觉处之,不可复谓有所不知,故亦不肯下问。从不肯问,遂生百端欺妄人我,宁终身不知。(张载《近思录拾遗·论语说》)

2.99　多闻不足以尽天下之故。苟以多闻而待天下之变，则道足以酬其所尝知。若劫之不测，则遂穷矣。（张载《孟子说》）

2.100　为学大益，在自求变化气质。不尔，皆为人之弊，卒无所发明，不得见圣人之奥。（（张载《经学理窟·义理》）

2.101　文要密察，心要洪放。（张载《经学理窟·礼乐》）

2.102　不知疑者，只是不便实作。既实作，则须有疑。必有不行处是疑也。（张载《经学理窟·气质》）

2.103　心大则百物皆通，心小则百物皆病。（张载《经学理窟·气质》）

2.104　人虽有功，不及于学，心亦不宜忘。心苟不忘，则虽接人事即是实行，莫非道也。心若忘之，则终身由之，则是俗事。（张载《经学理窟·义理》）

2.105　合内外，平物我，此见道之大端。（张载《经学理窟·义理》）

2.106 既学而先有以功业为意者,于学便相害。既有意,必穿凿创意作起事端也。德未成而先以功业为事,是代大匠斫[1],希不伤手也。(张载《经学理窟·学大原上》)

【注释】

〔1〕代大匠斫:语出《老子》:"夫代司杀者杀,是谓代大匠,夫代大匠者,希有不伤其手矣。"斫,运斧砍削。

2.107 窃尝病孔孟既没,诸儒[1]嚣然,不知反约穷源,勇于苟作。持不逮之资,而急知后世。明者一览,如见肺肝然,多见其不知量也。方且创艾[2]其弊,默养吾诚。顾所患日力不足,而未果他为也。(张载《横渠文集佚存·与赵大观书》)

【注释】

〔1〕诸儒:据茅星来《近思录集注》卷二,"诸儒"指汉唐以下儒者。 〔2〕创艾:惩治。

2.108 学未至而好语变者,必知终有患。盖变不可轻议,若骤然语变,则知操术已不正。(张载《经学理窟·义理》)

2.109 凡事蔽盖不见底,只是不求益。有人不肯言其道义所得所至,不得见底,又非于"吾言无所不说[1]"。(张载《经学理窟·义理》)

【注释】

〔1〕吾言无所不说：语出《论语·先进》："子曰：'回也非助我者也，于吾言无所不说。'"说，悦。

2.110 耳目役于外。揽外事者，其实是自惰[1]，不肯自治。只言短长，不能反躬者也。（张载《经学理窟·义理》）

【注释】

〔1〕惰：又本作"堕"。

2.111 学者大不宜志小[1]气轻[2]。志小则易足，易足则无由进。气轻则以未知为已知，未学为已学。（张载《经学理窟·学大原下》）

【注释】

〔1〕志小：志向短小。　〔2〕气轻：气性轻浮。

卷三　致知

【题解】

本卷旨在论述格物穷理之道。叶采的题解为："此卷论致知，知之至而后有以行之。"共收录七十八条，其中张载十六条，程颢与程颐合六十二条。全卷分成三大部分，第一到二十二条总论致知之方，二十三到三十三条总论读书之法，三十四条以下则分论读书之序。

儒学作为在实现内圣外王生命格局过程中不断去蔽、澄明生命本真状态的"为己之学"，虽然也引入了佛老所擅长的"心上起工夫"，重视内在精神修养（见卷三、四），但理学家所说的"心上工夫"并不是一味内里用功，如卷二第五十八条所云："涵养须用敬，进学则在致知。"主张应该有内外两个方向，一个是致知，一个是涵养。读书明理就是致知的重要途径，这里所说的读书其实就是指研读"四书""五经"。

如何研读好"四书""五经"？在《近思录》看来，读书贵在能够"濯去旧见，以来新意"，并且要先弄懂文义，然后再求其本意，否则就易流于穿凿附会。至于读书的顺序，在理学家看来，读书应该始于《大学》，先知为学的规模、次序，而后继之以《论语》《孟子》《诗经》《尚书》《中庸》，最后方为《周易》《春秋》与《周礼》。

朱熹曾高度概括研读"四书"的原则为："先读《大学》，以定其规模；次读《论语》，以立其根本；次读《孟子》，以观其发越；次读《中庸》，以观古人之微妙处。"至于读《诗》，重点要能"以意逆志"，即以我们的心意去迎合作者的志趣，这才是正确的读《诗》方法。至于读《易》，当以义理为先，象、数则尽包括在义理之中。至于读《春秋》，最忌以成败论英雄，要能看得出"微辞隐义"，明白历史的兴亡盛衰之理。

本卷收录了程颐的《易传序》（第四十九条）和《春秋传序》（第六十一条）两篇名作。《程氏易传》不仅继承魏晋时代的易学大家王弼"扫象尚理"的路子，且进一步继承并深化周敦颐引用儒家义理来解《易》的路数，从而超越了王弼援老入《易》的观点，建立以孔孟儒学解《易》的典范，从而有别于王弼等人的道家易学。在《春秋传序》，程颐更直指《春秋》乃"百王不易之大法"。他批评一般人只把《春秋》当作史书来看，而不知《春秋》作为"五经"之一，不仅褒善贬恶，而且还是"经世之大法"。

3.1　伊川先生《答朱长文[1]书》曰：心通乎道，然后能辨是非，如持权衡以较轻重，孟子所谓知言[2]是也。心不通于道，而较古人之是非，犹不持权衡而酌轻重，竭其目力，劳其心智，虽使时中，亦古人所谓"亿则屡中[3]"，君子不贵也。（《二程文集》卷九《答朱长文书》）

【注释】

〔1〕朱长文：见卷二第五条注〔1〕。此条摘录程颐《答朱长文书》中一段，朱长文来书指出："上能探古先之陈迹，综群言之是非，欲其心通默识，固未能也。"所以程颐在回信中以通与不通之得失告之。

〔2〕知言：语出《孟子·公孙丑上》："（孟子）曰：'我知言，我善养吾浩然之气。'"赵岐注谓"我闻人言，能知其情所趋"。朱熹《集注》则云："知言者，尽心知性，于凡天下之言，无不有以究极其理，而识其是非得失之所以然也。"　〔3〕亿则屡中：语出《论语·先进》："回也其庶乎，屡空。赐不受命，而货殖焉，亿则屡中。"亿，同臆。

3.2　伊川先生答门人曰：孔孟之门，岂皆贤哲？固多众人，以众人观圣贤，弗识者多矣，惟其不敢信己而信其师，是故求而后得。今诸君于颐言，才不合则置不复思，所以终异也。不可便放下，更且思之，致知之方也。(《二程文集》卷九《答门人书》)

3.3　伊川先生答横渠先生曰：所论大概〔1〕，有苦心极力之象，而无宽裕温厚〔2〕之气。非明睿所照〔3〕，而考索至此，故意屡偏而言多窒，小出入时有之。(本注：明所照者，如目所睹，纤微尽识之矣。考索至者，如揣料于物，约见仿佛尔，能无差乎？)更愿完养思虑，涵泳义理，他日自当条畅。(《二程文集》卷九《答横渠先生书》)

【注释】

〔1〕大概：概略，概要。　〔2〕厚：又本作"和"。　〔3〕明睿所照：指纤微毫发尽在观照之中。

3.4　欲知得与不得，于心气上验之。思虑有得，中心悦豫〔1〕。沛然有裕者，实得也。思虑有得，心气劳耗者，实未得也,强揣度耳。尝有人言:"比[2]因学道,思虑心虚。"曰:"人之血气固有虚实。疾病之来,圣贤所不免。然未闻自古圣贤因学而致心疾者。"(《二程遗书》卷二上《元丰己未吕与叔东见二先生语》)

【注释】

〔1〕悦豫:喜悦。 〔2〕比:近来。

3.5 今日杂信鬼怪异说者,只是不先烛理[1]。若于事上一一理会,则有甚尽期?须只于学上理会。(《二程遗书》卷二下《附东见录后》)

【注释】

〔1〕烛理:明理。

3.6 学原于思。(《二程遗书》卷六)

3.7 所谓"日月至焉[1]",与久而不息者,所见规模虽略相似,其意味气象迥别,须潜心默识[2],玩索久之,庶几自得。学者不学圣人则已,欲学之,须熟玩味圣人之气象。不可只于名上理会,如此只是讲论文字。(《二程遗书》卷十五《入关语录》)

【注释】

〔1〕日月至焉:语出《论语·雍也》:"回也,其心三月不违仁,

其余则日月至焉而已矣。"〔2〕识：记住。

3.8 问："忠信进德之事，固可勉强。然致知其难。"伊川先生曰："学者固当勉强，然须是知了方行得。若不知，只是觑〔1〕却尧，学他行事。无尧许多聪明睿智，怎生得如他动容周旋中礼？如子所言，是笃信而固守之，非固有之也。未致知，便欲诚意，是躐等〔2〕也。勉强行者，安能持久？除非烛理明，自然乐循理。性本善，循理而行，是顺理事，本亦不难，但为人不知，旋安排着，便道难也。知有多少般数〔3〕，煞有深浅。学者须是真知，才知得是，便泰然行将去也。某年二十时，解释经义，与今无异，然思今日，觉得意味与少时自别。(《二程遗书》卷十八《刘元承手编》)

【注释】

〔1〕觑：窥伺。　〔2〕躐等：不按次序，逾越等级。　〔3〕般数：样数。

3.9 凡一物上有一理，须是穷致其理。穷理亦多端：或读书，讲明义理；或论古今人物，别其是非；或应接事物，而处其当，皆穷理也。或问："格物〔1〕须物物格之，还只格一物而万理皆知？"曰：怎得便会贯通？若只格一物便通众理，虽颜子亦不敢如此道。须是今日格一件，明日又格一件，积习既多，然后脱然自有贯通处。(本注：又曰：所务于穷理者，非道尽穷了天下万物之理，又不道是穷得一理便到。只要积累多后，自然见去。)(《二程遗书》卷十八

《刘元承手编》）

【注释】

〔1〕格物：源于《大学》："致知在格物，格物而后知至。"格物，推究事物的道理。

3.10 "思曰睿[1]"，思虑久后，睿自然生。若于一事上思未得，且别换一事思之。不可专守着这一事。盖人之知识，于这里蔽着。虽强思亦不通也。（《二程遗书》卷十八《刘元承手编》）

【注释】

〔1〕思曰睿：语出《尚书·洪范》："五事：一曰貌，二曰言，三曰视，四曰听，五曰思。貌曰恭，言曰从，视曰明，听曰聪，思曰睿。恭作肃，从作乂，明作哲，聪作谋，睿作圣。"睿，通达。

3.11 问："人有志于学，然知识蔽固，力量不至，则如之何？"曰："只是致知。若知识明，则力量自进。"（《二程遗书》卷十八《刘元承手编》）

3.12 问："观物察己，还因见物反求诸身否？"曰："不必如此说。物我一理，才明彼，即晓此，此合内外之道也。"又问："致知先求之四端[1]如何？"曰："求之情性，固是切于身。然一草一木皆有理，须是察。"（本注：又曰：自一身之中，以至万物之理，但理会得多，相次[2]自然豁

然，有觉处。)(《二程遗书》卷十八《刘元承手编》)

【注释】

〔1〕四端：四个善端，语出《孟子·公孙丑上》："恻隐之心，仁之端也；羞恶之心，义之端也；辞让之心，礼之端也；是非之心，智之端也。人之有是四端也，犹其有四体也。有是四端而自谓不能者，自贼者也；谓其君不能者，贼其君者也。凡有四端于我者，知皆扩而充之矣，若火之始然，泉之始达。苟能充之，足以保四海；苟不充之，不足以事父母。"端，端绪、萌芽。　〔2〕相次：又本作"胸次"。

3.13　"思曰睿"，"睿作圣"。致思如掘井，初有浑水，久后稍引动得清者出来。人思虑始皆溷浊，久自明快。(《二程遗书》卷十八《刘元承手编》)

3.14　问："如何是近思〔1〕"？曰："以类而推。"(《二程遗书》卷二十二上《伊川杂录》)

【注释】

〔1〕近思：省便有效地思考，语出《论语·子张》："子夏曰：'博学而笃志，切问而近思。仁在其中矣。'"

3.15　学者先要会〔1〕疑。(《二程外书》卷十一《时氏本拾遗》)

【注释】

〔1〕会：普通解作"能"，也有解作"领悟"。

3.16　横渠先生答范巽之[1]曰：所访物怪神奸，此非难语，顾语未必信耳。孟子所论知性知天[2]，学至于知天，则物所从出，当源源自见。知所从出，则物之当有当无，莫不心谕，亦不待语而后知。诸公所论，但守之不失，不为异端所劫。进进不已，则物怪不须辨，异端不必攻，不逾期年，吾道胜矣。若欲委之无穷，付之以不可知，则学为疑挠，智为物昏，交来无间，卒无以自存而溺于怪妄必矣。（张载《横渠文集佚存·答范巽之书》）

【注释】

〔1〕范巽之：见卷二第九十一条注〔1〕。　〔2〕知性知天：语出《孟子·尽心上》："尽其心者，知其性也。知其性，则知天矣。存其心，养其性，所以事天也。殀寿不贰，修身以俟之，所以立命也。"

3.17　子贡[1]谓："夫子之言性与天道，不可得而闻[2]。"既言夫子之言，则是居常语之矣。圣门学者以仁为己任[3]，不以苟知为得，必以了悟为闻，因有是说。（张载《横渠语录》卷上）

【注释】

〔1〕子贡（前520—?）：姓端木，名赐，孔子学生，春秋时卫国人。尝相鲁、卫两国，曾游说齐、吴等国，促使吴伐齐救鲁。善经商，家累千金。孔子死，曾庐墓六年。　〔2〕不可得而闻：语出《论语·公冶长》："子贡曰：'夫子之文章，可得而闻也；夫子之言性与天道，不可得而闻也。'"　〔3〕以仁为己任：语出《论语·泰伯》："曾子

曰：'士不可以不弘毅，任重而道远。仁以为己任，不亦重乎？死而后已，不亦远乎？'"

3.18　义理之学[1]，亦须深沉[2]方有造，非浅易轻浮之可得也。（张载《经学理窟·义理》）

【注释】

〔1〕义理之学："义理"一词，首见于《礼记·礼器》："先王之立礼也，有本有文。忠信，礼之本也；义理，礼之文也。"后来用来指讲究儒家经义的学问。　〔2〕沉：又本作"玩"。

3.19　学不能推究事理，只是心粗。至如颜子未至于圣人处，犹是心粗。（张载《经学理窟·义理》）

3.20　"博学于文"者，只要得"习坎心亨[1]"。盖人经历险阻艰难，然后其心亨通。（张载《横渠文集》）

【注释】

〔1〕习坎心亨：语出《周易·坎卦·象传》："习坎，重险也。水流而不盈，行险而不失其信，维心亨，乃以刚中也。"习，重。习坎，重重的险阻。亨，通。心亨，心中贯通。

3.21　义理有疑，则濯去旧见[1]，以来新意。心中有所开，即便札记，不思则还塞之矣。更须得朋友之助，一日间朋友论著，则一日间意思差别，须日日如此讲论，久则自觉进也。[2]（张载《经学理窟·学大原下》）

【注释】

〔1〕濯去旧见：濯是"洗"的意思，濯去旧见是指清除先入之见。
〔2〕宋代叶采《近思录集解》卷三认为泉州本此条与第三十三条，同在本卷之末，并谓此两条总论致知，不当在卷末。乃从旧本而以此条为第二十一，其他一条为第三十三，惟旧本只有"新意"以上十三字。据叶采之意，"心中"以下乃后人添入，惟无"一日间朋友论著则"八字。叶采从旧本。茅星来《近思录集注》卷三则从宋本。此条中只有"新意"以上十三字，而以"心中"以下诸语，包括"一日间朋友论著则"八字，附在卷末第七十八条。

3.22　凡致思〔1〕到说不得处，始复审思明辨，乃为善学也。若告子〔2〕则到说不得处遂已，更不复求。（张载《横渠孟子说》）

【注释】

〔1〕致思：集中精力就某一问题深入思考。　〔2〕告子：战国时期人。《孟子·公孙丑上》引告子曰："不得于言，勿求于心。不得于心，勿求于气。"孟子批评其不知言，认为"不得于心，勿求于气，可；不得于言，勿求于心，不可"。

3.23　伊川先生曰：凡看文字，先须晓其文义，然后可求其意。未有文义不晓而见意〔1〕者也。（《二程遗书》卷二十二上《伊川杂录》）

【注释】

〔1〕见意：理解文本寓意。

3.24　学者要自得⁽¹⁾。《六经》浩渺，乍来难尽晓。且见得路径后，各自立得一个门庭，归而求之可矣。(《二程遗书》卷二十二上《伊川杂录》)

【注释】

〔1〕自得：自得于心，是一种自我的体味、感悟。

3.25　凡解文字，但易⁽¹⁾其心自见理。理只是人理甚分明，如一条平坦底道路。《诗》曰："周道如砥，其直如矢。"⁽²⁾此之谓也。或曰："圣人之言，恐不可以浅近看他。"曰："圣人之言，自有近处，自有深远处。如近处怎生强要凿教深远得？扬子⁽³⁾曰：'圣人之言远如天，贤人之言近如地。'⁽⁴⁾颐与⁽⁵⁾改之曰：'圣人之言，其远如天，其近如地。'"(《二程遗书》卷十八《刘元承手编》)

【注释】

〔1〕易：平和，平易。　〔2〕周道如砥，其直如矢：语出《诗经·小雅·谷风之什·大东》。　〔3〕扬子：即扬雄（前53－18），字子云，四川成都人。西汉时哲学家、文学家，著作有《太玄》《法言》《方言》等。《汉书》卷八十七有其传。　〔4〕"圣人之言远如天"句：语出《法言》卷八。　〔5〕与：又本作"要"。

3.26　学者不泥文义者，又全背却远去；理会文义者，又滞泥不通。如子濯孺子为将之事⁽¹⁾，孟子只取其不背师之意，人须就上面理会事君之道如何也。又如万章⁽²⁾问舜完廪浚井事[3],孟子只答他大意,人须要理会浚井如何出得来,完廪又怎生下得来。若此之学,徒费心力。(《二程遗书》卷十八《刘元承手编》)

【注释】

〔1〕子濯孺子为将之事:事见《孟子·离娄下》。言子濯孺子为郑将,郑人命他侵犯卫国,恰逢其有病,拉不开弓。卫国派神箭手庾公之斯追击子濯孺子,他把子濯孺子作为其师的老师,没有乘机射杀他,但又不能违背卫君的命令,于是就把箭头砸掉,射了四箭,转身返回。 〔2〕万章:孟子弟子。 〔3〕舜完廪浚井事:事见《孟子·万章上》。言舜的父母命他修理仓库,但舜的父亲象却把进入仓库梯子移走,并用火烧仓库,打算把舜杀死在仓库里。还曾派舜去淘井,父亲象以为舜尚在井中,就用土填井,打算把舜杀死在井里。万章问:"舜果不知其父将杀已耶?"孟子曰:"奚而不知也?象忧亦忧,象喜亦喜。"

3.27 凡观书不可以相类泥其义,不尔,则字字相梗。当观其文势上下之意,如"充实之谓美[1]"与《诗》之美不同。(《二程遗书》卷十八《刘元承手编》)

【注释】

〔1〕充实之谓美:语出《孟子·尽心下》:"可欲之谓善,有诸己之谓信,充实之谓美,充实而有光辉之谓大,大而化之之谓圣,圣而不可知之之谓神。"

3.28 问:"莹中[1]尝爱《文中子[2]》'或问学《易》,子曰:终日乾乾[3]可也',此语最尽。文王[4]所以圣,亦只是个不已。"先生曰:"凡说经义,如只管节节推上去,可知是尽。夫终日乾乾,未尽得《易》。据此一句,只做得九三使。若谓乾乾是不已,不已又是道,渐渐推去,自然是尽。只是理不如此。"(《二程遗书》卷十九《杨遵道录》)

【注释】

〔1〕莹中:陈瓘(1062—1126),南剑人。字莹中,自号了翁,学者称了斋先生,二程私淑弟子。任太学博士、著作郎、给事中等职。《宋史》卷二三五、《宋元学案》卷三十五均有传。 〔2〕文中子:王通(584—617),字仲淹,门人私谥文中子,著《中说》十卷尚存。为三世纪至七世纪间最重要的儒者。不喜仕。效法孔子,著《续六经》,已佚。 〔3〕终日乾乾:语出《周易·乾卦·文言传》:"终日乾乾,反复道也。" 〔4〕文王:周朝创立者,武王之父。儒家尊其为圣人。

3.29 子在川上曰:"逝者如斯夫[1]!"言道之体如此,这里须是自见得。张绎[2]曰:"此便是无穷。"先生曰:"固是道无穷。然怎生一个'无穷'便道了得他?"(《二程遗书》卷十九《杨遵道录》)

【注释】

〔1〕逝者如斯夫:通过川流不息可以体证道体之本然、天命之流行,语出《论语·子罕》:"子在川上曰:'逝者如斯夫!不舍昼夜。'"〔2〕张绎:程颐门人,见卷二第七十三条注〔1〕。

3.30 今人不会读书。如"诵《诗》三百,授之以政,不达;使于四方,不能专对。虽多,亦奚以为[1]",须是未读《诗》时，不达于政，不能专对；既读《诗》后，便达于政，能专对四方，始是读《诗》。"人而不为《周南》《召南》，其犹正墙面[2]"，须是未读诗时如面墙，到读了后便不面墙，方是有验。大抵读书只此便是法。如读《论语》，旧时未读是这个人，及读了后来，又只是这个人，便是不曾读也。（《二程遗书》卷十九《杨遵道录》）

【注释】

〔1〕虽多，亦奚以为：语出《论语·子路》。 〔2〕其犹正墙面：语出《论语·阳货》。《周南》为《诗经》国风之首篇，共十一首。《召南》次之，共十四首。"墙面"是说不学习的人就像面对着一堵墙，一无所见。

3.31 凡看文字，如七年、一世、百年之事[1]，皆当思其如何作为，乃有益。（《二程遗书》卷二十二上《伊川杂录》）

【注释】

〔1〕指孔子所说的三句话，均出于《论语·子路》。分别为："善人教民七年，亦可以即戎矣"；"如有王者，必世而后仁"；"善人为邦百年，亦可以胜残去杀矣。诚哉是言也"。江永《近思录集注》卷三因《论语》原文为"必世"，于是改"一"为"必"。

3.32 凡解经不同无害，但紧要处不可不同尔[1]。（《二程外书》）

【注释】

〔1〕尔：助词，表示肯定。

3.33 焞[1]初到，问为学之方。先生曰：公要知为学，须是读书。书不必多看，要知其约。多看而不知其约[2]，书肆耳。颐缘少时读书贪多，如今多忘了。须是将圣人言语玩味，入心记着，然后力去行之，自有所得。(《二程外书》)

【注释】

〔1〕焞：尹焞，程颐学生，见卷二第七十五条注〔1〕。 〔2〕约：纲要。

3.34 初学入德之门，无如《大学》，其他[1]莫如《语》《孟》。(《二程遗书》卷二十二上《伊川杂录》)

【注释】

〔1〕其他：其次。

3.35 学者先须读《论》《孟》。穷得《论》《孟》，自有要约处，以此观他经甚省力。《论》《孟》如丈尺权衡相似，以此去量度事物，自然见得长短轻重。(《二程遗书》卷十八《刘元承手编》)

3.36 读《论语》者，但将诸弟子问处便作己问，将圣人答处便作今日耳闻，自然有得。若能于《论》《孟》中深

求玩味,将来涵养成甚生[1]气质。(《二程遗书》卷二十二上《伊川杂录》)

【注释】

[1] 甚生:洛阳俗语。叶采《近思录集解》卷三解作"非常",茅星来《近思录集注》卷三谓"甚生,犹怎生"。怎生,如何的意思,也是"非常"之意。

3.37 凡看《语》《孟》,且须熟读玩味,将圣人之言语切己[1],不可只作一场话说。人只看得此二书切己,终身尽多也。(《二程遗书》卷二十二上《伊川杂录》)

【注释】

[1] 切己:切身,密切联系自己。

3.38 《论语》,有读了后全无事[1]者,有读了后其中得一两句喜者,有读了后知好之者,有读了后不知手之舞之、足之蹈之者。(《二程遗书》卷十九《杨遵道录》)

【注释】

[1] 全无事:指没有一点感触。

3.39 学者当以《论语》《孟子》为本。《论语》《孟子》既治,则《六经》可不治而明矣。读书者当观圣人所以作经之意,与圣人所以用心,与圣人所以至圣人,而吾之所以未至者，所以未得者。句句而求之，昼诵而味之，中夜而思之，平其心，易其气，阙[1]其疑。则圣人之意见[2]矣。（《二程遗书》卷二十五《畅潜道路》）

【注释】

〔1〕阙：保留。 〔2〕圣人之意见：圣人的道得到彰显。

3.40 读《论语》《孟子》而不知道，所谓"虽多，亦奚以为"。（《二程遗书》卷六）

3.41 《论语》《孟子》只剩读着[1]便自意足，学者须是玩味。若以语言解着，意便不足。某始作此二书文字，既而思之又似剩。只有些先儒错会处，却待与整理过。（《二程外书》卷五《冯氏本拾遗》）

【注释】

〔1〕只剩读着：省去一切解释解说，只就文本去读。剩，余。

3.42 问："且将《语》《孟》紧要处看如何？"伊川曰："固是好。然若有得，终不浃洽[1]。盖吾道非如释氏，一见了便从空寂去。"（《二程遗书》卷十二《传闻杂记》）

【注释】

〔1〕浃洽：融洽，贯通。

3.43 "兴于《诗》"[1]者,吟咏性情,涵畅道德之中而歆动之,有"吾与点"[2]之气象。(本注:又曰:"兴于《诗》",是兴起人善意,汪洋浩大[3],皆是此意。)(《二程遗书》卷三《陈氏本拾遗》)

【注释】

〔1〕兴于《诗》:语出《论语·泰伯》:"子曰:'兴于《诗》,立于礼,成于乐。'" 〔2〕吾与点:语出《论语·先进》:"(曾点)曰:'莫春者,春服既成,冠者五、六人,童子六、七人,浴乎沂,风乎舞雩,咏而归。'夫子喟然叹曰:'吾与点也!'" 〔3〕汪洋浩大:叶采解:"诗人之词,宽平忠厚,故有兴起大汪洋浩大之意。"

3.44 谢显道[1]云:明道先生善言《诗》。他又浑不曾章解句释,但优游[2]玩味,吟哦上下,便使人有得处。"瞻彼日月,悠悠我思。道之云远,曷云能来?"[3]思之切矣。终曰:"百尔君子!不知德行。不忮不求,何用不臧!"[4]归于正也。又云:伯淳常谈《诗》,并不下一字训诂。有时只转却[5]一两字,点掇地[6]念过,便教人省悟。又曰:古人所以贵亲炙[7]之也。(《二程外书》卷十二《传闻杂记》)

【注释】

〔1〕谢显道:字良佐,二程门人,见卷一第三十七条注〔1〕。 〔2〕优游:从容而悠闲自得。 〔3〕"曷云能来"句:语出《诗经·国风·邶·雄雉》。 〔4〕"何用不臧"句:语出《诗经·国风·邶·雄雉》,忮,妒忌。求,贪求。臧,善。 〔5〕转却:转换。

〔6〕点掇地：宋代方言，"地"一作"他"，语助词，点掇是指选取出来。　　〔7〕亲炙：直接受到教诲或传授。

3.45　明道先生曰：学者不可以不看《诗》，看《诗》便使人长一格价⁽¹⁾。（《二程外书》卷十二《传闻杂记》）

【注释】

〔1〕长一格价：提高一个档次。

3.46　"不以文害辞⁽¹⁾。"文，文字之文，举一字则是文，成句是辞。《诗》为解一字不行，却迁就他说，如"有周不显⁽²⁾"，自是作文当如此。（《二程外书》卷一《朱公掞录拾遗》）

【注释】

〔1〕不以文害辞：是指不要因为拘泥于个别字义而影响对整个语句的理解，语出《孟子·万章上》："故说诗者，不以文害辞，不以辞害志；以意逆志，是为得之。如以辞而已矣。"　　〔2〕有周不显：语出《诗经·大雅·文王》："有周不显，帝命不时。文王陟降，在帝左右。"有，语助词。不，丕，大的意思。

3.47　看《书》须要见二帝三王⁽¹⁾之道，如二《典》⁽²⁾，即求尧所以治民，舜所以事君。（《二程遗书》卷二十四《邹德久本》）

【注释】

〔1〕二帝三王：儒家所推崇的古代圣王。"二帝"指唐代之尧、虞

代之舜二帝。"三王"指三代之王，即夏朝之禹王、商朝之汤王与周朝之文王，亦有文王、武王并举的说法。　〔2〕二《典》：指《尚书》中《尧典》《舜典》两篇。

3.48　《中庸》之书，是孔门传授，成于子思[1]、孟子。其书虽是杂记，更不分精粗，一衮说了[2]。今人语道，多说高便遗却卑，说本便遗却末。（《二程遗书》卷十五《入关语录》）

【注释】

〔1〕子思（前483—前402）：姓孔，名伋，孔子之孙，鲁国人。相传曾授业于曾子。他发挥了孔子的"中庸"思想，孟子继承了他的思想，形成了儒家的思孟学派。　〔2〕一衮说了：不加区分一股脑说出来。

3.49　伊川先生《易传序》[1]曰：《易》，变易也，随时变易以从道也。其为书也，广大悉备，将以顺性命之理，通幽明之故，尽事物之情，而示开物成务之道也。圣人[2]之忧患后世，可谓至矣。去古虽远，遗经尚存。然而前儒失意以传言，后学诵言而忘味。自秦而下，盖无传矣。予生千载之后，悼斯文[3]之湮晦，将俾[4]后人沿流而求源，此《传》所以作也。"《易》有圣人之道四焉：以言者尚其辞[5]，以动者尚其变，以制器者尚其象，以卜筮者尚其占。[6]"吉凶消长之理，进退存亡之道，备于辞。推辞考卦，可以知变，象与占在其中矣。"君子居则观其象而玩其辞，动则观其变而玩其占。[7]"得于辞不达其意者有矣，未有不得于辞而能通其意者也。至微者理也，至著者象也，体用一源，显微无间[8]。观会通以行其典礼[9]，则辞无所不备。故善学者求言必自近，易于近者，非知言者也。予所传者辞也，由辞以得意，则在乎人焉。（《二程文集》卷八《易传序》）

【注释】

〔1〕《易传序》：此篇是程颐《易传》序的全文。程颐《易传》又称《伊川易传》《程氏易传》，书中系统体现了程颐的理学思想。〔2〕圣人：指文王、周公与孔子。传统以三者为《周易》卦画、卦、爻辞、传文各部的著者。　〔3〕斯文：本指文明、文化、礼乐典章等，这里指《周易》的精神。　〔4〕俾：使。　〔5〕辞：叶采《近思录集解》卷三以"辞"为《系辞》，《朱子语类》卷六十七则以为《卦辞》《爻辞》，朱熹看法比较合理。　〔6〕"《易》有圣人之道四焉"句：语出《周易·系辞传上》。　〔7〕"君子居则观其象而玩其辞"句：语出《周易·系辞传上》："是故君子居则观其象而玩其辞，动则观其变而玩其占。是以自天佑之，吉无不利。"　〔8〕体用一源，显微无间：程朱理学认为"体用一源，显微无间"为此篇序文的精要，程颐门人尹和靖曾向程颐进言，为"似太露天机"，此天机是说该思想源于佛教的"体用无方，圆融叵测""往复无际，动静一源"等思想。十一世纪以后，儒者、佛者均常用之。唐顺之（1507—1560）的《中庸辑略》序云："儒者曰体用一原，佛者曰体用一原。儒者曰显微无间，佛者曰显微无间。孰从而辨之?"　〔9〕观会通以行其典礼：语出《周易·系辞传上》："圣人有以见天下之动，而观其会通，以行其典礼，系辞焉以断其吉凶，是故谓之爻。"典礼，典常之礼，即普遍应遵行的制度、礼仪。

3.50　伊川先生答张闳中[1]书曰：《易传》未传，自量精力未衰，尚觊有少进尔。来书云："《易》之义本起于数。"谓义起于数[2]，则非也。有理而后有象，有象而后有数。《易》因象以明理，由象以知数。得其义，则象数在其中矣。（本注：理无形也，故因象以明理。理既见乎辞矣，则可由辞以观象，故曰"得其义则象数在其中矣"。）必欲穷象之隐微，尽数之毫忽，乃寻流逐末。术家之所尚，非儒者之所务也。（《二程文集》卷九《答张闳中书》）

【注释】

〔1〕张闳中：据《伊洛渊源录》卷十四云"不详其名"。此条摘编《答张闳中书》而成。　〔2〕谓义起于数：叶采本无此五字。茅星来《近思录集注》卷三依《伊川文集》加入。

3.51　知时识势，学《易》之大方也。（《程氏易传·夬》）

3.52　《大畜》初、二[1]，乾体刚健而不足以进，四、五[2]阴柔而能止。时之盛衰，势之强弱，学《易》者所宜深识也。（《程氏易传·大畜》）

【注释】

〔1〕初、二：指《大畜》卦初九、九二两爻："初九，有厉，利已。《象》曰：有厉利已，不犯灾也。九二，舆说輹。《象》曰：舆说輹，中无尤也。"　〔2〕四、五：指《大畜》卦六四、六五两爻。

3.53 诸卦二、五,虽不当位[1],多以中为美;三、四虽当位,或以不中为过。中常重于正也。盖中则不违于正,正不必中也。天下之理莫善于中,于九二、六五[2]可见。(《程氏易传·震》)

【注释】

[1] 不当位:每卦六爻中,阳爻由下而上称"初九""九二""九三""九四""九五""上九";阴爻则称"初六""六二""六三""六四""六五""上六"。初、三、五为阳位,二、四、六为阴位。阳爻居阳位,阴爻居阴位,为当位,反之则为不当位。 [2] 九二、六五:指阳爻第二爻与阴爻第五爻。

3.54 问:"胡先生[1]解九四作太子[2],恐不是卦义。"先生云:"亦不妨。只看如何用。当储贰,则做储贰使。九四近君,便作储贰亦不害。但不要拘一,若执一事,则三百八十四爻[3]只作得三百八十四件事便休了。(《二程遗书》卷十九《杨遵道录》)

【注释】

[1] 胡先生:即胡瑗(993—1059),字翼之,泰州海陵人(今江苏姜堰市)。学者称安定先生,与石介、孙复并称"宋初三先生"。教授二十余年,立经义、治事二斋,后为国子监直讲,程颐等从学。著《易解》十卷、《系辞说卦》三卷、《周易口义》十卷。今唯《口义》存。《宋元学案》以其学案为首,《宋史》卷四三二有传。 [2] 九四作太子:见《周易口义》卷一。初爻为未仕者,二爻为士,三爻为大夫,四爻为公卿诸侯,五爻为天子,上爻为无位或去位者。四爻近君,

故可为太子。　〔3〕三百八十四爻：《周易》共有六十四卦，每卦六爻，共三百八十四爻。

3.55　看《易》且要知时[1]。凡六爻，人人有用。圣人自有圣人用，贤人自有贤人用，众人自有众人用，学者自有学者用，君有君用，臣有臣用，无所不通。因问："《坤》卦是臣之事，人君有用处否？"先生曰：是何无用？如"厚德载物"[2]，人君安可不用？（《二程遗书》卷十九《杨遵道录》）

【注释】

〔1〕知时：懂得因时而变。　〔2〕厚德载物：语出《周易·坤卦·象传》："《象》曰：地势坤，君子以厚德载物。"

3.56　《易》中只是言反复往来上下[1]。（《二程遗书》卷十四《亥九月过汝所闻》）

【注释】

〔1〕反复往来上下：反复、往来、上下是《周易》三种卦变方式。"反复"是说两卦各爻阴阳互变成为错卦，"上下"是说两卦各爻上下全部倒置过来成为综卦，"往来"是说一个卦体的两爻往来互换而变成另一卦体，其中爻自下而上叫往，爻自上而下叫来。

3.57　作《易》自天地幽明，至于昆虫草木微物，无不合。（《二程外书》卷七《胡氏本拾遗》）

3.58 今时人看《易》，皆不识得《易》是何物，只就上穿凿。若念得不熟，与上添一德〔1〕亦不觉多，就上减一德亦不觉少。譬如不识此兀子〔2〕，若减一只脚，亦不知是少；若添一只，亦不知是多。若识则自添减不得也。（《二程外书》卷五《冯氏本拾遗》）

【注释】

〔1〕德：某卦的品行、特性。　〔2〕兀子：今写作"杌子"，指小凳子。

3.59 游定夫〔1〕问伊川"阴阳不测之谓神〔2〕"。伊川曰：贤是疑了问，是拣难底问？（《二程外书》卷十二《传闻杂记》）

【注释】

〔1〕游定夫：游酢，字定夫，元丰进士，与杨时、吕大临、谢良佐并称为程门四大弟子。著有《易说》《中庸义》等。　〔2〕阴阳不测之谓神：语出《周易·系辞传上》："富有之谓大业，日新之谓盛德。生生之谓易，成象之谓乾，效法之谓坤，极数知来之谓占，通变之谓事，阴阳不测之谓神。"神，神妙。

3.60 伊川以《易传》示门人曰："只说得七分，后人更须自体究。"（《二程外书》卷十一《时氏本拾遗》）

3.61 伊川先生《春秋传序》曰：天之生民，必有出类之才，起而君长之；治之而争夺息，导之而生养遂，教之而伦理明，然后人道立，天道成，地道平。二帝而上，圣贤世出，随时有作，顺乎风气之宜，不先天[1]以开人，各因时而立政。暨乎三王迭兴，三重[2]既备，子丑寅之建正[3]，忠质文之更尚[4]，人道备矣，天运周矣。圣王既不复作，有天下者，随欲仿古之迹，亦私意妄为而已。事之缪，秦至以建亥为正[5]；道之悖，汉专以智力持世。岂复知先王之道也？夫子当周之末，以圣人不复作也，顺天应时之治不复有也，于是作《春秋》[6]，为百王不易之大法，所谓"考诸三王而不谬，建诸天地而不悖，质诸鬼神而无疑，百世以俟圣人而不惑"[7]者也。先儒之《传》[8]曰："游、夏不能赞一辞。[9]"辞不待赞也，言不能与于斯耳。斯道也，惟颜子尝闻之矣。"行夏之时，乘殷之辂，服周之冕，乐则《韶》《舞》。[10]"此其准的[11]也。后世以史视《春秋》，谓褒善贬恶而已，至于经世之大法，则不知也。《春秋》大义数十。其义虽大，炳如日星，乃易见也；惟其微辞[12]隐义，时措从宜者，为难知也。或抑或纵，或与或夺，或进或退，或微或显，而得乎义理之安，文质之中，宽猛之宜，是非之公，乃制事之权衡，揆[13]道之模范也。夫观百物然后识化工[14]之神，聚众材然后知作室之用。于一事一义而欲窥圣人之用心，非上智不能也。故学《春秋》者，必优游涵泳，默识心通，然后能造其微也。后王知《春秋》之义，则虽德非禹、汤，尚可以法三代[15]之治。自秦而下，其学不传。予悼夫圣人之志不明于后世也，故作《传》以明之，俾后之人通其文而求其义，得其意而法其用，则三代可复也。是《传》也，虽未能极圣人之蕴奥，庶几学者得其门而入矣。（《二程文集》卷八《春秋传序》）

【注释】

〔1〕先天：先于天时。　〔2〕三重：《中庸》谓"王天下有三重焉"，即三种重大事情。郑玄（127—200）注为三王之礼，叶采《近思录集解》卷三从之。吕大临（1046—1092）《经说》卷八的《中庸解》解作议礼（议论礼法）、制度与考文（考核字之形音），朱子《中庸章句》沿之。陈荣捷先生认为："以《中庸》之文义而言，吕氏是也。"〔3〕建正：正是指一年之始。周朝以子（十一月）建正（为正月），谓之天正；商朝以丑（十二月）建正，为地正；夏朝以寅（一月）建正，为人正。　〔4〕忠质文之更尚：夏尚忠，商尚质，周尚文。质，质朴。文，文采。　〔5〕事之缪，秦至以建亥为正：缪，通"谬"，秦以亥（十月）建正。秦以周为火德，秦为水德，故以水灭火。然十月雨少，故其事谬。　〔6〕作《春秋》：《春秋》是鲁国编年史，该书起于鲁隐公元年（前722），终于鲁哀公十四年，共计二百四十二年。传统认为《春秋》为孔子所作，而实际上是孔子对其进行了整理修订。〔7〕"考诸三王而不谬"句：语出《中庸》。惑，疑惑，反对。〔8〕先儒之《传》：先儒指司马迁（前145—前86?），传指其《史记》卷四十七《孔子世家》。　〔9〕游、夏不能赞一辞：语出《史记·孔子世家》："至于为《春秋》，笔则笔，削则削，子夏之徒不能赞一辞。"赞，佐助。游、夏指子游、子夏，都是孔子弟子。《论语·先进》中，孔子赞其文学才能。子游，姓言，名偃。子夏，姓卜，名商。〔10〕"行夏之时"句：语出《论语·卫灵公》。时，历法。辂，车子。冕，帽子。殷商以木为大车体现重质，周朝祭服之冠华而非奢体现重文。《韶》舜时乐曲名，《舞》是周武王是乐曲名。《论语·八佾》认为

舜之乐《韶》尽善尽美,武王之乐《舞》虽尽美但未尽善。〔11〕准的:标准。 〔12〕微辞:委婉而寓含讽喻的言辞。 〔13〕揆:揆度、度量,衡量揣度。 〔14〕化工:自然的创造力。 〔15〕三代:指夏、商、周。

3.62 《诗》《书》载道之文,《春秋》圣人之用[1]。《诗》《书》如药方,《春秋》如用药治病。圣人之用,全在此书,所谓"不如载之行事深切著明[2]"者也。有重叠言者[3],如征伐、盟会[4]者之类。盖欲成书,势须如此,不可事事各求异义。但一字有异,或上下文异,则义须别。(《二程遗书》卷二上《元丰己未吕与叔东见二先生语》)

【注释】

〔1〕圣人之用:圣人将其道运用于行事。 〔2〕深切著明:语出《史记》卷一三〇《太史公自序》:"子曰:'我欲载之空言,不如见之行事之深切著明也。'"司马贞(壮年727)《索隐》云:"案孔子之言,见《春秋纬》,太史公引之以成说也。"《春秋纬》已佚,只余数语,而此语不在其内。 〔3〕重叠言者:多次出现的语言和记载。 〔4〕盟会:古代诸侯间的集会、订盟。

3.63 "五经"[1]之有《春秋》,犹法律之有断例[2]也。律令唯言其法,至于断例,则始见其法之用也。(《二程遗书》卷二上《元丰己未吕与叔东见二先生语》)

【注释】

〔1〕五经:《诗》《书》《礼》《易》《春秋》。 〔2〕断例:案例。

3.64 学《春秋》亦善,一句是一事,是非便见于此,此亦穷理之要。然他经岂不可以穷理[1]?但他经论其义,《春秋》因其行事,是非较著,故穷理为要。尝语学者,且先读《论语》《孟子》,更读一经,然后看《春秋》。先识得个义理,方可看《春秋》。《春秋》以何为准?无如《中庸》。欲知《中庸》,无如权,须是时而为中。若以手足胼胝[2]、闭户不出[3]二者之间取中,便不是中。若当手足胼胝,则于此为中;当闭户不出,则于此为中。权之为言,秤锤之义也。何物为权?义也,时[4]也。只是说得到义,义以上更难说,在人自看如何。(《二程遗书》卷十五《入关语录》)

【注释】

[1] 穷理:《二程遗书》原文无此"理"字。 [2] 手足胼胝:是说大禹为急于救天下之难,在治水中手足因为长期劳动而生出了厚厚的茧子。《史记·李斯列传》:"禹凿龙门,通大夏,疏九河,曲九防,决渟水致之海,而股无胈,胫无毛,手足胼胝,面目黧黑。"
[3] 闭不出户:指颜回居陋巷但不改其乐的处事态度。《孟子·离娄下》:"乡邻有斗者,被发缨冠而往救之,则惑也,虽闭户可也。"
[4] 时:《二程遗书》原文此下三字作"然也只"。

3.65 《春秋》传为案,经为断。[1](本注:又云:某年二十时看《春秋》,黄聱隅[2]问某如何看?某答曰:"以传考经之事迹,以经别传之真伪。")(《二程遗书》卷十五《入关语录》)

【注释】

〔1〕《春秋》传为案,经为断:《春秋》三传为《左传》《公羊传》《谷梁传》。《左传》传为春秋时人左丘明作,叙事详密。《公羊传》为战国齐人子夏弟子公羊高撰,《谷梁传》为战国鲁人子夏弟子谷梁赤撰,两传均重义理。案,案例。断,断案时的断语。 〔2〕黄聱隅(壮年1052):名晞,字景征,自号聱隅子。少年通经,藏书数千卷。学者多从之。旋为太学助教,一日而卒。《宋史》卷四五八有传。

3.66 凡读史不徒要记事迹,须要识其治乱安危兴废存亡之理。且如读《高帝纪》[1],便须识得汉家四百年终始治乱当如何。是亦学也。(《二程遗书》卷十八《刘元承手编》)

【注释】

〔1〕《高帝纪》:《史记》卷八有《高祖本纪》,《汉书》卷一有《高祖纪》。

3.67 先生[1]每读史到一半,便掩卷思量,料其成败,然后却看[2]。有不合处,又更精思。其间多有幸而成,不幸而败。今人只见成者便以为是,败者便以为非,不知成者煞有不是,败者煞有是底。(《二程遗书》卷十九《杨遵道录》)

【注释】

〔1〕先生:指程颢。 〔2〕却看:再看。

3.68 读史须见圣贤所存治乱之机,贤人君子出处进退[1],便是格物。(《二程遗书》卷十九《杨遵道录》)

【注释】

〔1〕出处进退：出仕与退隐。

3.69　元祐[1]中，客有见伊川者，几案间无他书，惟印行《唐鉴》[2]一部。先生曰："近方见此书。三代以后，无此议论。"（《二程外书》卷十二《传闻杂记》）

【注释】

〔1〕元祐：宋哲宗年号（1086—1093）。　〔2〕《唐鉴》：书名。宋范祖禹（1041－1098）撰。范祖禹，字淳夫，为司马光（1019—1086）通鉴局编修官，分掌《唐史》，以其所自得者著《唐鉴》十二卷。此书论述了唐代三百年间治国得失，共三〇六篇，后经吕祖谦注，析为二十四卷。

3.70　横渠先生曰：《序卦》[1]不可谓非圣人之蕴。今欲安置一物，犹求审处，况圣人之于《易》！其间虽无极至精义，大概皆有意思。观圣人之书，须遍布细密如是。大匠岂以一斧可知哉？（张载《横渠易说·序卦》）

【注释】

〔1〕《序卦》：《周易》中解说六十四卦卦序的篇名，为《十翼》之一。

3.71　天官[1]之职，须襟怀洪大方看得。盖其规模至大，若不得此心，欲事事上致曲穷究，凑合此心，如是之大，必不能得也。释氏锱铢天地，可谓至大，然不尝为大，则为事不得。若畀[2]之一钱，则必乱矣。又曰：太宰[3]之职难看，盖无许大心胸包罗，记得此，复忘彼。其混混天下之事，当如捕龙蛇、搏虎豹，用心力看方可。其他五官便易看，止一职也。（张载《经学理窟·周礼》）

【注释】

〔1〕天官：官名。《周礼》分六官，即天官，地官，春官，夏官，秋官，冬官。称冢宰为天官，作为百官之长。　〔2〕畀：给予。〔3〕太宰：即冢宰，亦即天官，辅助帝王治理国家。

3.72　古人能知《诗》者惟孟子，为其以意逆志也[1]。夫诗人之志至平易，不必为艰险求之。今以艰险求《诗》，则已丧其本心，何由见诗人之志？（本注[2]：诗人之情性温厚，平易老成，本平地上道著言语。今须以崎岖求之，先其心已狭隘了，则无由见得。诗人之情本乐易[3]，只为时事拂着他乐易之性，故以诗道其志。）（张载《经学理窟·诗书》）

【注释】

〔1〕以意逆志：语出《孟子·万章上》："故说《诗》者，不以文害辞，不以辞害志。以意逆志，是为得之。"逆，逆知，迎取。〔2〕本注："诗人之情"以下乃《近思录》本注。张伯行《近思录集解》卷三与施璜《五子近思录发明》卷三及其他注家以为张载之言，陈荣捷先生认为："然查不见张子遗著。"　〔3〕乐易：和乐平易。

3.73 《尚书》[1]难看,盖难得胸臆如此之大。只欲解义,则无难也。(张载《经学理窟·诗书》)

【注释】

〔1〕《尚书》:即《书经》。尚,上,言上代以来之书。

3.74 读书少,则无由考校得义精。盖书以维持此心,一时放下,则一时德性有懈。读书则此心常在,不读书则终看义理不见。(张载《经学理窟·义理》)

3.75 书须成诵。精思多在夜中,或静坐得之。不记则思不起。但贯通得大原[1]后,书亦易记。所以观书者,释己之疑,明己之未达,每见每知新益[2],则学进矣。于不疑处有疑,方是进矣。(张载《经学理窟·义理》)

【注释】

〔1〕大原:本源、根源,基本精神。 〔2〕新益:《张子全书》作"所益"。《张子语录》作"新意"。

3.76 《六经》须循环理会,义理尽无穷。待自家长得一格,则又见得别。(张载《经学理窟·义理》)

3.77 如《中庸》文字辈,直须句句理会过,使其言互相发明。(张载《经学理窟·义理》)

3.78 《春秋》之书,在古无有,乃仲尼所自作,惟孟子能知之。非理明义精,殆⁽¹⁾未可学。先儒⁽²⁾未及此而治之,故其说多凿。(张载《近思录拾遗·文集》)

【注释】

〔1〕殆:大概,恐怕。 〔2〕先儒:前代儒者,这里指汉、唐儒者。

卷四　存养

【题解】

　　本卷旨在论述存养之道。叶采的题解为："此卷论存养。盖穷格虽至，而涵养之不足，则其知将日昏，而亦何以为力行之地哉？故存养之功，实贯于知行，而此卷之编，列乎二者之间也。"共收录七十条，其中周敦颐一条，张载七条，其余六十二条来自二程。

　　实际上，儒、释、道三家都重视精神修养。这里所讲的存养就是理学家所提倡的一种精神修养功夫。所谓存养，就是操存、涵养之义，是"心上起工夫"，也就是操存其心、涵养其性的意思。如果说"致知"是外在的读书明理、格物穷理，那么"存养"则是把所明、所穷的"天理"落实到自己日常行为之中，内化到自己精神世界之中，成为一种内在德性修养功夫。

　　在《近思录》看来，"存养"是沟通"致知"与"力行"的桥梁、中介。为了更好地发挥存养之功，理学家们重视"主一""敬""慎独""无邪""中""正""直"等功夫。《近思录》认为操存此心有术，本卷第一条就引用了周敦颐"主一"思想，"一为要。一者，无欲也。无欲则静虚动直。"在现实世界中，人们私欲杂多，诸如：表现欲、权力欲、名利欲、物欲、贪欲，等等。如果任凭这些私欲膨胀，必然无操守、无节制，与禽兽无异。"主一"就是排除这些非分的私欲，让我们的心常能虚明，听命于"道心"。要想更好贯彻"主一"功夫，关键是要"敬以直内"，以敬操存此心，这也就是存诚的功夫。

经过这些存养功夫，我们的心就可以避免私欲膨胀的"人心"干扰，守住"道心"之正，可以"将已放之心，约之使反复入身来"（第八条），只要不让此道心逐于外物，则此道心便常在身子里，从而可以实现理学式的"道成肉身"。

4.1 或问："圣可学乎？"濂溪先生曰："可。""有要乎？"曰："有。""请问焉。"曰："一为要。一[1]者，无欲也，无欲则静虚动直。静虚则明，明则通；动直则公，公则溥[2]。明、通、公、溥，庶矣乎！"（周敦颐《通书·圣学》）

【注释】

〔1〕一：守一，一种无视无听、无私无欲、守持魂神的状态。〔2〕溥：广大普遍，无所偏倚。

4.2 伊川先生曰：阳始生甚微[1]，安静而后能长。故《复》之《象》曰："先王以至日闭关。[2]"（《程氏易传·复》）

【注释】

〔1〕阳始生甚微：《复》卦的卦象为五阴一阳，一阳生于下，力量微小。 〔2〕先王以至日闭关：语出《周易·复卦·象传》："先王以至日闭关，商旅不行，后省有方。"至日，冬至之日。

4.3 动息节宣[1],以养生也;饮食衣服,以养形也;威仪行义,以养德也;推己及物,以养人也。(《程氏易传·颐》)

【注释】

[1] 节宣:节,节制。宣,显露。这里指节制言语。

4.4 "慎言语"以养其德,"节饮食"以养其体。[1] 事之至近而所系至大者,莫过于言语饮食也。(《程氏易传·颐》)

【注释】

[1] "'慎言语'以养其德"句:这是对《颐》卦象传:"山下有雷。颐,君子以慎言语,节饮食"的解释。

4.5 "震惊百里,不丧匕鬯[1]。"临大震惧,能安而不自失者,惟诚敬而已,此处震之道也。(《程氏易传·震》)

【注释】

[1] 不丧匕鬯:语出《周易·震卦·象辞》:"震来虩虩,笑言哑哑,震惊百里,不丧匕鬯。"这里描述了闻惊雷时人们的种种表现。有的哆嗦害怕,有的哈哈说笑,有的十分镇静,用勺子盛酒,没有毫洒落。匕,勺子。鬯,用黑黍与香草酿成的香酒,后来盛这种香酒的器皿也被称为鬯。

4.6 人之所以不能安其止者,动于欲也。欲牵于前而求其止，不可得也。故艮之道当"艮其背[1]"。所见者在前，而背乃背之，是所不见也。止于所不见，则无欲以乱其心，而止乃安。"不获其身[2]"，不见其身也，谓忘我也。无我则止矣。不能无我，无可止之道。"行其庭，不见其人。[3]"庭除[4]之间至近也。在背则虽至近不见，谓不交于物也。外物不接，内欲不萌，如是而止，乃得止之道。于止为无咎也。（《程氏易传·艮》）

【注释】

〔1〕艮其背：语出《周易·艮卦·象辞》："艮其背，不获其身，行其庭，不见其人，无咎。"艮，止。艮其背，以背背对，就像歇脚、歇手的用法，表示停止的意思。　〔2〕不获其身：人的情感欲望源于肉身，人的行为止于当止是表示无欲，无欲就可以实现一种天理流行的境界，在这种境界中的人，只见天理，不见人欲，于是人欲所产生基础肉身自然就成为一种"不见""不获"状态。　〔3〕行其庭，不见其人：实现了"不获其身"境界后，内心就不会再被与外物相交接的物欲所扰烦，所以在庭院里行走，内心就不会再萌生同作为外物的"人"相交接的欲望，所以说"不见其人"。　〔4〕庭除：庭，院。除，台阶。

4.7　明道先生曰：若不能存养[1]，只是说话。（《二程遗书》卷一《端伯传师说》）

【注释】

〔1〕存养：存其心养其性。

4.8 圣贤千言万语，只是欲人将已放之心[1]，约之使反复入身来，自能寻向上去，下学而上达也。(《二程遗书》卷一《端伯传师说》)

【注释】

[1] 已放之心：语出《孟子·告子上》："学问之道无他，求其放心而已矣。"放，放逸、丢失。心，本善之心。

4.9 李籲[1]问："每常遇事，即能知操存之意。无事时如何存养得熟？"曰："古之人耳之于乐，目之于礼，左右起居，盘盂几杖，有铭有戒，动息皆有所养。今皆废此，独有理义之养心耳。但存此涵养意，久则自熟矣。'敬以直内'[2]，是涵养意。"(《二程遗书》卷一《端伯传师说》)

【注释】

[1] 李籲（壮年1088）：字端伯，二程弟子，曾记二程之语为一编，名《师说》。元祐（1086—1093）中为秘书省校书郎卒。《伊洛渊源录》卷八、《宋史》卷四二八、《宋元学案》卷三十均有传。
[2] 敬以直内：语出《周易·坤卦·文言传》，见卷二第七条注[1]。

4.10 吕与叔[1]尝言患思虑多，不能驱除。曰："此正如破屋中御寇，东面一人来未逐得，西面又一人至矣。左右前后，驱逐不暇。盖其四面空疏，盗固易入，无缘[2]作得主[3]定。又如虚器入水，水自然入。若以一器实之以水，置之水中，水何能入来？盖中有主则实，实则外患不能入，

自然无事。(《二程遗书》卷一《端伯传师说》)

【注释】

〔1〕吕与叔：吕大临，字与叔，初学于张载，后学于二程。见卷二第五十七条注〔2〕。　〔2〕无缘：无从，不能够。　〔3〕主：有专主，义理充实于内。

4.11　邢和叔言[1]："吾曹常须爱养精力，精力稍不足则倦，所临事皆勉强[2]而无诚意。"接宾客语言尚可见，况临大事乎？(《二程遗书》卷一《端伯传师说》)

【注释】

〔1〕邢和叔言：邢恕（壮年1127），字和叔，郑州阳武人，二程门人。举进士，历任侍郎尚书，属知州县。交结蔡确、章惇、黄履，陷害多人，人称四凶。《伊洛渊源录》卷十四、《宋史》卷四七一、《宋元学案》卷三十均有传。据陈荣捷先生考订："中国注家皆谓此为邢和叔之言。茅星来谓程子不以人废言云。若然，则与卷五第十五条，程子引尧夫言同例。惟日本有的注家，如贝原益轩、中山竹井、佐藤一斋、泽田武冈、东正纯、宇都宫遁庵皆谓《二程先生类语》中"邢"字上有"与"字。如是则是程子对邢和叔而言。然《二程遗书》无此"与"字，且《二程先生类语》为明唐伯元所编，序于万历乙酉，成书甚晚，较《二程遗书》晚四百年，未可为据。泽田武冈未知孰是。佐藤一斋则谓邢恕叛师，不应加入《近思录》云。"　〔2〕勉强：能力不足而强为之。

4.12　明道先生曰：学者全体此心[1]。学虽未尽，若事物之来，不可不应。但随分限[2]应之，虽不中不远矣。

(《二程遗书》卷二上《元丰己未吕与叔东见二先生语》)

【注释】

〔1〕全体此心：保全此天然本善之心。　〔2〕分限：本分，天分，理之当然。

4.13　"居处恭，执事敬，与人忠[1]"，此是彻上彻下语。圣人元[2]无二语。（《二程遗书》卷二上《元丰己未吕与叔东见二先生语》）

【注释】

〔1〕"居处恭"句：语出《论语·子路》，孔子答樊迟问仁之语。〔2〕元：同原。

4.14　伊川先生曰："学者须敬守此心，不可急迫。当栽培[1]深厚，涵泳于其间，然后可以自得。但急迫求之，只是私己，终不足以达道。"（《二程遗书》卷二上《元丰己未吕与叔东见二先生语》）

【注释】

〔1〕栽培：以义理培植。

4.15　明道先生曰："思无邪[1]""毋不敬[2]"，只此二句，循而行之，安得有差？有差者，皆由不敬不正也。（《二程遗书》卷二上《元丰己未吕与叔东见二先生语》）

【注释】

〔1〕思无邪:语出《论语·为政》。 〔2〕毋不敬:语出《礼记·曲礼上》。

4.16 今学者敬而不见得[1],又不安者,只是心生,亦是太以敬来做事得重,此"恭而无礼则劳[2]"也。恭者,私为恭之恭也。礼者,非体之礼,是自然底道理也。只恭而不为自然底道理,故不自在也,须是"恭而安[3]"。今容貌必端,言语必正者,非是道独善其身,要人道如何,只是天理合如此,本无私意,只是个循理而已。(《二程遗书》卷二上《元丰己未吕与叔东见二先生语》)

【注释】

〔1〕不见得:又本作"不自得",茅星来《近思录集注》卷四指出,若作"自"字则与下语"不安"重复,朱熹于《朱子语类》卷四十二已用"见"矣。 〔2〕恭而无礼则劳:语出《论语·泰伯》:"恭而无礼则劳,慎而无礼则葸,勇而无礼则乱,直而无礼则绞。"〔3〕恭而安:语出《论语·述而》。

4.17 今志于义理而心不安乐者,何也?此则正是剩一个助之长[1]。虽则心操之则存,舍之则亡[2],然而持之太甚,便是"必有事焉"而正之[3]也。亦须且恁去,如此者只是德孤。"德不孤,必有邻[4]",到德盛后,自无窒碍,左右逢其原[5]也。(《二程遗书》卷二上《元丰己未吕与叔东见二先生语》)

【注释】

〔1〕助之长：语出《孟子·公孙丑上》："助之长者，揠苗者也，非徒无益，而又害之。" 〔2〕操之则存，舍之则亡：语出《孟子·告子上》："孔子曰：'操则存，舍则亡，出入无时，莫知其乡。'惟心之谓与？"言人应该操持此心不要让它放逸。操，抓住，操持。〔3〕"必有事焉"而正之：是说执意做某事，并一心达到预期的效果。语出《孟子·公孙丑上》："必有事焉而勿正，心勿忘，勿助长也。"这本是养气功夫，后引申为儒者的一般道德修养功夫。正，预期。〔4〕德不孤，必有邻：语出《论语·里仁》。 〔5〕左右逢其原：语出《孟子·离娄下》："资之深，则取之左右逢其原。"原，同"源"。

4.18 敬而无失[1]便是"喜怒哀乐未发谓之中[2]"。敬不可谓中，但敬而无失，即所以中也[3]。（《二程遗书》卷二上《元丰己未吕与叔东见二先生语》）

【注释】

〔1〕敬而无失：语出《论语·颜渊》："司马牛忧曰：'人皆有兄弟，我独亡。'子夏曰：'商闻之矣：死生有命，富贵在天。君子敬而无失，与人恭而有礼，四海之内皆兄弟也。君子何患乎无兄弟也？'" 〔2〕喜怒哀乐未谓之中：语出《中庸》。 〔3〕"敬不可谓中"句：《近思录》以此为程颢语，然朱熹《文集》卷六十四《与湖南诸公论中和第一书》则认为是程颐语。

4.19 司马子微尝作《坐忘论》[1]，是所谓坐驰[2]也。（《二程遗书》卷二上《元丰己未吕与叔东见二先生语》）

【注释】

〔1〕司马子微尝作《坐忘论》：司马子微即司马承祯（655—735），

字子微,号白云子。河内温县(今属河南)人。从嵩山道士潘师正受传符箓和辟谷、导引、服饵等方术,居天台山。武后、睿宗、玄宗迭次召见,玄宗从他亲受法箓,乃居王屋山阳台观,殁后谥号为贞一先生。叶采《近思录集解》卷四注云:"尝著论八篇,言清静无为,坐忘遗驰之道。"另据茅星来《近思录集注》卷四考证:"开元(713—741)中被召至都,玄宗(713—755)诏于王屋山置坛室以居。卒年八十九。"茅氏还列举例了《坐忘论》八篇之目。著有《修真秘旨》《天隐子》《坐忘论》等。其理论对宋代理学有直接影响。 〔2〕坐驰:是说形若虚静而杂念不息。语出《庄子·人间世》:"瞻彼阕者,虚室生白,吉祥止止。夫且不止,是之谓坐驰。"

4.20 伯淳[1]昔在长安仓中闲坐,见长廊柱,以意数之,已尚不疑。再数之不合,不免令人一一声言数之,乃与初数者无差。则知越着心把捉[2],越不定[3]。(《二程遗书》卷二上《元丰己未吕与叔东见二先生语》)

【注释】

〔1〕伯淳:程颢之字,见卷一第十八条注〔1〕。 〔2〕把捉:执持,掌握。 〔3〕越不定:此条是说在自在自然状态下心才能定,否则越不定,见卷二第四条有关定性的学说。

4.21 人心作主不定,正如一个翻车[1],流转动摇,无须臾停,所感万端。若[2]不做一个主,怎生奈何?张天祺[3]昔尝言:"自约数年,自上着床,便不得思量事[4]。"不思量事后[5],须强把他这心来制缚,亦须寄寓在一个形象,皆非自然。君实[6]自谓:"吾得术矣,只管念个中字。"

此又为中所系缚。且中亦何形象？有人胸中常若有两人焉，欲为善，如有恶以为之间；欲为不善，又若有羞恶之心者。本无二人，此正交战之验也。持其志，使气不能乱[7]，此大可验。要之圣贤必不害心疾。(《二程遗书》卷二下《附东见录后》)

【注释】

〔1〕翻车：农家所用以引水溉田的机械。 〔2〕若：《二程遗书》原文"若"上有"心"字，意义差别不大。 〔3〕张天祺（壮年1070）：张戬，字天祺，张载之弟，陕西眉县人，熙宁进士，与其兄张载并称"关中二张"。历治六七邑，又任太常博士，监察御史等职。常与王安石（1021—1086）争辩新政，《伊洛渊源录》卷六有传。 〔4〕便不得思量事：欲停止思量事本身还是思量。 〔5〕不思量事后：茅星来注本无"后"字。 〔6〕君实：即司马光（1019—1086），字君实，赠太师温国公，故称温公，谥文正，陕州夏县（今属山西）涑水县人。《宋史》卷三三三六有传，《宋元学案》卷七至八有学说。 〔7〕持其志，使气不能乱：语出《孟子·公孙丑上》："夫志，气之帅也；夫气，体之充也。夫志至焉，气次之焉。故曰：持其志，无暴其气。"说明了"志"与"气"在养气中的作用，理学家把"志"与"气"的协调作为一般道德修养效果重要检验。持，保持、守持。暴，乱，扰乱。

4.22 明道先生曰：某写字时甚敬，非是要字好，只此是学。(《二程遗书》卷三《谢显道记忆平日语》)

4.23 伊川先生曰：圣人不记事，所以常记得。今人忘

事,以其记事。不能记事,处事不精,皆出于养之不完固。(《二程遗书》卷三《谢显道记忆平日语》)

4.24 明道先生在澶州⁽¹⁾日,修桥少一长梁,曾博求之民间。后因出入,见林木之佳者,必起计度之心。因语以戒学者:"心不可有⁽²⁾一事。"(《二程遗书》卷三《谢显道记忆平日语》)

【注释】

〔1〕澶州:州名。今河南濮阳县,治所在顿丘(今河南清丰西)。时为镇宁军所在地。熙宁三年(1070)至四年(1071),程颢为签书镇宁军判官,住澶州。 〔2〕有:陈荣捷先生指出:"(日)宇都宫遁庵《鳌头近思录》卷四解'有'为泥著、系累。"

4.25 伊川先生曰:入道⁽¹⁾莫如敬。未有能致知而不在敬者。今人主心不定,视心如寇贼而不可制,不是事累心,乃是心累事。当知天下无一物是合⁽²⁾少得者,不可恶也。(《二程遗书》卷三《谢显道记忆平日语》)

【注释】

〔1〕入道:学道,使其心合于圣人之道。 〔2〕合:应当。

4.26 人只有一个天理,却不能存得,更做甚人也?(《二程遗书》卷十八《刘元承手编》)

4.27　人多思虑，不能自宁，只是做他心主不定。要作得心主定，惟是止于事，"为人君止于仁[1]"之类。如舜之诛四凶[2]，四凶已[3]作恶，舜从而诛之，舜何与[4]焉？人不止于事，只是揽他事，不能使物各付物。物各付物，则是役物；为物所役，则是役于物。"有物必有则[5]"，须是止于事。(《二程遗书》卷十五《入关语录》)

【注释】

[1] 为人君止于仁：作为君主所考虑的就是应当如何推行仁德于天下，语出《大学》："为人君止于仁，为人臣止于敬，为人子止于孝，为人父止于慈，与国人交止于信。"　[2] 四凶：指舜所流放的四族首领。见《尚书·舜典》："舜流共工于幽州，放驩兜于崇山，窜三苗于三危，殛鲧于羽山，四罪而天下咸服。"窜，锢。殛，诛。　[3] 已：又本作"他"。　[4] 与：关联。　[5] 有物必有则：语出《诗经·大雅·荡之什·烝民》："天生烝民，有物有则。民之秉彝，好是懿德。天监有周，昭假于下。保兹天子，生仲山甫。"

4.28　不能动人，只是诚不至。于事厌倦，皆是无诚处。(《二程遗书》卷五)

4.29　静后，见万物自然皆有春意。(《二程遗书》卷六)

4.30　孔子言仁，只说"出门如见大宾，使民如承大祭[1]"。看其气象，便须心广体胖，动容周旋中礼[2]自然，

惟慎独[3]便是守之之法。(《二程遗书》卷六)

【注释】

〔1〕"出门如见大宾"句：孔子答仲弓问仁，语出《论语·颜渊》。
〔2〕动容周旋中礼：语出《孟子·尽心下》："动容周旋中礼，盛德之至也。"　〔3〕慎独：在独处时谨于修身，语出《中庸》："莫见乎隐，莫显乎微，故君子慎其独也。"

4.31　圣人修己以敬，以安百姓[1]，笃恭而天下平[2]。惟上下一于恭敬，则天地自位，万物自育[3]，气无不和，四灵[4]何有不至？此体信达顺[5]之道。聪明睿智，皆由是出。以此事天飨地。[6]（《二程遗书》卷六）

【注释】

〔1〕圣人修己以敬，以安百姓：语出《论语·宪问》："子路问君子。子曰：'修己以敬。'曰：'如斯而已乎？'曰：'修己以安人。'曰：'如斯而已乎？'曰：'修己以安百姓。修己以安百姓，尧舜其犹病诸。'"　〔2〕笃恭而天下平：君子笃实恭敬就能让天下太平，语出《中庸》："不显惟德，百辟其刑之，是故君子笃恭而天下平。"　〔3〕天地自位，万物自育：在上者与在下者都一样地恭谨敬慎，那么天地就自然能各自发挥好自己的职位，万物就自然能化育成长。　〔4〕四灵：指龙、凤、龟、麟。语出《礼记·礼运》："何谓四灵？麟、凤、龟、龙，谓之四灵。"　〔5〕体信达顺：体现诚信以顺应人情。语出《礼记·礼运》："先王能修礼以达义，体信以达顺故，此顺之实也。"　〔6〕据陈荣捷先生考："各本有并上条与此条为一条，或并第五十四与五十五为一条而分第六十五为两条以足本卷七十条之数者。"

4.32 存养[1]熟后，泰然行将去，便有进。(《二程遗书》卷六)

【注释】

[1] 存养：心性操存涵养。

4.33 不愧屋漏[1]，则心安而体舒。(《二程遗书》卷六)

【注释】

[1] 不愧屋漏：语出《中庸》："诗云：'相在尔室，不愧屋漏。'故君子不动而敬，不言而信。"另见卷二第八十九条注[7]。

4.34 心要在腔子[1]里。只外面有些隙罅，便走了。[2] (《二程遗书》卷七)

【注释】

[1] 腔子：指躯壳，亦即身子。 [2] 只外面有些隙罅，便走了：此处朱熹以此条为伊川语，而在其《小学》卷五则作明道语。据此，张伯行《近思录集解》卷四分此条为两条。但《二程遗书》卷七为"二先生语"，无分彼此之证。

4.35 人心常要活，则周流无穷而不滞于一隅。(《二程遗书》卷五)

4.36 明道先生曰:"天地设位,而易行乎其中。[1]"只是敬也。敬则无间断。(《二程遗书》卷十一《师训》)

【注释】

[1] 天地设位,而易行乎其中:语出《周易·系辞传上》。

4.37 "毋不敬[1]",可以对越上帝[2]。(《二程遗书》卷十一《师训》)

【注释】

[1] 毋不敬:语出《礼记·曲礼上》:"毋不敬,俨若思,安定辞,安民哉!" [2] 对越上帝:与上帝相配相称。语出《诗经·周颂·清庙之什·清庙》:"济济多士,秉文之德,对越在天,骏奔走在庙。"

4.38 敬胜百邪。(《二程遗书》卷十一《师训》)

4.39 "敬以直内[1],义以方外",仁也。若以敬直内[2],则便不直矣。"必有事焉,而勿正[3]",则直也。(《二程遗书》卷十一《师训》)

【注释】

[1] 敬以直内:敬则内心就可以自然正直,语出《周易·坤卦·文言传》,见卷二第七条注[1]。 [2] 以敬直内:用敬让内心有意为正直,虽同是正直,但与"敬以直内"相比,有自然和人为之别。 [3] 必有事焉,而勿正:语出《孟子·公孙丑上》,见卷四第十七

条注[3]。

4.40　涵养吾一。(《二程遗书》卷十五《入关语录》)

4.41　"子在川上曰:'逝者如斯夫!不舍昼夜。'"自汉以来,儒者皆不识此义。此见圣人之心纯亦不已[1]也。纯亦不已,天德也。有天德,便可语王道。其要只在慎独。(《二程遗书》卷十四《亥九月过汝所闻》)

【注释】

〔1〕纯亦不已:纯粹无私并没有间断,语出《中庸》:"文王之德之纯,盖曰文王之所以为文也,纯亦不已。"

4.42　"不有躬,无攸利[1]"。不立己,后虽向好事,犹为化物,不得以天下万物挠己。己立后,自能了当得天下万物[2]。(《二程遗书》卷六)

【注释】

〔1〕不有躬,无攸利:语出《周易·蒙卦·六三爻辞》:"见金夫,不有躬,无攸利。"这里比喻徇私欲以丧本心。　〔2〕己立后,自能了当得天下万物:《近思录》以此条为明道语,但《朱子语类》卷九十六第二十一条,则以为伊川语。

4.43　伊川先生曰:学者患心虑纷乱,不能宁静,此则天下公病。学者只要立个心,此上头尽有商量。(《二程遗

书》卷十五《入关语录》)

4.44 闲邪则诚自存[1],不是外面捉一个诚将来存着。今人外面役役[2]于不善,于不善中寻个善来存着,如此则岂有入善之理?只是闲邪则诚自存。故孟子言性善皆由内出[3],只为诚便存,闲邪更著甚工夫?但惟是动容貌,整思虑,则自然生敬,敬只是主一也。主一则既不之东,又不之西,如是则只是中;既不之此,又不之彼,如是则只是内。存此则自然天理明。学者须是将"敬以直内"涵养此意,直内是本。(本注:尹彦明[4]曰:敬有甚形影?只收敛身心,便是主一。且如人到神祠中致敬时,其心收敛,更著不得毫发事。非主一而何?(《二程遗书》卷十五《入闽语录》)

【注释】

〔1〕闲邪则诚自存:语出《周易·乾卦·九二文言》:"闲邪存其诚,善世而不伐,德博而化。"闲邪,防止邪僻。存诚,保持笃诚。〔2〕役役:被外在环境制约。 〔3〕性善皆由内出:语出《孟子·告子上》:"仁义礼智,非由外铄我也,我固有之也。""内也,而非外也。" 〔4〕尹彦明:尹焞,字彦明,见卷二第七十五条注[1]。

4.45 闲邪则固一[1]矣。然主一则不消言闲邪。有以一为难见,不可下工夫,如何?一者无他,只是整齐严肃,则心便一。一则自是无非僻[2]之干。此意但涵养久之,则天理自然明。(《二程遗书》卷十五《入关语录》)

【注释】

〔1〕一：专一。　〔2〕僻：邪，不正。

4.46　有言："未感时，知[1]何所寓？"曰："操则存，舍则亡，出入无时，莫知其乡。[2]"更怎生寻所寓？只是有操而已。操之之道，"敬以直内"也。（《二程遗书》卷十五《入关语录》）

【注释】

〔1〕知：《二程遗书》原文"知"下有"心"字，语意较明。茅星来《近思录集注》卷四云："'知'指心之知觉而言。"据陈荣捷先生考，"郑晔《近思录释疑》卷四强解'知'为'不知'，而金长生《沙溪先生全书》卷十九《近思录释疑》沿之"。　〔2〕"操则存"句：语出《孟子·告子上》，见卷四第十七条注〔2〕。

4.47　敬则自虚静。不可把虚静唤做敬。（《二程遗书》卷十五《入关语录》）

4.48　学者先务，固在心志。然有谓欲屏去闻见知思，则是"绝圣弃智[1]"。有欲屏去思虑，患其纷乱，则须坐禅入定[2]。如明鉴在此，万物毕照，是鉴之常，难为使之不照。人心不能不交感万物，难为使之不思虑。若欲免此，惟是心有主。如何为主？敬而已矣。有主则虚，虚谓邪不能入；无主则实[3]，实谓物来夺之。大凡人心不可二用，用于一事，则他事更不能入者，事为之主也。事为之主，尚无思虑纷扰之患,若主于敬,又焉有此患乎?所谓敬者,主一之谓敬;所谓一者,无适[4]之谓一。且欲涵泳主一之义,不一则二三矣。至于不敢欺,不敢慢,尚不愧于屋漏,皆是敬之事也。(《二程遗书》卷十五《入关语录》)

【注释】

〔1〕绝圣弃智:语出《老子》:"绝圣弃智,民利百倍。"圣,聪明。 〔2〕坐禅入定:佛家的修行方法,在静坐中排除思虑以凝心专注来悟道或获得功德。 〔3〕实:与"虚"相对,意谓杂念思虑。〔4〕无适:适,固定不变。语出《论语·里仁》:"子曰:'君子之于天下也,无适也,无莫也,义与之比。'"

4.49 严威俨恪[1],非敬之道,但致敬须自此入。(《二程遗书》卷十五《入关语录》)

【注释】

〔1〕严威俨恪:表面的严肃和庄重。语出《礼记·祭义》:"严威俨恪,非所以事亲也,成人之道也。"

4.50 舜孳孳为善[1]。若未接物,如何为善?只是主于敬,便是为善也。以此观之,圣人之道,不是但嘿然无言。(《二程遗书》卷十五《入关语录》)

【注释】

〔1〕舜孳孳为善:孳孳,同孜孜,勤勉不懈。语出《孟子·尽心

上》:"鸡鸣而起,孳孳为善者,舜之徒也。"

4.51 问:"人之燕居[1],形体怠惰,心不慢,可否?"曰:"安有箕踞[2]而心不慢者?昔吕与叔六月中来缑氏[3],闲居中某尝窥之,必见其俨然危坐,可谓敦笃矣。学者须恭敬,但不可令拘迫。拘迫[4]则难久。"(《二程遗书》卷十八《刘元承手编》)

【注释】

[1] 燕居:退朝而处,也指一般情况下的闲居。 [2] 箕踞:一种轻慢、不拘礼节的坐姿,随意伸开两脚,以手据膝,形状如簸箕。 [3] 缑氏:县名,在今河南偃师县东南。 [4] 拘迫:拘谨。

4.52 "思虑虽多,果出于正,亦无害否?"曰:"且如在宗庙则主敬,朝廷主庄,军旅主严,此是也。如发不以时,纷然无度,虽正亦邪。"(《二程遗书》卷十八《刘元承手编》)

4.53 苏季明[1]问:"喜怒哀乐未发[2]之前求中,可否?"曰:"不可。既思于喜怒哀乐未发之前求之,又却是思也。既思即是已发。(本注:思与喜怒哀乐一般。)才发便谓之和,不可谓之中也。[3]"又问:"吕学士[4]言当求于喜怒哀乐未发之前,如何?"曰:"若言存养于喜怒哀乐未发之前,则可;若言求中于喜怒哀乐未发之前,则不可。"又问:"学者于喜怒哀乐发时,固当勉强裁抑[5];于未发之前,当如何用功?"曰:"于喜怒哀乐未发之前,更怎生求?只平日涵养便是。涵养久,则喜怒哀乐发自中节。"曰:"当中之时,耳无闻,目无见否?"曰:"虽耳无闻,目无见,然见闻之理在始得。贤且说静时如何。"曰:"谓之无物则不可[6],然自有知觉处。"曰:"既有知觉,却是动也,怎生言静?人说'《复》其见天地之心[7]',皆以谓至静能见天地之心[8],非也。《复》之卦下面一画,便是动也,安得谓之静?"或曰:"莫是于动上求静否?"曰:"固是,然最难。释氏多言定[9],圣人便言止,如'为人君止于仁,为人臣止于敬[10]',之类是也。《易》之《艮》言止之义曰:'艮其止,止其所[11]也。'人多不能止,盖人万物皆备,遇事时各因其心之所重者更互而出,才见得这事重,便有这事出。若能物各付物,便自不出来也。"或曰:"先生于喜怒哀乐未发之前,下动字,下静字?"曰:"谓之静则可,然静中须有物始得,这里便是难处。学者莫若且先理会[12]得敬,能敬则知此矣。"或曰:"敬何以用功?"曰:"莫若主一。"季明曰:"昞尝患思虑不定,或思一事未了,他事如麻又生,如何?"曰:"不可,此不诚之本也。须是习,习能专一时便好。不拘思虑与应事,皆要求一。"(《二程遗书》卷十八《刘元承手编》)

【注释】

〔1〕苏季明(壮年1093):名昞,字季明,武功(今属陕西)人。初学于张载而卒业于二程。自布衣召为太常博士,后以上书评邪党遭

贬。参看《伊洛渊源录》卷九、《宋史》卷四二八、《宋元学案》卷三十一。　〔2〕喜怒哀乐未发：语出《中庸》："喜怒哀乐之未发谓之中，发而皆中节谓之和。"中，人至平至正的心境、不偏不倚的境界。〔3〕才发便谓之和，不可谓之中也：《中庸》言已发达到中节程度，方谓之和，并不是"才发便谓之和"。　〔4〕吕学士：即吕大临，字与叔，初学于张载，后学于二程。见卷二第五十七条注〔2〕。或引作"吕博士"，吕大临未曾为学士，元祐中为太学博士，所以"学士"或许当为"博士"之误。　〔5〕勉强裁抑：通过勉强进修功夫，裁抑喜怒哀乐之情的过与不及，使之达到中节而和状态。　〔6〕谓之无物则不可：朱熹谓"无物字恐当作有物字。"　〔7〕《复》其见天地之心：语出《周易·复卦·彖传》。《复》卦的卦体是五阴一阳，一阳复动于下，阳为生意，从这一阳可以看出天地生物之心。　〔8〕至静能见天地之心：语出王弼（226—249）《周易注》，其注"《复》其见天地之心乎"曰："寂然至无，是其本也。"　〔9〕释氏多言定：佛教有所谓"戒、定、慧"三学。　〔10〕为人君止于仁，为人臣止于敬：语出《大学》："为人君止于仁，为人臣止于敬；为人子止于孝，为人父止于慈；与国人交止于信。"　〔11〕止其所：止于它应在的处所，语出《周易·艮卦·彖传》。　〔12〕理会：持守。

4.54　人于梦寐间，亦可以卜自家所学之浅深。如梦寐颠倒，即是心志不定，操存不固。（《二程遗书》卷十八《刘元承手编》）

4.55　问："人心所系着之事[1]果善，夜梦见之，莫不害否？"曰："虽是善事，心亦是动。凡事有朕兆入梦者却无害，舍此皆是妄动。人心须要定，使他思时方思乃是。今人都由心。"曰："心谁使之？"曰："以心使心则可。人心自

由，便放去也。"（《二程遗书》卷十八《刘元承手编》）

【注释】

〔1〕人心所系着之事：人静时，可以把心系于某一事上，这样可以免除内心的思虑烦扰。

4.56　"持其志，无暴其气〔1〕"，内外交相养也。（《二程遗书》卷十八《刘元承手编》）

【注释】

〔1〕无暴其气：语出《孟子·公孙丑上》。持，守。暴，害。

4.57　问："'出辞气〔1〕'，莫是于言语上用功夫否？"曰："须是养乎中，自然言语顺理。若是慎言语，不妄发，此却可着力。"（《二程遗书》卷十八《刘元承手编》）

【注释】

〔1〕出辞气：说话时多考虑言辞与语气。语出《论语·泰伯》："（曾子）曰：'君子所贵乎者道三：动容貌，斯远暴慢矣；正颜色，斯近信矣；出辞气，斯远鄙倍矣。'"

4.58　先生谓绎〔1〕曰："吾受气甚薄，三十而浸〔2〕盛，四十、五十而后完。今生七十二年矣，校其筋骨，于盛年无损也。"绎曰："先生岂以受气之薄，而厚为保生耶？"夫子默然，曰："吾以忘生徇欲为深耻。"（《二程遗书》卷二十一

上《师说》)

【注释】

〔1〕绎：张绎，程颐弟子，见卷二第七十三条注〔1〕。〔2〕浸：逐渐。

4.59 大率[1]把捉不定，皆是不仁。(《二程外书》卷一《朱公掞录拾遗》)

【注释】

〔1〕大率：大概。

4.60 伊川先生曰：致知在所养，养知莫过于"寡欲"[1]二字。(《二程外书》卷二《朱公掞问学拾遗》)

【注释】

〔1〕养知莫过于寡欲：语出《孟子·尽心下》："养心莫善于寡欲。"

4.61 心定者其言重以舒[1]，不定者其言轻以疾。(《二程外书》卷十一《时氏本拾遗》)

【注释】

〔1〕言重以舒：说话审慎而舒缓。

4.62 明道先生曰：人有四百四病[1]，皆不由自家，则是心须教由自家。(《二程外书》卷十二《传闻杂记》)

【注释】

[1] 四百四病：佛家以地、水、火、风四大为身，常相侵害。一大不调，就有一百零一病，四大不调，共有四百零四病。其中水、风之二百零二病为冷病，地、火之二百零二病为热病。也有解释为：人有五脏，各有八十一病，除去一死，余四百零四病。

4.63 谢显道[1]从明道先生于扶沟[2]。明道一日谓之曰："尔辈在此相从，只是学颢言语，故其学心口不相应，盍若行之[3]？"请问焉。曰："且静坐。"伊川每见人静坐，便叹其善学。(《二程外书》卷十二《传闻杂记》)

【注释】

[1] 谢显道：谢良佐，二程弟子，二程门人，见卷一第三十七条注[1]。　[2] 扶沟：县名，今属河南省。宋神宗元年(1078)至三年(1080)程颢曾知扶沟县。　[3] 盍若行之：不如去实行。

4.64 横渠先生曰：始学之要，当知"三月不违"与"日月至焉"[1]内外宾主之辨。使心意勉勉循循而不能已，过此几非在我者[2]。(张载《横渠文集》)

【注释】

[1] "三月不违"与"日月至焉"：孔子赞颜回之心能够三月不违

仁，语出《论语·雍也》："子曰：'回也，其心三月不违仁，其余则日月至焉而已矣。'" 〔2〕非在我者：追求仁德达到一种欲罢不能境界。

4.65　心清时少，乱时常多。其清时视明听聪，四体不待羁束而自然恭谨；其乱时反是。如此何也？盖用心未熟，客虑多而常心少也，习俗之心未去，而实心未完也。[1]人又要得刚，太柔则入于不立。亦有人生无喜怒者，则又要得刚，刚则守得定不回，进道勇敢。载则比他人自是勇处多。（张载《经学理窟·学大原下》《横渠语录·拾遗》）

【注释】

〔1〕"用心未熟"句："用心未熟"是说自心没修养到私欲净尽的程度。此句以上载《经学理窟·学大原下》，以下载《横渠语录·拾遗》。茅星来（《近思录集注》认为两段意思相承，不应分作两条。

4.66　戏谑不惟害事，志亦为气所流。不戏谑，亦是持气[1]之一端。（张载《经学理窟·学大原上》）

【注释】

〔1〕持气：张伯行本作"持志"。

4.67　正心之始，当以己心为严师。凡所动作，则知所惧。如此一二年，守得牢固，则自然心正矣。（张载《经学理窟·学大原上》）

4.68 定,然后始有光明。若常移易不定,何求光明?《易》大抵以艮为止,止乃光明[1]。故《大学》定而至于能虑[2],人心多则无由光明。(张载《横渠易说·大畜》)

【注释】

[1] 止乃光明:语出《周易·艮卦·象传》:"艮,止也。时止则止,时行则行。动静不失其时,其道光明。" [2] 定而至于能虑:语出《大学》经文:"知止而后有定,定而后能静,静而后能安,安而后能虑。"

4.69 "动静不失其时,其道光明。[1]"学者必时其动静,则其道乃不蔽昧而明白。今人从学之久,不见进长,正以莫识动静,见他人扰扰,非关己事,而所修亦废。由圣学观之,冥冥悠悠,以是终身,谓之光明可乎?(张载《横渠易说·艮》)

【注释】

[1] 动静不失其时,其道光明:语出《周易·艮卦·象传》,见卷四第六十八条注[1]。

4.70 敦笃虚静者,仁之本。不轻妄,则是敦厚也;无所系阂[1]昏塞,则是虚静也。此难以顿悟,苟知之,须久于道实体之,方知其味。"夫仁亦在乎熟之而已。[2]"(张载《近思录拾遗·孟子说》)

【注释】

〔1〕系阂：隔阂。 〔2〕夫仁亦在乎熟之而已：语出《孟子·告子上》："孟子曰：'五谷者，种之美者也。苟为不熟，不如荑稗。夫仁亦在乎熟之而已矣。'"

卷五　克治

【题解】

本卷旨在论述改过迁善、克己复礼之道。叶采的题解为："此卷论力行。盖穷理既明，涵养既厚，及推于行己之间，尤当尽其克治之功也。"共收录四十一条，其中周敦颐两条，张载九条，二程合三十条。

该卷讲的是修身方面的内容，讨论如何克制自己不好的情欲，使自己的心境能够平和，使自己的行为符合道德。全卷以周敦颐的两个条目为总纲：第一条周敦颐引《周易·乾卦》九三《文言传》之意，谓"君子乾乾不息于诚"，然后再引《损》《益》两卦以及《大象》中的"惩忿窒欲"与"迁善改过"来发明思诚之方。第二条周敦颐引孟子之言"养心莫善于寡欲"，阐明非止于寡而已，必也寡之又寡，以至于无。无欲则诚立明通；诚立就是贤人，明通就是圣人。朱熹特别说明，此处的"寡焉以至于无"是指无私欲，而不是泛指一切的欲望。如何克制自己的欲望，如何养成浩然之气，这对于物欲横流的现实社会而言，无疑有着重要的参考意义。此外，本卷中值得留意的有第三条，即程颐为"四勿"所作的《四勿箴》，以及第十五条，程颢引北宋五子之一的邵雍所解《诗经》中的"他山之石，可以攻玉"为耐心与小人相处，可以砥砺自己的品德。

克己工夫要求吾人"行有不得，反求诸己"，不应怨天尤人，千错万错，错在自己。克己工夫中以治怒为最难，人之所易于发怒，只因志胜不了气。要治怒，先要能戒急、戒躁、戒骄。不让自己浮躁的"客气"取代诚敬之意而主宰吾心。

5.1 濂溪先生曰：君子乾乾不息于诚[1]，然必惩忿窒欲[2]，迁善改过[3]而后至。《乾》之用，其善是，《损》《益》之大莫是过，圣人之旨深哉！吉凶悔吝生乎动[4]。噫，吉一而已，动可不慎乎？（周敦颐《通书·乾损益动》）

【注释】

[1] 君子乾乾不息于诚：语出《周易·乾卦·文言传》："君子终日乾乾，夕惕若，厉无咎。"又《中庸》："故至诚不息。"乾乾，勤勉努力。　[2] 惩忿窒欲：语出《周易·损卦·象传》："山下有泽，损。君子以惩忿窒欲。"惩，惩戒。忿，怒。窒，塞。　[3] 迁善改过：语出《周易·益卦·象传》："君子以见善则迁，有过则改。"迁善，改恶从善。　[4] 吉凶悔吝生乎动：语出《周易·系辞传下》："吉凶悔吝者，生乎动者也。"悔吝，悔恨、忧虞。

5.2 濂溪先生曰：孟子曰："养心莫善于寡欲。[1]"予谓养心不止于寡而存耳。盖寡焉以至于无，无则诚立明通。诚立，贤也；明通，圣也。（周敦颐《周敦颐集》卷三《养心亭说》）

【注释】

[1] 养心莫善于寡欲：语出《孟子·尽心下》："孟子曰：'养心莫善于寡欲。其为人也寡欲，虽有不存焉者，寡矣；其为人也多欲，虽有存焉者，寡矣。'"存，存守心性。

5.3 伊川先生曰：颜渊问克己复礼之目[1]，夫子曰："非礼勿视，非礼勿听，非礼勿言，非礼勿动。"四者身之用也，由乎中而应乎外，制于外所以养其中也。颜渊请事斯语[2]，所以进于圣人。后之学圣人者，宜服膺而勿失也。因箴[3]以自警。《视箴》曰："心兮本虚，应物无迹。操之有要，视为之则。蔽交于前，其中则迁。制之于外，以安其内。克己复礼，久而诚矣。"《听箴》曰："人有秉彝，本乎天性。知诱物化[4]，遂亡其正。卓彼先觉，知止有定。闲邪存诚[5]，非礼勿听。"《言箴》曰："人心之动，因言以宣。发禁躁妄，内斯静专。矧是枢机[6]，兴戎出好[7]。吉凶荣辱，惟其所召。伤易则诞，伤烦则支。己肆物忤，出悖来违。非法不道，钦哉训辞。"《动箴》曰："哲人知几，诚之于思。志士厉行，守之于为。顺理则裕，从欲惟危。造次克念，战兢自持。习与性成[8]，圣贤同归。"（《二程文集》卷八《四箴》）

【注释】

〔1〕颜渊问克己复礼之目："克己复礼"是指战胜或消除自己的私欲，约束自己，使言行都合乎礼。语出《论语·颜渊》："颜渊问仁。子曰：'克己复礼为仁。一日克己复礼，天下归仁焉。为仁由己，而由人乎哉？'颜渊曰：'请问其目。'子曰：'非礼勿视，非礼勿听，非礼勿言，非礼勿动。'颜渊曰：'回虽不敏，请事斯语矣。'" 〔2〕请事斯语：事，从事于，实践。 〔3〕箴：一种文体，用以规劝告诫。
〔4〕知诱物化：知诱，感知外物的诱惑；物化，人在物欲的引诱下，为物所化，失去固有的本来善性。语出《礼记·乐记》："人生而静，

天之性也；感于物而动，性之欲也。物至知知，然后好恶形焉。好恶无节于内，知诱于外，不能反躬，天理灭矣。夫物之感人无穷，而人之好恶无节，则是物至而人化物也。人化物也者，灭天理而穷人欲者也。"　〔5〕闲邪存诚：防闲邪僻，存其真诚。语出《周易·乾卦·文言传》："闲邪存其诚。"　〔6〕矧是枢机：何况言语是做人的关键呢。语出《周易·系辞传上》："言行，君子之枢机；枢机之发，荣辱之主也。"矧，亦，况且。　〔7〕兴戎出好：语出《尚书·大禹谟》："惟口出好兴戎。"意思是口既能说出美好的言辞，也能引起战争。〔8〕习与性成：如果习行于不义，将成就自身之恶性。语出《尚书·太甲上》："兹乃不义，习与性成。"

5.4　《复》之初九曰："不远复，无祗悔，元吉。[1]"《程氏易传》曰：阳，君子之道。故复为反善之义。初，复之最先者也，是不远而复也。失而后有复，不失则何复之有？惟失之不远而复，则不至于悔，大善而吉也。颜子无形显之过，夫子谓其庶几[2]，乃"无祗悔"也。过既未形而改，何悔之有？既未能不勉而中[3]，所欲不逾矩[4]，是有过也。然其明而刚，故一有不善，未尝不知；既知，未尝不遽改，故不至于悔，乃"不远复"也。学问之道无他也，惟其知不善则速改，以从善而已。（《程氏易传·复》）

【注释】

〔1〕不远复，无祗悔，元吉：语出《周易·复卦·象传》。"不远复"是说走不多远就回来，"无祗悔"是说不至于后悔。祗，古籍中常与"祇"混用，作抵、适的意思。　〔2〕夫子谓其庶几：语出《论语·先进》："子曰：'回也其庶乎，屡空。'"又见《周易·系辞传下》：

"子曰:'颜氏之子,其殆庶几乎。有不善未尝不知,知之未尝复行也。'" 〔3〕不勉而中:圣人一种境界,语出《中庸》,见卷二第三条注〔13〕。 〔4〕所欲不逾矩:即"从心所欲不逾矩",语出《论语·为政》:"子曰:'吾十有五而志于学,三十而立,四十而不惑,五十而知天命,六十而耳顺,七十而从心所欲不逾矩。'"

5.5 《晋》之上九:"晋其角,维用伐邑,厉吉,无咎,贞吝。[1]"《程氏易传》曰:人之自治,刚极则守道愈固,进极则迁善愈速。如上九者,以之自治,则虽伤于厉,而吉且无咎也。严厉非安和[2]之道,而于自治则有功也。虽自治用功,然非中和之德,故于贞正之道为可吝也。(《程氏易传·晋》)

【注释】

〔1〕晋其角,维用伐邑,厉吉,无咎,贞吝:语出《周易·晋卦·上九爻辞》。晋,进。维,考虑。厉,严厉。吝,难。 〔2〕安和:安定和平。

5.6 《损》者,损过而就中,损浮末而就本实[1]也。天下之害,无不由末之胜也。峻宇雕墙[2],本于宫室;酒池肉林[3],本于饮食;淫酷残忍,本于刑罚;穷兵黩武,本于征讨。凡人欲之过者,皆本于奉养,其流之远,则为害矣。先王制其本者,天理也;后人流于末者,人欲也。《损》之义,损人欲以复天理而已。(《程氏易传·损》)

【注释】

〔1〕损浮末而就本实：末与本相对，"浮末"是指虚浮而非根本的无价值的东西，"本实"是指本原实在之事。　〔2〕峻宇雕墙：大的屋宇和彩绘的墙壁。语出《尚书·五子之歌》："内作色荒，处作禽荒，甘酒嗜音，峻宇雕墙，有一于此，未或不亡。"　〔3〕酒池肉林：古代传说，商纣王以酒为池，以肉为林，为长夜之饮。见《史记·殷本纪》》："（帝纣）大聚乐戏于沙丘，以酒为池，县（悬）肉为林，使男女倮（裸）相逐其间，为长夜之饮。"

5.7　《夬》九五曰："苋陆夬夬[1]，中行无咎。"《象》曰："中行无咎，中未光也。[2]"《程氏易传》曰："夫人心正意诚，乃能极中正之道，而充实光辉。若心有所比，以义之不可而决之，虽行于外，不失其中正之义，可以无咎。然于中道未得为光大也。盖人心一有所欲，则离道矣。夫子于此，示人之意深矣。（《程氏易传·夬》）

【注释】

〔1〕苋陆夬夬：朱熹《语类》卷七十二以为苋陆是两物，"苋"是马齿苋，"陆"是章陆（商陆）。夬，决。　〔2〕中行无咎，中未光也：语出《夬》卦九五爻辞与象传。光，借为广，意思是中正之行可以无咎，但中正之行因为没有实现广大，所以仅得无咎。

5.8　方说而止[1]，《节》之义也。（《程氏易传·节》）

【注释】

〔1〕方说而止：面对喜好的东西而能节制。说，悦。

5.9 《节》之九二，不正之节[1]也。以刚中正为节，如惩忿窒欲，损过抑有余是也。不正之节，如啬节于用，懦节于行是也。(《程氏易传·节》)

【注释】

[1]《节》之九二，不正之节：《节》卦兑下坎上，九二是阳爻居阴位，所以不正。

5.10 人而无克伐怨欲[1]，惟仁者能之。有之而能制其情不行焉，斯亦难能也，谓之仁则未可也。此原宪[2]之问，夫子答以知其为难，而不知其为仁。此圣人开示之深也。(《程氏经说·论语解》)

【注释】

[1] 人而无克伐怨欲：语出《论语·宪问》："问曰：'克伐怨欲不行焉，可以为仁矣？'子曰：'可以为难矣，仁则吾不知也。'"
[2] 原宪：亦称原思，字子思，孔子门人。孔子为鲁司寇时，使原宪为邑宰。孔子死后，隐居卫国。

5.11 明道先生曰：义理与客气[1]常相胜，只看消长分数多少，为君子、小人之别。义理所得渐多，则自然知得客气消散得渐少。消尽者是大贤。(《二程遗书》卷一《端伯传师说》)

【注释】

[1] 客气：本中医用语，指侵害人体的邪气，理学家把"客气"

视为私欲如客之外来,茅星来《近思录集注》卷五解作"血气,以其非心性之本然,故曰客气"。

5.12 或谓:"人莫不知和柔宽缓,然临事则反至于暴厉[1]。"曰:"只是志不胜气,气反动其心[2]也。"(《二程遗书》卷十七)

【注释】

[1] 暴厉:凶暴乖戾。 [2] 气反动其心:语出《孟子·公孙丑上》:"志一则动气,气一则动志也。今夫蹶者趋者,是气也,而反动其心。"

5.13 人不能祛思虑,只是吝。吝故无浩然之气。[1](《二程遗书》卷十五《人关语录》)

【注释】

[1] 吝故无浩然之气:语出《论语·泰伯》:"子曰:'如有周公之才之美,使骄且吝,其余不足观也已。"吝,小气。"浩然之气"是指人们在道德意识的支配下所产生的一种无所畏惧的状态,语出《孟子·公孙丑上》:"(孟子)曰:'我知言,我善养浩然之气。'"

5.14 制怒为难,制惧亦难。克己可以制怒,明理可以制惧。[1](《二程遗书》卷一《端伯传师说》)

【注释】

[1] 克己可以制怒,明理可以制惧:茅星来《近思录集注》卷五

解作:"气刚而不能自制则易怒,气柔而不能自胜则多惧。惟克己则意气自消,故克己可以治怒;明理则事至而不惑,故可以治惧。"

5.15 尧夫[1]解"它山之石,可以攻玉[2]":玉者,温润之物。若将两块玉来相磨,必磨不成。须是得他个粗砺底物,方磨得出。譬如君子与小人处,为小人侵陵,则修省畏避,动心忍性,增益豫防[3]。如此便道理出来。[4](《二程遗书》卷二上《元丰己未吕与叔东见二先生语》)

【注释】

[1] 尧夫(1011—1077):即邵雍,字尧夫,谥康节。北宋哲学家,与《近思录》四先生为北宋五子。幼年随父迁共城(今河南辉县),后居河南洛阳,与司马光等从游甚密。著《皇极经世书》《伊川击壤集》《渔樵问答》等。学说见《宋元学案》卷九、卷十。 [2] 他山之石,可以攻玉:粗砺石头可以磨玉,使之更加晶莹。语出《诗经·小雅·鹤鸣》:"它山之石,可以为错","它山之石,可以攻玉"。攻,错。 [3] 动心忍性,增益豫防:震动意志,坚韧性情,提升能力,预防祸患。语出《孟子·告子下》:"故天降大任于斯人也,必先苦其心志,劳其筋骨,饿其体肤,空乏其身,行拂乱其所为,所以动心忍性,曾益其所不能。"动,震动。忍,通"韧"。 [4] 陈荣捷先生指出:"此条为明道引尧夫之言。《近思录》通篇,只此处引尧夫而已。"

5.16 目畏尖物,此事不得放过,便与克下。室中率[1]置尖物,须以理胜他,尖必不刺人也,何畏之有?(《二程遗书》卷二下《附东见录后》)

【注释】

〔1〕率:陈荣捷先生指出:"注家解释不一,或作'常',或作'遽',或作'皆'。然以'常'字为最适当。"

5.17 明道先生曰:责上责下,而中自恕己,岂可任职分?(《二程遗书》卷五)

5.18 "舍己从人[1]",最为难事。己者我之所有,虽痛舍之,犹惧守己者固,而从人者轻也。(《二程遗书》卷九《少日所闻诸师友说》)

【注释】

〔1〕舍己从人:语出《尚书·大禹谟》:"稽于众,舍己从人。"又见《孟子·公孙丑上》:"禹闻善言则拜。大舜有大焉,善与人同,舍己从人,乐取于人以为善。"

5.19 九德[1]最好。(《二程遗书》卷七)

【注释】

〔1〕九德:九种美好的德行,语出《尚书·皋陶谟》:"宽而栗,柔而立,愿而恭,乱而敬,扰而毅,直而温,简而廉,刚而塞,彊而义。"栗,敬谨。愿,谨厚。乱,治。扰,顺。塞,笃实。彊,强。

5.20 饥食渴饮,冬裘夏葛[1],若致些私吝心在,便是废天职。(《二程遗书》卷六)

【注释】

〔1〕饥食渴饮,冬裘夏葛:语出唐代韩愈《原道》:"帝之与王,其号名殊,其所以为智一也。夏葛而冬裘,渴饮而饥食,其事虽殊,其所以为智一也。"裘,毛皮类衣服。葛,以葛为原料制成的衣服。

5.21 猎,自谓今无此好。周茂叔曰:"何言之易也?但此心潜隐未发,一日萌动,复如前矣。"后十二年因见,果知未也。[1](《二程遗书》卷七)

【注释】

〔1〕后十二年因见,果知未也:一本注云:"明道先生年十六七时好田猎。十二年暮归,在田野间见田猎者,不觉有喜心。"后人用"见猎而喜"或"见猎心喜"说明旧的嗜好未能解除,或者说明旧习难忘。

5.22 伊川先生曰:大抵人有身[1],便有自私之理,宜其与道难一。(《二程遗书》卷三《谢显道记忆平日语》)

【注释】

〔1〕有身:即有我,指未能消除物我之分。语出《老子》:"吾所以有大患者,为吾有身;及其无身,吾有何患?"这里的"有身"是说有形体器官。

5.23 罪己责躬不可无,然亦不当长留在心胸为悔。(《二程遗书》卷三《谢显道记忆平日语》)

5.24 所欲不必沉溺,只有所向便是欲。(《二程遗书》

卷十五《入关语录》)

5.25 明道先生曰：子路[1]亦百世之师。（本注：人告之以有过则喜[2]。）（《二程遗书》卷三《拾遗》）

【注释】

[1] 子路（前542—前480）：姓仲，名由，又称季路，孔子弟子。鲁国卞（今山东泗水）人。性直爽勇敢，曾为鲁国季氏家臣，后为卫国孔悝的家臣，在卫国内乱中被杀。 [2] 人告之以有过则喜：语出《孟子·公孙丑上》："孟子曰：'子路，人告知已有过则喜。'"

5.26 "人语言紧急，莫是气不定否"？曰："此亦当习。习到言语自然缓时，便是气质变也。学至气质变，方是有功。"（《二程遗书》卷十八《刘元承手编》）

5.27 问："不迁怒，不贰过[1]，何也？《语录》有怒甲不迁乙之说[2]，是否？"伊川先生曰："是。"曰："若此则甚易，何待颜子而后能？"曰："只被说得粗了，诸君便道易，此莫是最难。须是理会得因何不迁怒。如舜之诛四凶[3]，怒在四凶，舜何与焉？盖因是人有可怒之事而怒之，圣人之心本无怒也。譬如明镜，好物来时便见是好，恶物来时便见是恶，镜何尝有好恶也？世之人固有怒于室而色于市[4]，且如怒一人，对那人说话，能无怒色否？有能怒一人，而不怒别人者，能忍得如此，已是煞知义理。若圣人因物而未尝有怒，此莫是甚难。君子役物，小人役于物。今

见[5]可喜可怒之事,自家著一分陪奉他,此亦劳矣。圣人之心如止水。"(《二程遗书》卷十八《刘元承手编》)

【注释】

〔1〕不迁怒,不贰过:孔子称赞颜回语,见卷二第一条注〔5〕。〔2〕《语录》有怒甲不迁乙之说:陈荣捷先生指出:"此说或是伊川说'不迁不贰'之语,惟今不见《经说》。" 〔3〕四凶:指舜所流放的四族首领共工、驩兜、三苗和鲧,见卷四第二十七条注〔2〕。〔4〕怒于室而色于市:在家里生了气却到闹市上给别人脸色看,语出《左传·昭公十九年》:"谚所谓室于怒市于色者,楚之谓矣。"又见《战国策·韩策》:"语曰:怒于室者而色于市。" 〔5〕今见:《二程遗书》原文"见"上有"人"字,为"今人见"。

5.28 人之视最先[1]。非礼而视,则所谓开目便错了。次听,次言,次动,有先后之序。人能克己,则心广体胖[2],仰不愧,俯不怍[3],其乐可知。有息则馁矣[4]。(《二程外书》卷三《陈氏本拾遗》)

【注释】

〔1〕人之视最先:语本《论语·颜渊》,见卷五第三条注〔1〕。〔2〕心广体胖:心胸开阔,身体舒泰。语出《大学》:"富润屋,德润身,心广体胖,故君子必诚其意。" 〔3〕仰不愧,俯不怍:孟子所说君子有三乐之中第二乐,语出《孟子·尽心上》:"孟子曰:'君子有三乐,而王天下不与存焉。父母俱存,兄弟无故,一乐也;仰不愧于天,俯不怍于人,二乐也;得天下英才而教育之,三乐也。君子有三乐,而王天下者不与存焉。'"怍,惭愧。 〔4〕有息则馁矣:"馁"

本来是指饥饿,这里借指气的亏欠。语出《孟子·公孙丑上》:"其为气也,配义与道。无是,馁也。"

5.29 圣人责己感也处多,责人应也处少。[1](《二程外书》卷七《胡氏本拾遗》)

【注释】

[1] 江永《近思录集注》卷五曰:"此感彼应,常理也。有不应焉,反求诸己而已。"

5.30 谢子[1]与伊川别一年,往见之。伊川曰:"相别一年,做得甚工夫?"谢曰:"也只去个'矜'[2]字。"曰:"何故?"曰:"子细[3]检点得来,病痛尽在这里。若按伏得这个罪过,方有向进处。"伊川点头,因语在坐同志者曰:"此人为学,切问近思[4]者也。"(《二程外书》卷十二《传闻杂记》)

【注释】

[1] 谢子:谢良佐,二程门人,见卷一第三十七条注[1]。 [2] 矜:自尊自大,自我夸耀。 [3] 子细:仔细。 [4] 切问近思:语出《论语·子张》:"子夏曰:'博学而笃志,切问而近思,仁在其中矣。'"

5.31 思叔[1]诟詈[2]仆夫,伊川曰:"何不动心忍性?"思叔惭谢。(《二程外书》卷十二《传闻杂记》)

【注释】

〔1〕思叔:张思叔,二程门人,见卷二第七十三条注〔1〕。
〔2〕诟詈:辱骂。

5.32 见贤便思齐^{〔1〕},有为者亦若是^{〔2〕}。见不贤而内自省,盖莫不在己。(《二程外书》卷二《朱公掞问学拾遗》)

【注释】

〔1〕见贤便思齐:语出《论语·里仁》:"子曰:'见贤思齐焉,见不贤而内自省也。'" 〔2〕有为者亦若是:语出《孟子·滕文公上》:"成覸谓齐景公曰:'彼丈夫也,我丈夫也,吾何畏彼哉?'颜渊曰:'舜何人也?予何人也?有为者亦若是。'公明仪曰:'文王我师也,周公岂欺我哉?'"

5.33 横渠先生曰:湛一^{〔1〕},气之本;攻取,气之欲。口腹于饮食,鼻口于臭味,皆攻取之性也。知德者属厌而已^{〔2〕},不以嗜欲累其心,不以小害大,末丧本焉尔。(张载《正蒙·诚明》)

【注释】

〔1〕湛一:指太和之气的清净纯一。 〔2〕属厌而已:适可而止,不贪求。语出《左传·昭公二十八年》:"愿以小人之腹,为君子之心,属厌而已。"杜预注:"属,足也。言小人之腹饱,犹知厌足,君子之心亦宜然。"

5.34 纤恶必除,善斯成性^{〔1〕}矣。察恶未尽,虽善必

粗矣。(张载《正蒙·诚明》)

【注释】

〔1〕成性：习于性成的意思。

5.35 恶不仁，故不善未尝不知[1]。徒好仁而不恶不仁[2]，则习不察，行不著[3]。是故徒善未必尽义，徒是未必尽仁。好仁而恶不仁，然后尽仁义之道。(张载《正蒙·中正》)

【注释】

〔1〕不善未尝不知：语出《周易·系辞传下》："子曰：'颜氏之子，其殆庶几乎？有不善未尝不知，知之未尝复行也。'" 〔2〕好仁而不恶不仁：语出《论语·里仁》："子曰：'我未见好仁者，恶不仁者。好仁者，无以尚之；恶不仁者，其为仁矣，不使不仁者加乎其身。'" 〔3〕习不察，行不著：语出《孟子·尽心上》："孟子曰：'行之而不著焉，习矣而不察焉，终身由之而不知其道者，众也。'"

5.36 责己[1]者当知无天下国家皆非之理。故学至于不尤人[2]，学之至也。(张载《正蒙·中正》)

【注释】

〔1〕责己：督责自身。 〔2〕不尤人：语出《论语·宪问》："子曰：'不怨天，不尤人。'"尤，责备。

5.37 有潜心于道，忽忽为他虑引去者，此气也。旧习缠绕，未能脱洒，毕竟无益，但乐于旧习耳。古人欲得朋友，与琴瑟简编，常使心在于此。惟圣人知朋友之取益为多，故乐得朋友之来[1]。（张载《近思录拾遗·论语说》）

【注释】

[1] 乐得朋友之来：语出《论语·学而》："有朋自远方来，不亦乐乎？"

5.38 矫轻警惰。（张载《经学理窟·气质》）

5.39 "仁之难成久矣。人人失其所好[1]。"盖人人有利欲之心，与学正相背驰。故学者要寡欲。（张载《经学理窟·学大原上》）

【注释】

[1] 人人失其所好：《礼记·表记》："子曰：'仁之难成久矣。人人失其所好，故仁者之过。'"

5.40 君子不必避他人之言，以为太柔太弱。至于瞻视亦有节，视有上下，视高则气高，视下则心柔。故视国君者，不离绅带之中[1]。学者先须去其客气。其为人刚行，终不肯进，"堂堂乎张也，难与并为仁矣"[2]。盖目者人之所常用，且心常托之。视之上下，且试之。己之敬傲，必见于视。所以欲下其视者，欲柔其心也。柔其心，则听言敬且信。人之有朋友，不为燕安，所以辅佐其仁。[3]今之朋友，择其善柔以相与，拍肩执袂以为气合，一言不合，怒气相加。朋友之际，欲其相下不倦。故于朋友之间主其敬者，日相亲与，得效最速。仲尼尝曰："吾见其居于位也，与先生并行也。非求益者，欲速成者。^[4]"则学者先须温柔，温柔则可以进学。诗曰："温温恭人，惟德之基。^[5]"盖其所益之多。（张载《经学理窟·气质》）

【注释】

〔1〕视国君者，不离绅带之中：盖谓视高则近于轻扬，视下则近于柔顺。语出《礼记·曲礼下》："天子，视不上于袷，不下于带；国君，绥视；大夫，衡视；士，视五步。凡视，上于面则敖，下于带则忧，倾则奸。"绅带，古代士大夫官吏束在衣服外面的大带。　〔2〕堂堂乎张也，难与并为仁矣：曾子评价子张的话。语出《论语·子张》。堂堂，盛气凌人的样子。子张（前503—?），春秋时陈国人，姓颛孙，名孙，孔子弟子。　〔3〕人之有朋友，不为燕安，所以辅佐其仁：语出《论语》："曾子曰：'君子以文会友，以友辅仁。'"燕安，安适逸乐。　〔4〕非求益者，欲速成者：孔子之语，语出《论语·宪问》。
〔5〕温温恭人，惟德之基：语出《诗经·大雅·抑》。

5.41　世学不讲，男女从幼便骄惰坏了，到长益凶狠。只为未尝为子弟之事，则于其亲已有物我，不肯屈下，病根常在。^[1]又随所居而长，至死只依旧。为子弟，则不能安洒扫应对。在朋友，则不能下朋友。有官长，则不能下官长。为宰相，不能下天下之贤。甚则至于徇私意，义理都丧。也只为病根不去，随所居所接而长。人须一事事消了病，则义理常胜。^[2]（张载《经学理窟·学大原上》《经学理窟·学

大原下》)

【注释】

〔1〕"只为未尝为子弟之事"句:此句以上引自《经学理窟·学大原上》,以下引自《经学理窟·学大原下》。 〔2〕茅星来《近思录集注》卷五据宋本在此下增多一条曰:"凡所当为一事,意不过则推类。如此善也。一事意得过,以为且休,则百事废。"此条其他各本皆无。

卷六　家道

【题解】

本卷旨在论述齐家之道。叶采的题解为："此卷论齐家，盖克己之功既至，则施之家而家可齐也。"共收录二十二条，其中张载五条，二程合十七条。本卷最有代表性的是第十七条与第二十条，前者程颐自述其父母的行状，后者张载引《诗经·小雅·斯干》阐述兄弟相处之道。本卷较有争议的为第十二条的兄弟之子犹己之子与第十三条的寡妇不可再嫁。

儒家认为现实生活世界就是道体流行的道场，平常人伦日用就是道体发用的体现。除了做好用道体调适、运转和安顿好我们自身生命以外，我们还要做好用道体齐家、治国、平天下这些外王事功。自身生命的安顿与天下秩序的安排都是儒学关注的重大课题。在安排天下秩序上，儒家特别重视"家"的地位和作用，认为"家"的放大就是"国"，所以我们现在使用"国家"这个词。"家"的伦理秩序好了，社会国家就能安定，天下的秩序也就能实现。

本卷论持家之道首重"正伦理"，也要"笃恩义"。当两者不相容时，则应以正伦理为尚，要于正伦理处笃恩义，笃恩义而不失伦理（第五条）。正伦理的核心是"孝"，这是伦理秩序的起点。朱熹为此特别制定了《朱子家礼》，广泛宣讲，成为影响明清中国最大的伦理教材之一。

6.1 伊川先生曰：弟子之职，力有余则学文⁽¹⁾。不修其职而学，非为己之学⁽²⁾也。(《程氏经说·论语解》)

【注释】

〔1〕力有余则学文：语出《论语·学而》："子曰：'弟子入则孝，出则悌，谨而信，泛爱众，而亲仁。行有余力，则以学文。'"文，六经，即朱熹《论语集注》所谓"《诗》《书》六艺之文"，亦即《诗》《书》等六经之文。韩愈《送孟东野序》指出"凡载于《诗》《书》六艺者，鸣之善者也"，可证其说。　〔2〕为己之学：提高自身修养的学问，语出《论语·宪问》："子曰：'古之学者为己，今之学者为人。'"

6.2 孟子曰："事亲若曾子，可也。⁽¹⁾"未尝以曾子之孝为有余也。盖子之身所能为者，皆所当为也。(《程氏易传·师》)

【注释】

〔1〕事亲若曾子，可也：语出《孟子·离娄上》："曾子养曾皙，必有酒肉；将彻，必请所与，问有余，必曰，'有'。曾皙死，曾元养曾子，必有酒肉；将彻，不请所与；问有余，曰：'亡矣。'将以复进也。此所谓养口体者也。若曾子，则可谓养志也。事亲若曾子者，可也。"曾皙，曾子的父亲。彻，撤。所与，送给谁。亡，无。

6.3 "干母之蛊，不可贞。⁽¹⁾"子之于母，当以柔巽辅导之，使得于义。不顺而致败蛊，则子之罪也。从容将顺，岂无道乎？若伸己刚阳之道，遽然矫拂⁽²⁾则伤恩，所害大矣。亦安能入乎？在乎屈己下意，巽顺相承[3]，使之身正事治而已。刚阳之臣，事柔弱之君，义亦相近。（《程氏易传·蛊》）

【注释】

〔1〕干母之蛊，不可贞：语出《周易·蛊卦》九二爻辞。干，除去。蛊，毒虫，比喻奸佞。　〔2〕遽然矫拂：遽然，急躁的样子。急躁地去拂逆母亲意志，矫正其行为。矫拂，拂逆，违背。　〔3〕巽顺相承：又本"巽顺相承"作"巽顺将承"。巽，卑顺。

6.4　《蛊》之九三[1]，以阳处刚而不中[2]，刚之过也，故小有悔。然在《巽》体不为无顺。顺，事亲之本也。又居得正[3]，故无大咎。然有小悔，已非善事亲也。（《程氏易传·蛊》）

【注释】

〔1〕《蛊》之九三：《蛊》卦九三爻辞："干父之蛊，小有悔，无大咎。"悔，过失。咎，灾祸。　〔2〕以阳处刚而不中：《蛊》卦巽下艮上。巽之第三位（九三）为阳爻，故刚。巽之卦为顺，故柔。刚柔相抵，是以不中。　〔3〕又居得正：九是阳爻，三是阳位，九三以阳爻居阳位，故得正。

6.5　正伦理[1]，笃恩义，《家人》之道也。（《程氏易传·家人》）

【注释】

〔1〕正伦理："伦理"是指人际关系应当遵守的行为准则。《家人》

卦的《彖辞》说:"家人,女正位于内,男正位乎外,男女正,天地之大义也。家人有严君焉,父母之谓也。父父,子子,兄兄,弟弟,夫夫,妇妇,而家道正;正家而天下定矣。"

6.6 人之处家,在骨肉父子之间,大率以情胜礼,以恩夺义。惟刚立之人,则能不以私爱失其正理,故《家人》卦大要以刚为善[1]。(《程氏易传·家人》)

【注释】

[1]《家人》卦大要以刚为善:《家人》卦离下巽上,卦体四阳二阴,阳为刚,所以"大要以刚为善"。

6.7 《家人》上九爻辞,谓治家当有威严[1]。而夫子[2]又复戒云:"当先严其身也。[3]"威严不先行于己,则人怨而不服。(《程氏易传·家人》)

【注释】

[1]治家当有威严:《家人》上九爻辞曰:"有孚,威如,终吉。"认为要有信用、威严,才能终于吉。 [2]夫子:指孔子,古人认为"十翼"为孔子所作。 [3]当先严其身也:《家人》上九《象传》曰:"威如之吉,反身之谓也。"因为认为《象传》是孔子所作,所以才说"又复戒云"。

6.8 《归妹》九二,守其幽贞[1],未失夫妇常正之道。世人以媟狎[2]为常,故以贞静为变常,不知乃常久之道也。(《程氏易传·归妹》)

【注释】

〔1〕守其幽贞:《归妹》九二爻辞曰:"眇能视,利幽人之贞。"九二《象传》曰:"利幽人之贞,未变常也。"幽贞,本是说隐士的节操,这里指女子幽静贞正的节操。 〔2〕媟狎:狎昵,轻浮。媟,通"亵"。

6.9 世人多慎于择婿,而忽于择妇。其实婿易见,妇难知,所系甚重,岂可忽哉?(《二程遗书》卷一《端伯传师说》)

6.10 人无父母,生日当倍悲痛,更安忍置酒张乐〔1〕以为乐?若具庆〔2〕者可矣。(《二程遗书》卷六)

【注释】

〔1〕张乐:奏乐。 〔2〕具庆:父母俱在。

6.11 问:"《行状》〔1〕云:'尽性至命〔2〕,必本于孝弟。'不识孝弟何以能尽性至命也?"曰:"后人便将性命别作一般事说了。性命孝弟,只是一统底事,就孝弟中便可尽性至命。如洒扫应对与尽性至命,亦是一统底事,无有本末,无有精粗,却被后来人言性命者,别作一般高远说。故举孝弟,是于人切近者言之。然今时非无孝弟之人,而不能尽性至命者,由之而不知也。"(《二程遗书》卷十八《刘元承手编》)

【注释】

〔1〕《行状》：即程颐所撰《明道先生行状》，载《二程文集》卷十一。行状，描述死者生平的文章。　〔2〕尽性至命：充分而彻底地发扬自己的善性，就能体现出天命，语出《周易·说卦传》："穷理尽性，以至于命。"

6.12　问："第五伦[1]视其子之疾与兄子之疾不同，自谓之私[2]，如何？"曰："不待安寝与不安寝，只不起与十起，便是私也。父子之爱本是公，才着些心做，便是私也。"又问："视己子与兄子有间否？"曰："圣人立法曰：'兄弟之子犹子也[3]。'是欲视之犹子也。"又问："天性自有轻重，疑若有间然。"曰："只为今人以私心看了。孔子曰：'父子之道，天性也[4]。'此只就孝上说，故言父子天性。若君臣、兄弟、宾主、朋友之类，亦岂不是天性？只为今人小看却，不推其本所由来故尔。己之子与兄之子，所争几何？是同出于父者也。只为兄弟异形，故以兄弟为手足。人多以异形故，亲己之子异于兄弟之子，甚不是也。"又问："孔子以公冶长不及南容，故以兄之子妻南容，以己之子妻公冶长[5]，何也？"曰："此亦以己之私心看圣人也。凡人避嫌者，皆内不足也。圣人自至公，何更避嫌？凡嫁女，各量其才而求配，或兄之子不甚美，必择其相称者为之配；己之子美，必择其才美者为之配。岂更避嫌耶？若孔子事，或是年不相若，或时有先后，皆不可知。以孔子为避嫌，则大不是。如避嫌事，贤者且不为，况圣人乎？"（《二程遗书》卷十八《刘元承手编》）

【注释】

〔1〕第五伦（壮年76－88）：复姓第五，名伦，字伯鱼，东汉京兆长陵（今陕西咸阳东北）人，仕至司空，性忠厚，《后汉书》卷七十一有传。 〔2〕自谓之私：语出《后汉书》卷七十一《传》："或问伦曰：'公有私乎？'对曰：'昔人有与吾千里马者，吾虽不受，每三公有所选举，心不能忘，而亦终不用也。吾兄子常病，一夜十往，退而安寝；吾子有疾，虽不省视而竟夕不眠。若是者，岂可谓无私乎？'" 〔3〕兄弟之子犹子也：语出《礼记·檀弓上》："丧服，兄弟之子犹子也，盖引而进之也。" 〔4〕父子之道，天性也：语出《孝经·圣治》："父子之道，天性也，君臣之义也。父母生之，续莫大焉。君亲临之，厚莫重焉。故不爱其亲而爱他人者，谓之悖德；不敬其亲而敬他人者，谓之悖礼。以顺则逆，民无则焉。" 〔5〕以己之子妻公冶长：语出《论语·公冶长》："子谓公冶长：'可妻也，虽在缧绁之中，非其罪也。'以其子妻之。"又："子谓南容：'邦有道，不废；邦无道，免于刑戮。以其兄之子妻之。'"公冶长，姓公冶，名长，字子长；南容，姓南宫，名括，字子容。都是孔子弟子。

6.13 问："孀妇于理似不可取，如何？"曰："然。凡取，以配身也。若取失节者以配身，是已失节也。"又问："或有孤孀贫穷无托者，可再嫁否？"曰："只是后世怕寒饿死，故有是说。然饿死事极小，失节事极大。"[1]（《二程遗书》卷二十二下《附杂录后》）

【注释】

〔1〕陈荣捷先生认为："张伯行《近思录集解》删此条，而以《二程遗书》卷十八"今人多不知兄弟之爱"一段代之。何以如此，张氏并无解释。"

6.14　病卧于床，委之庸医，比之不慈不孝。事亲者亦不可不知医。(《二程外书》卷十二《传闻杂记》)

6.15　程子葬父，使周恭叔[1]主客[2]。客欲酒，恭叔以告。先生曰："勿陷人于恶[3]。"(《二程外书》卷七《胡氏本拾遗》)

【注释】

〔1〕周恭叔（壮年1090）：名行己，号浮沚，二程门人，浙江永嘉人。官至秘书省正字。行事见《伊洛渊源录》卷十四与《宋元学案》卷三十二。　〔2〕主客：主持接待宾客之事。　〔3〕勿陷人于恶：《礼记·檀弓下》："行吊之日，不饮酒食肉焉。"许人饮酒，就是陷人于罪。

6.16　买乳婢[1]多不得已。或不能自乳，必使人。然食己子而杀人之子，非道。必不得已，用二子乳食三子，足备他虞[2]。或乳母病且死，则不为害，又不为己子杀人之子，但有所费。若不幸致误其子，害孰大焉？(《二程外书》卷十《大全集拾遗》)

【注释】

〔1〕乳婢：乳母，俗称奶妈。　〔2〕虞：患害。

6.17　先公太中讳珦[1]，字伯温。前后五得任子[2]，以均诸父[3]子孙。嫁遣孤女，必尽其力。所得俸钱，分赡亲戚之贫者。伯母刘氏寡居，公奉养甚至。其女之夫死，公迎从女兄以归。教养其子，均于子侄。既而女兄[4]之女又寡，公惧女兄之悲思，又取甥女以归嫁之。时小官禄薄，克己为义，人以为难。公慈恕而刚断，平居与幼贱处，惟恐有伤其意，至于犯义理，则不假也。左右使令之人，无日不察其饥饱寒燠[5]。取侯氏[6]，侯夫人事舅姑[7]以孝谨称，与先公相待如宾客。先公赖其内助，礼敬尤至。而夫人谦顺自牧[8]，虽小事未尝专，必禀而后行。仁恕宽厚，抚爱诸庶[9]，不异己出。从叔[10]孤幼，夫人存视[11]，常均己子。治家有法，不严而整。不喜笞扑奴婢。视小臧获[12]如儿女。诸子或加呵责，必戒之曰："贵贱虽殊，人则一也。汝如是大时，能为此事否？"先公凡有所怒，必为之宽解。唯诸儿有过，则不掩也。常曰："子之所以不肖者，由母蔽其过，而父不知也。"夫人男子六人，所存惟二[13]，其爱慈可谓至矣，然于教之之道，不少假也。才数岁，行而或蹉[14]，家人走前扶抱，恐其惊啼，夫人未尝不呵责曰："汝若安徐，宁至蹉乎？"饮食常置之坐侧，尝食絮[15]羹，即叱止之曰："幼求称欲[16]，长当何如？"虽使令辈，不得以恶言骂之。故颐兄弟平生于饮食衣服无所择，不能恶言骂人，非性然也，教之使然也。与人争忿，虽直不右，曰："患其不能屈，不患其不能伸。"及稍长，常使从善师友游。虽居贫，或欲延客，则喜而为之具。夫人七八岁时，诵古诗曰："女子不夜出，夜出秉明烛[17]。"自是日暮则不复出房阁。既长，好文而不为辞章。见世之妇女以文章笔札传于人者，则深以为

卷六 家道

非。(《二程文集》卷十二《先太公中家传》《上谷郡家传》)

【注释】

〔1〕太中讳珦：太中，太中大夫，有禄无职，后改成谏议大夫。讳珦，即名珦，程颐父亲程珦，官至太中大夫。这一条摘编程颐《先公太中传》《上谷郡家传》两文而成，两文是程颐为其父母分别作的传记。　〔2〕任子：即荫生，谓藉父庇荫而获得官职。　〔3〕诸父：即从父。　〔4〕女兄：《说文》："姊，女兄也。"　〔5〕燠：暖，热。〔6〕侯氏：程颐母亲是县令侯道济之女，所以为侯氏。　〔7〕舅姑：俗称公婆。　〔8〕自牧：自我修养，语出《周易·谦》："谦谦君子，卑以自牧。"　〔9〕诸庶：那些庶出的孩子。　〔10〕从叔：丈夫堂兄弟。　〔11〕存视：问候看望，这里为关怀、照顾。　〔12〕臧获：男仆曰臧，女仆曰获。　〔13〕所存惟二：即伊川与其兄明道。其他四人，长应昌，次天锡，五韩奴，六蛮奴，皆早夭。　〔14〕踣：摔倒。　〔15〕絮：搅拌。　〔16〕称欲：满足口腹之欲。　〔17〕夜出秉明烛：语出《礼记·曲礼》："女子出门夜行以烛，无烛则止阁尔。"

6.18　横渠先生尝曰：事亲奉祭[1]，岂可使人为之。(吕大临《横渠先生行状》)

【注释】

〔1〕事亲奉祭："事亲"是就父母生前而言，"奉祭"是就父母死后而言，都是尽孝之事。

6.19　舜之事亲有不悦者，为父顽母嚚，不近人情[1]。若中人之性，其爱恶略无害理，姑必顺之。亲之故旧，所喜者，当极力招致，以悦其亲。凡于父母宾客之奉，必极力营办，亦不计家之有无。然为养又须使不知其勉强劳苦，苟使见其为而不易，则亦不安矣。（张载《近思录拾遗·礼记说》）

【注释】

〔1〕父顽母嚚，不近人情：见卷三第二十六条注〔3〕。嚚，暴虐、愚顽。

6.20 《斯干》[1]诗言："兄及弟矣，式[2]相好矣，无相犹矣。"言兄弟宜相好，不要相学。犹，似也。人情大抵患在施之不见报则辍，故恩不能终。不要相学[3]，已施之而已。（张载《近思录拾遗·诗说》）

【注释】

〔1〕《斯干》：即《诗经·小雅·斯干》。 〔2〕式：语助词。 〔3〕不要相学：不要相互学习对方不好处，行为应当以义理为根据。

6.21 人"不为《周南》《召南》，其犹正墙面而立[1]。"常深思此言诚是。不从此行，甚隔着事，向前推不去。盖至亲至近，莫甚于此，故须从此始。（张载《近思录拾遗·诗说》）

【注释】

〔1〕犹正墙面而立：语出《论语·阳货》，见卷三第三十条注〔2〕。

6.22 婢仆始至者[1]，本怀勉勉敬心，若到所提掇[2]更谨，则加谨。慢则弃其本心，便习以成性[3]。故仕者入治朝则德日进，入乱朝则德日退，只观在上者有可学无可学尔。（张载《经学理窟·学大原上》）

【注释】

〔1〕婢仆始至者：又本无"者"字，作"婢仆始至"。　〔2〕提掇：提醒。　〔3〕习以成性：又本作"习以性成"，语出《尚书·太甲上》："兹乃不义，习与性成。"

卷七　出处

【题解】

本卷旨在论述出处进退辞受之义，说明待人接物与为官居家的准则。叶采的题解为："此卷论出处之道。盖身既修，家既齐，则可以仕矣。然去就取舍，惟义之从，所当审处也。"共收录三十九条，其中张载四条，二程三十五条。其中，大部分都是程颐的思想，而程颐的这些思想，又是对《周易》的阐释，或明仕隐之理，或辨仕隐之因，或述仕隐之方。

出仕与退隐是中国传统知识人人生道路上两种基本在世抉择。儒家提倡"用之则行，舍之则藏"，"穷则独善其身，达则兼善天下"，《近思录》继承了这一思想。

首先，本卷第一条指出儒者选择仕隐的内在关键是能否拥有一个"尊德乐道"之心，"盖其尊德乐道之心不如是，不足与有为也"。第七条指出有了这个尊德乐道之心，有德君子就与世俗之人不同了，就不以钱财、名位为念，其所尊贵的是品德、学识。在第八条里，程颐还分析了不同的退隐原因，"有怀抱道德，不偶于时，而高洁自守者；有知止足之道，退而自保者；有量能度分，安于不求知者；有清介自守，不屑天下之事，独洁其身者"，但都是要"高尚其事者"，都不是为钱财、名位。

其次，本卷第二条指出儒者仕隐的外在关键是"需时"，由此儒家的隐与道家遗世独存之隐就有了不同，是一种"时隐"。第四条指出"贤者则安履其素，其处也乐，其进也将有为也",认为"贤者"当其在野,无不以砥砺品德,充实学养为要务;当时机来临,可出而有为时,必也以行大道为己任。

另外,该卷还特别收录有关义、利之辩,以及义、命关系的论述。尤其第二十六条提到孟子辨舜、跖之分,"只在义、利之间"。对于读书人至关重要的科举制度,本卷也收录了三条(三十三、三十四、三十五)由程颐所做的相关论述。程颐并不排斥教人学习举业,只是反对学子"尽力求必得之道",认为学习举业与为学致知并不相矛盾。

7.1 伊川先生曰:贤者在下,岂可自进以求于君?苟自求之,必无能信用之理。古人之所以必待人君致敬尽礼而后往者,非欲自为尊大,盖其尊德乐道之心,不如是,不足与有为也。[1](《程氏易传·蒙》)

【注释】

〔1〕本条释《周易·蒙卦·彖传》:"蒙,山下有险,险而止,蒙。蒙亨,以亨行时中也。匪我求童蒙,童蒙求我,志应也。初筮告,以刚中也。再三渎,渎则不告,渎蒙也。蒙以养正,圣功也。"本来是讲童蒙教育的,程颐此处强调"志应也",引申为君臣之间需要志趣相应。

7.2 君子之需[1]时也,安静自守。志虽有须,而恬然若将终身焉,乃能用常也。虽不进而志动者,不能安其常也。[2](《程氏易传·需》)

【注释】

〔1〕需：须，等待。 〔2〕本条释《周易·需卦》之初九《象》曰："需于郊，不犯难行也。利用恒无咎，未失常也。"

7.3 《比》[1]："吉，原筮[2]，元永贞，无咎。"《程氏易传》曰：人相亲比，必有其道；苟非其道，则有悔咎。故必推原占决其可比者而比之，所比得元永贞，则无咎。元，谓有君长之道；永，谓可以常久；贞，谓得正道。上之比下，必有此三者，下之从上，必求此三者，则无咎也。[3]（《程氏易传·比》）

【注释】

〔1〕比：卦名，比附的意思。 〔2〕原筮：推究占筮的意思。 〔3〕本条释《周易·比卦·彖传》："比，吉也；比，辅也。下顺从也。原筮，元永贞，无咎，以刚中也。不宁方来，上下应也。后夫凶，其道穷也。"

7.4 《履》之初九曰："素履往，无咎。[1]"《程氏易传》曰：夫人不能自安于贫贱之素，则其进也，乃贪躁而动，求去乎贫贱耳，非欲有为也。既得其进，骄溢[2]必矣，故往则有咎。贤者则安履其素[3]，其处也乐，其进也将有为也，故得其进则有为而无不善。若欲贵之心与行道之心交战于中，岂能安履其素乎？（《程氏易传·履》）

【注释】

〔1〕素履往，无咎：意思是穿着洁净的鞋子走出去，比喻志行高

洁，以质朴本真的态度处事，没有灾祸。语出《周易·履卦》："初九，素履往，无咎。《象》曰：素履之往，独行愿也。" 〔2〕骄溢：骄傲自满。 〔3〕贤者则安履其素：语出《中庸》："君子素其位而行，不愿乎其外。素富贵行乎富贵，素贫贱行乎贫贱，素夷狄行乎夷狄，素患难行乎患难。君子无入而不自得焉。"素，平常。

7.5 大人于否之时，守其正节，不杂乱于小人之群类，身虽否而道之亨也。故曰："大人否亨。[1]"不以道而身亨，乃道否也。(《程氏易传·否》)

【注释】

〔1〕大人否亨：语出《周易·否卦》："六二，包承，小人吉，大人否亨。《象》曰：'大人否亨'，不乱群也。"否，闭塞。亨，通达。

7.6 人之所随，得正则远邪，从非则失是，无两从之理。《随》之六二，苟系初，则失五矣，故《象》曰："弗兼与也。[1]"所以戒人从正当专一也。(《程氏易传·随》)

【注释】

〔1〕弗兼与也：语出《周易·随卦》："六二，系小子，失丈夫。《象》曰：'系小子'，弗兼与也。"《随》卦的卦体震下兑上，六二爻与下面的初九爻形成相从关系，与上卦的九五爻形成相应关系。初爻在下位象征小人，所以称之为"小子"；九五得中又得正，处尊位为"大人"。六二爻或者从初爻或者应九五爻，二者不可得兼。

7.7 君子所贵，世俗所羞；世俗所贵，君子所贱。故

曰："贲其趾，舍车而徒。[1]"（《程氏易传·贲》）

【注释】

〔1〕贲其趾，舍车而徒：语出《周易·贲卦》："初九，贲其趾，舍车而徒。《象》曰：'舍车而徒'，义弗乘也。"贲，文饰。

7.8 《蛊》之上九曰："不事王侯，高尚其事。"《象》曰："不事王侯，志可则也。[1]"《程氏易传》曰：士之自高尚，亦非一道：有怀抱道德，不偶于时[2]，而高洁自守者；有知止足之道[3]，退而自保者；有量能度分，安于不求知者；有清介自守，不屑天下之事，独洁其身者。所处虽有得失小大之殊，皆自高尚其事者也。《象》所谓"志可则"者，进退合道者也。（《程氏易传·蛊》）

【注释】

〔1〕不事王侯，志可则也：语出《周易·蛊卦》："上九，不事王侯，高尚其事。《象》曰：'不事王侯'，志可则也。"事，侍奉。则，被效法的准则。 〔2〕不偶于时：不合于时。偶，遭遇。 〔3〕知止足之道：即知止与知足之道，语出《老子》："知足不辱，知止不殆，可以长久。"

7.9 《遁》者阴之始长，君子知微，故当深戒。而圣人之意，未便遽已也，故有"与时行"，"小利贞"[1]之教。圣贤之于天下，虽知道之将废，岂肯坐视其乱而不救？必区区致力于未极之间，强此之衰，艰彼之进，图其暂安。苟得

为之，孔孟之所屑为也。王允⁽²⁾、谢安⁽³⁾之于汉、晋是也。（《程氏易传·遁》）

【注释】

〔1〕与时行，小利贞：语出《周易·遁卦·彖传》："遁亨，遁而亨也。刚当位而应，与时行也。小利贞，浸而长也。遁之时义大矣哉！"遁，又作"遯"，多解作逃避、隐退。　〔2〕王允（137—192）：字子师，东汉太原祁县（今属山西）。董卓（192年卒）谋篡汉，王允时为司徒，拥护王室，杀董卓。事详《后汉书》卷九十六《王允传》。

〔3〕谢安（320—385）：字安石，东晋政治家。东晋孝武帝八年（383），前秦师入攻，京师震恐。谢安为征讨大都督，破前秦师，晋室以安。详见《晋书》卷七十九《谢安传》。

7.10　《明夷》初九⁽¹⁾，事⁽²⁾未显而处甚艰，非见几之明不能也。如是则世俗孰不疑怪？然君子不以世俗之见怪而迟疑其行也。若俟众人尽识，则伤已及而不能去矣。（《程氏易传·明夷》）

【注释】

〔1〕本条释《周易·明夷卦》之初九："明夷于飞，垂其翼；君子于行，三日不食。有攸往，主人有言。《象》曰：'君子于行'，义不食也。"明，光明。夷，伤害。《明夷》卦卦体离下坤上，象征日入地中，是光明而见伤之象。"明夷于飞"指在光明受到伤害时向外飞，象征贤德被邪恶伤害。　〔2〕事：指危险、伤害。

7.11　《晋》之初六，在下而始进，岂遽能深见信于上？苟上未见信，则当安中自守，雍容宽裕，无急于求上之信也。苟欲信之心切，非汲汲以失其守，则悻悻[1]以伤于义矣。故曰："晋如、摧如，贞吉。罔孚，裕，无咎。"然圣人又恐后之人不达宽裕之义，居位者废职失守以为裕。故特云初六，裕则无咎[2]者，始进未受命当职任故也。若有官守，不信于上而失其职，一日不可居也。然事非一概，久速唯时[3]，亦容有为之兆者。（《程氏易传·晋》）

【注释】

[1] 悻悻：怨恨。　[2] 裕则无咎：语出《周易·晋卦》："初六，晋如、摧如，贞吉。罔孚，裕，无咎。《象》曰：晋如摧如，独行正也。裕无咎，未受命也。"晋，进。如，之。裕，宽裕。　[3] 久速唯时：语出《孟子·公孙丑上》："（孟子）曰：'可以仕则仕，可以止则止，可以久则久，可以速则速，孔子也。'"

7.12　不正而合，未有久而不离者也。合以正道，自无终睽之理。故贤者顺理而安行，智者知几而固守。[1]（《程氏易传·睽》）

【注释】

[1] 本条释《周易·睽卦》："六三，见舆曳，其牛掣，其人天且劓，无初有终。《象》曰：见舆曳，位不当也。无初有终，遇刚也。"睽，违背、乖离。《睽》卦卦体兑下离上，其六三爻，阴爻而处阳位，所以"位不当也"，但六三爻为下卦之上，同上卦之上的上九爻相应，所以"无初有终""不正而合"。

7.13　君子当困穷之时,既尽其防虑之道而不得免,则命也。当推致其命以遂其志〔1〕。知命之当然也,则穷塞祸患不以动其心,行吾义而已。苟不知命,则恐惧于险难,陨获〔2〕于穷厄,所守亡矣,安能遂其为善之志乎?(《程氏易传·困》)

【注释】

〔1〕当推致其命以遂其志:善处困境的君子,在困窘时,应当不惜舍弃生命来实现应当做的志业。语出《周易·困卦·象传》:"《象》曰:泽无水,困,君子以致命遂志。"致命,舍弃生命。遂,达到、实现。　〔2〕陨获:处境困苦而灰心丧志。《礼记·儒行》:"儒有不陨获于贫贱,不充诎于富贵。"

7.14　寒士之妻,弱国之臣,各安其正而已。苟择势而从,则恶之大者,不容于世矣。(《程氏易传·困》)

7.15　《井》之九三,渫治而不见食〔1〕,乃人有才智而不见用,以不得行为忧恻也。盖刚而不中〔2〕,故切于施为。异乎"用之则行,舍之则藏〔3〕"者矣。(《程氏易传·井》)

【注释】

〔1〕《井》之九三,渫治而不见食:《周易·井卦》:"九三,井渫不食,为我心恻;可用汲,王明并受其福。《象》曰:井渫不食,行恻也。求王明,受福也。"渫,去除秽浊,使水清洁。　〔2〕刚而不中:

《井》卦卦体巽下坎上，九三爻处于下卦之上，不是中位，九又为阳爻，为刚，所以"刚而不中"。〔3〕舍之则藏：语出《论语·述而》："子谓颜渊曰：'用之则行，舍之则藏，唯我与尔有是夫！'子路曰：'子行三军，则谁与？'子曰：'暴虎冯河，死而无悔者，吾不与也。必也临事而惧，好谋而成者也。'"

7.16　《革》之六二，中正则无偏蔽，文明则尽事理，应上则得权势，体顺则无违悖。时可矣，位得矣，才足矣，处《革》之至善者也。必待上下之信，故"巳日乃革之也[1]"。如二之才德，当进行其道，则吉而无咎也；不进，则失可为之时，为有咎也。（《程氏易传·革》）

【注释】

〔1〕巳日乃革之：语出《周易·革卦》："六二，巳日乃革之，征吉，无咎。《象》曰：巳日革之，行有嘉也。"巳日，祭祀之日。

7.17　《鼎》之有实，乃人之有才业也。当慎所趋向，不慎所往，则亦陷于非义。故曰："鼎有实，慎所之也。[1]"（《程氏易传·鼎》）

【注释】

〔1〕鼎有实，慎所之也：语出《周易·鼎卦》："九二，鼎有实，我仇有疾，不我能即，吉。《象》曰：鼎有实，慎所之也。我仇有疾，终无尤也。"鼎，烹饪之器。实，食物。《鼎》卦卦体巽下离上，九二爻以阳爻居下卦之中位，样为刚、实，所以有"有实"之象。九二阳爻为济用之才，与上卦居君位的六五爻相应，又与下面的初六爻相比。

九二爻如果上应六五爻则吉，如果下比初六爻，则非正而有害，所以要"慎所之"，即慎重选择去向。

7.18 士之处高位，则有拯而无随；在下位，则有当拯，有当随，有拯之不得而后随。[1]（《程氏易传·艮》）

【注释】

〔1〕本条释《周易·艮卦》："六二，艮其腓，不拯其随，其心不快。《象》曰：不拯其随，未退听也。"《艮》卦卦体艮下艮上，《艮》之六二爻，以阴爻处于下卦中位，柔顺中正，其上为九三，阳爻处阳位，刚爻刚位，容易过激。六二爻要拯救九三爻的偏失，但力量不足，只好跟随其失，所以"其心不快"。

7.19 "君子思不出其位。[1]"位者，所处之分也。万事各有其所，得其所则止而安。若当行而止，当速而久，或过或不及，皆出其位也。况逾分非据乎？（《程氏易传·艮》）

【注释】

〔1〕君子思不出其位：君子的思虑不超越他的职分。语出《周易·艮卦·象传》："《象》曰：兼山，艮。君子以思不出其位。"又《论语·宪问》："曾子曰：'君子思不出其位。'"位，分限，范围。《艮》卦卦体艮下艮上，艮为山，两山并立，有各止其所之象，所以"不出其位"。

7.20 人之止，难于久终，故节或移于晚，守或失于终，事或废于久，人之所同患也。《艮》之上九，敦厚于终，

止道之至善也。故曰:"敦艮,吉。[1]"(《程氏易传·艮》)

【注释】

[1] 敦艮,吉:敦厚至终,才能止于至善。语出《周易·艮卦》:"上九,敦艮,吉。《象》曰:敦艮之吉,以厚终也。"

7.21 《中孚》之初九曰:"虞吉。"象曰:"志未变也。[1]"《程氏易传》曰:当信之始,志未有所从,而虞度所信,则得其正,是以吉也。志有所从,则是变动,虞之不得其正矣。(《程氏易传·中孚》)

【注释】

[1] 志未变也:语出《周易·中孚卦》:"初九,虞吉,有它不燕。《象》曰:初九虞吉,志未变也。"虞,忖度,推测。

7.22 贤者惟知义而已,命在其中。中人以下,乃以命处义。如言"求之有道,得之有命,是求无益于得[1]",知命之不可求,故自处以不求。若贤者则求之以道,得之以义,不必言命。(《二程遗书》卷二上《元丰己未吕与叔东见二先生语》)

【注释】

[1] 是求无益于得:语出《孟子·尽心上》:"孟子曰:求则得之,舍则失之,是求有益于得也,求在我者也。求之有道,得之有命,是求无益于得也,求在外者也。"

7.23 人之于患难，只有一个处置，尽人谋之后，却须泰然处之。有人遇一事，则心心念念不肯舍，毕竟何益？若不会处置了，放下便是，无义无命[1]也。(《二程遗书》卷二上《元丰己未吕与叔东见二先生语》)

【注释】

〔1〕无义无命：语出《孟子·万章上》："万章问曰：'或谓孔子于卫主痈疽，于齐主侍人瘠环，有诸乎？'孟子曰：'否，不然也，好事者为之也。于卫，主颜雠由。弥子之妻与子路之妻，兄弟也。弥子谓子路曰："孔子主我，卫卿可得也。"子路以告，孔子曰："有命。"孔子进以礼，退以义，得之不得曰："有命。"而主痈疽与侍人瘠环，是无义无命也。孔子不悦于鲁卫，遭宋桓司马，将要而杀之，微服而过宋。是时孔子当厄，主司城贞子，为陈侯周臣。吾闻观近臣，以其所为主；观远臣，以其所主。若孔子主痈疽与侍人瘠环，何以为孔子？'"

7.24 门人[1]有居太学[2]而欲归应乡举者。问其故，曰："蔡人鲜习《戴记》[3]，决科[4]之利也。"先生曰：汝之是心，已不可入于尧舜之道矣。夫子贡[5]之高识，曷尝规规[6]于货利哉？特于丰约[7]之间，不能无留情耳。且贫富有命。彼乃留情于其间，多见其不信道也。故圣人谓之"不受命[8]"。有志于道者，要当去此心而后可语也。(《二程遗书》卷四《游定夫所录》)

【注释】

〔1〕门人：此门人为谢良佐，二程门人，见卷一第三十七条注

〔1〕。　〔2〕太学：古代传授儒家典籍的最高学府。　〔3〕《戴记》：西汉戴德与戴胜所编的《大戴礼记》《小戴礼记》的简称。　〔4〕决科：本来是指参加射策，决定科第，后指参加科举考试。　〔5〕子贡：姓端木，名赐，孔子学生，见卷三第十七条注〔1〕。　〔6〕规规：浅陋拘泥。　〔7〕丰约：指财之丰约，即贫富。　〔8〕不受命：不接受天命。语出《论语·先进》，孔子称赞子贡曰："赐不受命，而货殖焉，亿则屡中。"

7.25　人苟有"朝闻道，夕死可矣[1]"之志，则不肯一日安于所不安也。何止一日，须臾不能。如曾子易箦[2]，须要如此乃安。人不能若此者，只为不见实理。实理者，实见得是，实见得非。凡实理得之于心自别。若耳闻口道者，心实不见。若见得，必不肯安于所不安。人之一身，尽有所不肯为，及至他事又不然。若士者，虽杀之使为穿窬[3]，必不为，其他事未必然。至如执卷者，莫不知说礼义。又如王公大人，皆能言轩冕外物，及其临利害，则不知就义理，却就富贵。如此者只是说得不实见。及其蹈水火，则人皆避之，是实见得。须是有"见不善如探汤[4]"之心，则自然别。昔曾经伤于虎者，他人语虎，则虽三尺童子，皆知虎之可畏，终不似曾经伤者，神色慑惧，至诚畏之，是实见得也。得之于心，是谓有德，不待勉强。然学者则须勉强。古人有损躯陨命者，若不实见得，则乌能如此？须是实见得，生不重于义，生不安于死也。故有杀身成仁[5]，只是成就一个是而已。（《二程遗书》卷十五《入关语录》）

【注释】

〔1〕朝闻道，夕死可矣：语出《论语·里仁》。　〔2〕曾子易箦：据《礼记·檀弓上》记载，曾子病危，发现自己所铺的席子是季孙氏所送的只有大夫才能用的席子，于是就让儿子曾元给他换掉，并说"吾得正而毙焉斯已矣"，大家扶着抬起他的身体，然后更换与他身份相应的竹席。换完后，把他送回席子，曾子还没来得及躺好就死了。　〔3〕穿窬：挖墙洞，爬墙头，指偷窃行为。　〔4〕见不善如探汤：语出《论语·季氏》："孔子曰：'见善如不及，见不善如探汤。吾见其人矣，吾闻其语矣。隐居以求其志，行义以达其道。吾闻其语矣，未见其人也。'"汤，沸水。　〔5〕杀身成仁：语出《论语·卫灵公》："子曰：'志士仁人，无求生以害仁，有杀身以成仁。'"

7.26　孟子辨舜、跖之分，只在义利之间。[1]言间者，谓相去不甚远，所争毫末尔。义与利只是个公与私也。才出义，便以利言也。只那计较，便是为有利害。若无利害，何用计较？利害者，天下之常情也，人皆知趋利而避害，圣人则更不论利害，惟看义当为不当为，便是命在其中也。(《二程遗书》卷十七)

【注释】

〔1〕孟子辨舜、跖之分，只在义利之间：语出《孟子·尽心上》："孟子曰：'鸡鸣而起，孳孳为善者，舜（圣人）之徒也；鸡鸣而起，孳孳为利者，跖（大盗）之徒也。欲知舜与跖之分，无他，利与善之间也。'"孟子本来是说利与善的区分，程颐代之以利与义的区分，"善"比"义"字意义更宽泛。

7.27　大凡儒者，未敢望深造于道[1]，且只得所存正，

分别善恶，识廉耻。如此等人多，亦须渐好。(《二程遗书》卷十七)

【注释】

〔1〕大凡儒者，未敢望深造于道：尊崇儒学、通习儒家经书的读书人都可以称之为儒者，但这些儒者同"士希贤""学以至于至圣"的闻道、学道之士不同，所以对他们"未敢望深造于道"。

7.28　赵景平〔1〕问："'子罕言利'〔2〕，所谓利者，何利？"曰："不独财利之利，凡有利心便不可。如作一事，须寻自家稳便处，皆利心也。圣人以义为利，义安处便为利。如释氏之学，皆本于利，故便不是。"(《二程遗书》卷十六《己巳冬所闻》)

【注释】

〔1〕赵景平：程门弟子，生平不详。　〔2〕子罕言利：语出《论语·子罕》："子罕言利与命与仁。"

7.29　问〔1〕："邢七〔2〕久从先生，想都无知识，后来极狼狈。"先生曰："谓之全无知则不可，只是义理不能胜利欲之心，便至如此也。"(《二程遗书》卷十九《杨遵道录》)

【注释】

〔1〕问：据《伊洛渊源录》卷十四，此是谢良佐之问。　〔2〕邢七：邢恕，郑州阳武人，曾从二程学习，见卷四第十一条注〔1〕。

7.30 谢湜[1]自蜀之京师[2]，过洛而见程子。子曰："尔将何之？"曰："将试教官[3]。"子弗答。湜曰："何如？"子曰："吾尝买婢，欲试之，其母怒而弗许。曰：'吾女非可试者也。'"今尔求为人师而试之，必为此媪笑也。"湜遂不行。（《二程遗书》卷二十一上《师说》）

【注释】

〔1〕谢湜：字持正，四川金堂人，元丰进士，官至国子博士。〔2〕京师：河南开封。　〔3〕试教官：即试用做教官。

7.31 先生在讲筵[1]，不曾请俸[2]，诸公[3]遂牒户部，问不支俸钱。户部索前任历子[4]，先生云："某起自草莱[5]，无前任历子。"（本注：旧例，初入京官时，用下状出给料钱历。先生不请，其意谓朝廷起我，便当"廪人继粟，庖人继肉[6]"也。）遂令户部自为出券历。又不为妻求封。范纯甫[7]问其故，先生曰："某当时起自草莱，三辞然后受命，岂有今日乃为妻求封之理？"问："今人陈乞恩例，义当然否？人皆以为本分，不为害。"先生曰："只为而今士大夫道得个乞字惯，却动不动又是乞也。"因问："陈乞封父祖，如何？"先生曰："此事体又别。"再三请益，但云："其说甚长，待别时说。"（《二程遗书》卷十九《杨遵道录》）

【注释】

〔1〕讲筵：讲席。　〔2〕请俸：一般指支取薪俸。　〔3〕诸公：

指大臣司马光（1019—1086）、吕公著（1018—1089）等。〔4〕历子：粮院所给料钱（俸钱）历，据此文状上所开受官日月到户部领取俸钱。〔5〕草莱：布衣，平民。〔6〕廪人继粟，庖人继肉：国君对投奔他的士人给予很好照顾，让管仓库的送来谷米，让管膳食的送来肉类。语出《孟子·万章下》："以君命将之，再拜稽首而受；其后廪人继粟，庖人继肉，不以君命将之。子思以为鼎肉使己仆仆尔亟拜也，非养君子之道也。尧之于舜也，使其子九男事之，二女女焉，百官牛羊仓廪备，以养舜于畎亩之中，后举而加诸上位。故曰王公之尊贤者也。"〔7〕范纯甫：即范祖禹，字淳夫，为司马光通鉴局编修官，见卷三第六十九条注〔2〕。

7.32　汉策贤良，犹是人举之。[1]如公孙弘[2]者，犹强起之，乃就对。至如后世贤良，乃自求举尔。若果有曰"我心只望廷对，欲直言天下事"，则亦可尚矣。若志在富贵，则得志便骄纵，失志则便放旷与悲愁而已。（《二程遗书》卷一《端伯传师说》）

【注释】

〔1〕汉策贤良，犹是人举之：汉取士之科有四，贤良是其一也。对策为在天子之前，答其所问国家大事，应对者由人推荐之。〔2〕公孙弘（前200—前121）：少时家贫，年四十余乃学《春秋杂说》。汉武帝（前140—前87）初即位，招贤良。是时弘年六十，以贤良征为太学博。旋使匈奴，以上奏不合天子意，乃以病归。元光五年（前130）复征贤良，国人力荐，乃就对。传见《前汉书》卷五十八。

7.33　伊川先生曰：人多说某不教人习举业，某何尝不教人习举业也？人若不习举业而望及第，却是责天理而不修

人事[1]。但举业既可以及第即已，若更去上面尽力求必得之道，是惑也。(《二程遗书》卷十八《刘元承手编》)

【注释】

[1] 责天理而不修人事：把责任归于天命而不尽自身努力。责，责问。郑晔《近思录释疑》卷七解"天理"作"天"。

7.34 问："家贫亲老，应举求仕，不免有得失之累[1]，何修可以免此？"伊川先生曰："此只是志不胜气[2]。若志胜，自无此累。家贫亲老，须用禄仕，然得之不得为有命[3]。"曰："在己固可，为亲奈何？"曰："为己为亲，也只是一事。若不得，其如命何？孔子曰：'不知命，无以为君子。'[4]人苟不知命，见患难必避，遇得丧必动，见利必趋，其何以为君子？"(《二程遗书》卷十八《刘元承手编》)

【注释】

[1] 得失之累：患得患失心中不宁牵累其心。　[2] 志不胜气：语出《孟子·公孙丑上》："志一则动气，气一则动志。今夫蹶者趋者，是气也，而反动其心。"　[3] 得之不得为有命：语出《孟子·万章上》："孟子曰：'求则得之，舍则失之，是求有益于得也，求在我者也。求之有道，得之有命，是求无益于得也，求在外者也。'"　[4] 不知命，无以为君子：语出《论语·尧曰》："孔子曰：'不知命，无以为君子也。不知礼，无以立也。不知言，无以知人也。'"

7.35 或谓科举事业夺人之功，是不然。且一月之中，十日为举业，余日足可为学。然人不志此，必志于彼。故科

举之事,不患妨功,惟患夺志[1]。(《二程外书》卷十一《师训》)

【注释】

〔1〕夺志:改变其志向。

7.36 横渠先生曰:世禄之荣,王者所以录有功,尊有德,爱之厚之,示恩遇之不穷也。为人后者,所宜乐职劝功[1],以服勤[2]事任[3],长廉远利[4],以似述[5]世风。而近代公卿子孙,方且下比布衣,工声病[6],售有司,不知求仕非义,而反羞循理为不能,不知荫袭为荣,而反以虚名为善继,诚何心哉!(张载《横渠文集佚存·策问》)

【注释】

〔1〕乐职劝功:乐于职守,努力建功立业。语出《礼记·王制》:"民咸安其居,乐事劝功,尊君亲上,然后兴学。" 〔2〕服勤:勤勉地服持其职事。语出《礼记·檀弓上》:"事亲有隐而无犯,左右就养无方,服勤至死,致丧三年。"孔颖达疏:"言服勤者,谓服持勤苦劳辱之事。" 〔3〕事任:担当职事。 〔4〕长廉远利:培育清廉而远避利欲。 〔5〕述:循。 〔6〕工声病:擅长诗赋之学。声病指诗赋之学,有所谓四声八病之说,四声即平、上、去、入四种声调的总称,八病指作诗时在运用四声方面所产生的平头、上尾、蜂腰、鹤膝、大韵、小韵、旁钮、正钮等八种声病。

7.37 不资其力而利其有,则能忘人之势[1]。(张载《正蒙·作者》)

【注释】

〔1〕忘人之势：语出《孟子·尽心上》："孟子曰：'古之贤王好善而忘势；古之贤士何独不然？乐其道而忘人之势，故王公不致敬尽礼，则不得亟见之。见且由不得亟，而况得而臣之乎？'"

7.38　人多言安于贫贱，其实只是计穷力屈才短，不能营画耳。若稍动得，恐未肯安之。须是诚知义理之乐于利欲也，乃能。（张载《经学理窟·气质》）

7.39　天下事，大患只是畏人非笑。不养车马，食粗衣恶，居贫贱，皆恐人非笑。不知当生则生，当死则死，今日万钟[1]，明日弃之，今日富贵，明日饥饿亦不恤[2]，惟义所在[3]。（张载《经学理窟·自道》）

【注释】

〔1〕万钟：一钟六石四斗，指优厚的俸禄，借以形容其富。〔2〕不恤：不顾及。　〔3〕惟义所在：语出《孟子·离娄下》："孟子曰：'大人者，言不必信，行不必果，惟义所在。'"

卷八　治体

【题解】

本卷讨论的是治国平天下之道，不是具体讨论如何设计制度和如何处理政务。叶采的题解为："此卷论治道。盖明乎出处之义，则于治道之纲领，不可不求讲明之，一旦得时行道，则举而措之耳。"共收录二十五条，其中周敦颐一条，张载三条，二程合二十一条。

与偏重"心上起工夫"佛道两家不同，儒家不仅仅偏重内圣，而是积极筹谋"内圣"与"外王"有效互动，所以实现"内圣外王"是历代儒者积极追求的理想。从个人修身出发，到齐家，最后落实到治国平天下，为天下苍生谋取幸福，这是儒家的终极关怀。在该卷第一条里，就讲明了这一道理："治天下有本，身之谓也；治天下有则，家之谓也。"程颐进一步发挥了周敦颐这一观点，认为平治天下的根本在于修身，平治天下的法则在于齐家；端正的根本为诚意正心，善良的法则为和睦亲人。

在《近思录》看来，要想实现"内圣外王"的理想，就要治道与治法并举。修身、齐家以至平天下，乃治之"道"；建立治纲，分正百职，以至创制立度，处理庶事，则为治之"法"（第十五条）。先王以"道"平治天下，则"法"在其中矣。实现治道的理想途径就是实行仁政和德治，"故不假刑法严峻，而恶自止也"（第八条）。

另外,平治天下还需要有治术,大难刚解之后,施政要力求宽简,使民休养生息,不可愤世嫉俗,急于求治。养民之道,首在爱惜民力,民力足则百姓就能安居乐业,这样才能兴教化而美风俗(第十四条)。等到天下已定,则当修复治道,正纲纪,名法度,以行王道之治(第六、十条)。

8.1 濂溪先生曰:治天下有本,身之谓也;治天下有则,家之谓也[1]。本必端,端本,诚心而已矣;则必善,善则,和亲而已矣。家难而天下易,家亲而天下疏也。家人离,必起于妇人,故《睽》次《家人》,以"二女同居而志不同行[2]"也。尧所以釐降二女于妫汭[3],舜可禅乎?吾兹试矣。是治天下观于家,治家观身而已矣。身端,心诚之谓也;诚心,复其不善之动而已矣。不善之动,妄也;妄复,则无妄矣;无妄,则诚焉。故《无妄》次《复》而曰:"先王以茂对时育万物[4]",深哉!(周敦颐《通书·家人睽复无妄》)

【注释】

[1] 治天下有则,家之谓也:语出《孟子·离娄下》:"天下之本在国,国之本在家,家之本在身。"则,楷模、准则。 [2] 二女同居而志不同行:语出《周易·睽卦·象传》:"《象》曰:睽,火动而上,泽动而下;二女同居,其志不同行。说而丽乎明,柔进而上行,得中而应乎刚,是以小事吉。天地睽而其事同也,男女睽而其志通也,万物睽而其事类也。睽之时用大矣哉!"《睽》卦卦体兑下离上,兑为少女,离为中女,合成一卦,所以说"二女同居"。 [3] 尧所以釐

降二女于妫汭：语出《尚书·尧典》："女于时，观厥刑于二女。釐降二女于妫汭，嫔于虞。"釐降，下嫁，釐，通"禧"。二女，娥皇、女英。妫汭，舜所居之处。　〔4〕先王以茂对时育万物：语出《周易·无妄卦·象传》："《象》曰：天下雷行，物与无妄；先王以茂对时育万物。"茂，勉、努力。对时，顺应时令。

8.2　明道先生言于神宗[1]曰：得天理之正，极人伦之至者，尧舜之道也；用其私心，依仁义之偏者，霸者之事也。"王道如砥[2]"，本乎人情，出乎礼义，若履大路而行，无复回曲。霸者崎岖反侧于曲径之中，而卒不可与入尧舜之道。故诚心而王，则王矣；假之而霸，则霸矣。二者其道不同，在审其初而已。《易》所谓"差若毫厘，谬以千里[3]"者，其初不可不审也。惟陛下稽先圣之言，察人事之理，知尧舜之道备于己，反身而诚之，推之以及四海，则万世幸甚。(《二程文集》卷一《论王霸札子》)

【注释】

〔1〕明道先生言于神宗：宋神宗熙宁二年（1069），程颢以吕公著荐为太子中允，权监察御史里行，上此札子。　〔2〕王道如砥：语出《诗经·小雅·大东》："有饛簋飧，有捄棘匕。周道如砥，其直如矢。君子所履，小人所视。"砥，磨刀石，比喻平直。　〔3〕差若毫厘，谬以千里：语出《易纬·通卦验》。

8.3　伊川先生曰：当世之务，所尤先者有三：一曰立志，二曰责任[1]，三曰求贤。今虽纳嘉谋，陈善算，非君志先立，其能听而用之乎？君欲用之，非责任宰辅，其孰承而行之乎？君相协心，非贤者任职，其能施于天下乎？此三者，本也，制于事者用之。三者之中，复以立志为本。所谓立志者，至诚一心，以道自任，以圣人之训为可必信，先王之治为可必行。不狃滞[2]于近规[3]，不迁惑于众口，必期致天下如三代之世也。[4]（《二程文集》卷五《为家君应诏上英宗皇帝书》）

【注释】

[1] 责任：责其事专其任。 [2] 狃滞：拘泥、局限。 [3] 近规：近臣规谏。语出《国语·周语上》："厉王虐，国人谤王。邵公告曰：'民不堪命矣！'王怒，得卫巫，使监谤者，以告，则杀之。国人莫敢言，道路以目。王喜，告邵公曰：'吾能弭谤矣，乃不敢言。'邵公曰：'是障之也，防民之口，甚于防川。川壅而溃，伤人必多，民亦如之。是故为川者决之使导，为民者宣之使言。故天子听政，使公卿至于列士献诗，瞽献曲，史献书，师箴，瞍赋，矇诵，百工谏，庶人传语，近臣尽规，亲戚补察，瞽、史教诲，耆、艾修之，而后王斟酌焉，是以事行而不悖。民之有口，犹土之有山川也，财用于是乎出；犹其原隰之有衍沃也，衣食于是乎生。'" [4] 此条为治平二年（1065），程颐三十三岁代父应诏上书的一部分。书中所陈，都终未见施行。

8.4 《比》之九五曰："显比，王用三驱，失前禽。[1]"《程氏易传》曰：人君比天下之道，当显明其比道而已。如诚意以待物，恕己以及人，发政施仁，使天下蒙其惠泽，是人君亲比天下之道也。如是，天下孰不亲比于上？若乃暴其小仁，违道干誉，欲以求下之比，其道亦已狭矣，其能得天下之比乎？王者显明其比道，天下自然来比。来者抚之，固不煦煦[2]然求比于物。若田之三驱，禽之去者从而不追，来者则取之也。此王道之大，所以其民皞皞[3]，而莫知为之者也。非惟人君比天下之道如此，大率人之相比莫不然。以臣于君言之，竭其忠诚，致其才力，乃显其比君之道也。用之与否，在君而已，不可阿谀逢迎，求其比己也。在朋友亦然，修身诚意以待之，亲己与否，在人而已，不可巧言令色，曲从苟合，以求人之比己也。于乡党[4]亲戚，于众人，莫不皆然。"三驱，失前禽"之义也。（《程氏易传·比》）

【注释】

〔1〕显比，王用三驱，失前禽：语出《周易·比卦》之九五爻辞。显，显明。比，亲辅。王用三驱，王者不四面合围而开一面，去者不追，来者取之，宁失去一面之禽兽，比喻与人相亲辅之时，来者不拒，往者不追，而依靠得以适当。　〔2〕煦煦：和乐的样子。　〔3〕皞皞：心情舒畅的样子。　〔4〕乡党：乡里，乡亲。

8.5　古之时，公卿大夫而下，位各称其德，终身居之，得其分也；位未称德，则君举而进之。士修其学，学至而君求之。皆非有预于己也。农工商贾，勤其事而所享有限，故皆有定志，而天下之心可一。后世自庶士至于公卿，日志于尊荣；农工商贾，日志于富侈。亿兆之心，交骛[1]于利，天下纷然，如之何其可一也？欲其不乱，难矣。[2]（《程氏易传·履》）

【注释】

〔1〕交骛：交，交往。骛，追求。 〔2〕本条释《周易·履卦·象传》："《象》曰：上天下泽，履；君子以辩上下，定民志。"

8.6 《泰》之九二曰："包荒，用冯河。[1]"《程氏易传》曰：人情安肆[2]，则政舒缓，而法度废弛，庶事无节。治之之道，必有包含荒秽之量，则其施为宽裕详密，弊革事理，而人安之。若无含弘之度，有忿疾之心，则无深远之虑，有暴扰之患。深弊未去，而近患已生矣，故在包荒也。自古泰治之世，必渐至于衰替，盖由狃习安逸，因循而然。自非刚断之君，英烈之辅，不能挺特奋发以革其弊也。故曰："用冯河。"或疑上云"包荒"，则是包含宽容，此云"用冯河"，则是奋发改革，似相反也。不知以含容之量，施刚果之用，乃圣贤之为也。（《程氏易传·泰》）

【注释】

〔1〕包荒，用冯河：语出《周易·泰卦》："九二，包荒，用冯河；不遐遗，朋亡。得尚于中行。《象》曰：包荒得尚于中行，以光大也。"包荒，包含荒秽，比喻人的气量宏大。冯河，徒步过河，冯，同"凭"。 〔2〕安肆：安乐放纵。

8.7 《观》："盥而不荐，有孚颙若。[1]"《程氏易传》曰：君子居上，为天下之表仪，必极其庄敬。[2]如始盥之初，勿使诚意少散。如既荐之后，则天下莫不尽其孚诚，颙然瞻仰之矣。（《程氏易传·观》）

【注释】

〔1〕盥而不荐，有孚颙若：语出《周易·观卦·彖传》："大观在上，顺而巽，中正以观天下。观，盥而不荐，有孚颙若，下观而化也。观天之神道，而四时不忒；圣人以神道设教，而天下服矣！"《观》卦以祭祀作比，盥，祭祀前洗手。荐，奉酒食以祭神。孚，诚信。颙，恭敬。　〔2〕君子居上，为天下之表仪，必极其庄敬：据《程氏易传》原文开头"予闻之胡翼之先生曰"，本条是胡瑗之言，或是程颐从学时所闻。胡瑗（993—1059），为程颐之师，著有《周易口义》《洪范口义》《春秋口义》《论语说》等。见卷三第五十四条注〔1〕。表仪，表率，仪范。

8.8　凡天下至于一国一家，至于万事，所以不和合者，皆由有间也，无间则合矣。以至天地之生，万物之成，皆合而后能遂。凡未合者，皆为间也。若君臣、父子、亲戚、朋友之间，有离贰怨隙者，盖谗邪间于其间也。去其间隔而合之，则无不和且治矣。《噬嗑》者，治天下之大用也。[1]（《程氏易传·噬嗑》）

【注释】

〔1〕本条释《周易·噬嗑卦》："噬嗑：亨，利用狱。《彖》曰：颐中有物，曰噬嗑。噬嗑而亨，刚柔分，动而明，雷电合而章。柔得中而上行，虽不当位，利用狱也。《象》曰：雷电，噬嗑；先王以明罚敕法。"噬，啮咬。嗑，合也。"噬嗑"是说啮而后合，比喻去除隔阂。

8.9　《大畜》之六五曰："豮豕之牙，吉。[1]"《程氏易传》曰：物有总摄，事有机会。圣人操得其要，则视亿兆之心犹一心。道之斯行，止之则戢[2]，故不劳而治，其用若豮豕之牙也。豕，刚躁之物，若强制其牙，则用力劳而不能止。若豮去其势，则牙虽存而刚躁自止。君子法豮豕之义，知天下之恶不可以力制也，则察其机，持其要，塞绝其本原，故不假刑法严峻，而恶自止也。且如止盗，民有欲心，见利则动，苟不知教，而迫于饥寒，虽刑杀日施，其能胜亿兆利欲之心乎？圣人则知所以止之之道，不尚威刑，而修政教。使之有农桑之业，知廉耻之道，虽赏之不窃[3]矣。（《程氏易传·大畜》）

【注释】

〔1〕豮豕之牙，吉：语出《周易·大畜卦》。《象》曰：六五之吉，有庆也。豮豕，张伯行《近思录集解》卷八："豮，豕之去势者。豕性刚躁，牙足为害，则不可以强制，惟去其势，则有以柔其性，故牙虽存而刚躁自止。"豮，阉割。势，雄性生殖器。 〔2〕戢：收敛，停止。 〔3〕虽赏之不窃：语出《论语·颜渊》："季康子患盗，问于孔子。孔子对曰：'苟子之不欲，虽赏之不窃。'"

8.10 《解》："利西南，无所往，其来复吉。有攸往，夙吉。[1]"《程氏易传》曰：西南坤方[2]，坤之体广大平易。当天下之难方解，人始离艰苦，不可复以烦苛[3]严急治之。当济以宽大简易，乃其宜也。既解其难而安平无事矣，是"无所往"也。则当修复治道，正纪纲，明法度，进复先代明王之治，是"来复"也，谓反[4]正理也。自古圣王救难定乱，其始未暇遽为也，既安定则为可久可继之治。自汉以下，乱既除，则不复有为，姑随时维持而已，故不能成善治。盖不知"来复"之义也。"有攸往，夙[5]吉。"谓尚有当解之事，则早为之乃吉也。当解而未尽者，不早去，则将复盛。事之复生者，不早为，则将渐大，故"夙则吉"也。（《程氏易传·解》）

【注释】

〔1〕"利西南"句：语出《周易·解卦》："解：利西南。无所往，其来复吉；有攸往，夙吉。《彖》曰：解，险以动，动而免乎险，解。解利西南，往得众也。其来复吉，乃得中也。有攸往，夙吉，往有功也。天地解而雷雨作，雷雨作而百果草木皆甲坼，解之时大矣哉！"〔2〕西南坤方：坤卦在文王八卦中的方位为西南。〔3〕烦苛：法令繁杂苛刻严厉。〔4〕反：通"返"。〔5〕夙：早。

8.11　夫有物必有则[1]。父止于慈，子止于孝，君止于仁，臣止于敬。[2]万物庶事[3]，莫不各有其所。得其所则安，失其所则悖。圣人所以能使天下顺治，非能为物作则也，惟止之各于其所而已。[4]（《程氏易传·艮》）

【注释】

〔1〕有物必有则：语出《诗经·大雅·烝民》："天生烝民，有物有则。民之秉彝，好是懿德。天监有周，昭假于下。保兹天子，生仲山甫。"则，法则。〔2〕"父止于慈"句：语出《大学》："为人君止于仁，为人臣止于敬，为人子止于孝，为人父止于慈。"〔3〕庶事：各种事物。〔4〕本条释《周易·艮卦·象传》："《象》曰：艮，止也。时止则止，时行则行，动静不失其时，其道光明。艮其止，止其

所也。上下敌应，不相与也。是以不获其身，行其庭不见其人，无咎也。"

8.12 《兑》，说而能贞[1]，是以上顺天理，下应人心，说道之至正至善者也。若夫"违道以干百姓之誉[2]"者，苟[3]说之道。违道不顺天，干誉非应人，苟取一时之说耳，非君子之正道。君子之道，其说于民如天地之施，感之于心而说服无斁[4]。（《程氏易传·兑》）

【注释】

〔1〕说而能贞：以正道取悦人。说，悦。贞，正。本条释《周易·兑卦·彖传》："《彖》曰：兑，说也。刚中而柔外，说以利贞，是以顺乎天而应乎人。说以先民，民忘其劳；说以犯难，民忘其死。说之大，民劝矣哉！" 〔2〕违道以干百姓之誉：语出《尚书·大禹谟》："益曰：吁！戒哉，儆戒无虞，罔失法度；罔游于逸，罔淫于乐；任贤勿贰，去邪勿疑，疑谋勿成，百志惟熙，罔违道以干百姓之誉；罔咈百姓以从己之欲，无怠无荒，四夷来王。"干，求。 〔3〕苟：不循礼法姑且行事。 〔4〕说服无斁：内心悦服而无丝毫厌弃。斁，厌。

8.13 天下之事，不进则退，无一定之理。济之终，不进而止矣，无常止也。衰乱至矣，盖其道已穷极也。圣人至此奈何？曰：惟圣人为能通其变于未穷，不使至于极也，尧舜是也，故有终而无乱。[1]（《程氏易传·既济》）

【注释】

〔1〕本条释《周易·既济卦·彖传》："《彖》曰：既济亨，小者亨

也。利贞，刚柔正而位当也。初吉，柔得中也。终止则乱，其道穷也。"既济，成功之义。

8.14 为民立君，所以养之也。养民之道，在爱其力。民力足则生养遂，生养遂则教化行而风俗美。故为政以民力为重也。《春秋》凡用民力必书，其所兴作，不时害义，固为罪也。虽时且义必书，见劳民为重事也。后之人君知此义，则知慎重于用民力矣[1]。然有用民力之大而不书者，为教之意深矣。僖公[2]修泮宫[3]，复阚宫[4]，非不用民力也，然而不书。二者复古兴废之大事，为国之先务，如是而用民力，乃所当用也。人君知此义，知为政之先后轻重矣。（《程氏经说·春秋传》）

【注释】

〔1〕后之人君知此义，则知慎重于用民力矣：若干版本缺"后之"以下一句。 〔2〕僖公：鲁僖公，春秋时鲁国国君，公元前659—626在位。 〔3〕泮宫：古代学校。 〔4〕阚宫：祭祀祖先的地方。

8.15 治身齐家以至平天下者，治之道也。建立治纲，分正百职，顺天时以制事。至于创制立度，尽天下之事者，治之法也。圣人治天下之道，唯此二端而已。（《程氏经说·书解》）

8.16 明道先生曰：先王之世，以道治天下[1]。后世只是以法把持天下。（《二程遗书》卷一《端伯传师说》）

【注释】

〔1〕以道治天下：即行王道仁政。道，圣人之道。

8.17 为政须要有纪纲文章[1]。"先有司[2]"，乡官读法[3]，平价，谨权量[4]，皆不可阙也。人各亲其亲，然后能不独亲其亲[5]。仲弓[6]曰："焉知贤才而举之？"子曰："举尔所知，尔所不知，人其舍诸？"便见仲弓与圣人用心之大小。推此义，则一心可以丧邦，一心可以兴邦[7]，只在公私之间尔。（《二程遗书》卷十一《师训》）

【注释】

〔1〕纪纲文章：纪纲，网罟的纲绳，引申为纲领。文章，礼乐制度。　〔2〕先有司：语出《论语·子路》："仲弓为季氏宰，问政。子曰：'先有司，赦小过，举贤才。'曰：'焉知贤才而举之？'曰：'举尔所知。尔所不知，人其舍诸？'"　〔3〕乡官读法：乡官，治理一乡事务的官吏。读法，周制州长、党正，于正月之吉，及岁时祭祀，集合民众宣读一年之政令，及司徒之十二教法，称读法，如邦法乡约之类。〔4〕权量：测定物体大小、轻重的器具。　〔5〕不独亲其亲：语出《礼记·礼运》："大道之行也，与三代之英，丘未之逮也，而有志焉。大道之行也，天下为公。选贤与能，讲信修睦，故人不独亲其亲，不独子其子，使老有所终，壮有所用，幼有所长，矜寡孤独废疾者，皆有所养。"　〔6〕仲弓（前522—？）：姓冉，名雍，孔子弟子，曾为季康子之家臣，亦为费邑长官。　〔7〕一心可以兴邦：语出《论语·子路》："定公问：'一言而可以兴邦，有诸？'孔子对曰：'言不可以若是其几也。人之言曰：为君难，为臣不易。如知为君之难也，不几乎一言而兴邦乎！'曰：'一言而丧邦，有诸？'孔子对曰：'言不可以若是其几也，人之言曰：予无乐乎为君。唯其言而莫予违也。如其善而

莫之违也，不亦善乎！如不善而莫之违也，不几乎一言而丧邦乎！'"

8.18 治道亦有从本而言，亦有从事而言。从本而言，惟从格君心之非[1]，"正心以正朝廷，正朝廷以正百官[2]"。若从事而言，不救则已，若须救之，必须变。大变则大益，小变则小益。(《二程遗书》卷十五《入关语录》)

【注释】

〔1〕格君心之非：语出《孟子·离娄上》："孟子曰：'人不足与适也，政不足与间也，惟大人为能格君心之非。君仁莫不仁，君义莫不义，君正莫不正，一正君而国定矣。'"格，正。 〔2〕正心以正朝廷，正朝廷以正百官：董仲舒之语，见《汉书》卷五十六。

8.19 唐有天下，虽号治平，然亦有夷狄之风。三纲[1]不正，无君臣、父子、夫妇。其原始于太宗[2]也，故其后世子弟皆不可使。君不君，臣不臣，故藩镇不宾[3]，权臣跋扈，陵夷[4]有五代[5]之乱。汉之治过于唐。汉大纲正，唐万目举。本朝[6]大纲正，万目亦未尽举。(《二程遗书》卷十八《刘元承手编》)

【注释】

〔1〕三纲：君为臣纲，父为子纲，夫为妇纲。 〔2〕太宗：即唐太宗（627—649在位），以其宫人侍其父。 〔3〕宾：服从，归顺。 〔4〕陵夷：迤逦渐平，引申为衰微。 〔5〕五代：指后梁、后唐、后晋、后汉、后周，907—960年。 〔6〕本朝：指宋朝。

8.20 教人者，养其善心而恶自消。治民者，导之敬让而争自息。(《二程外书》卷十一《时氏本拾遗》)

8.21 明道先生曰：必有《关雎》《麟趾》[1]之意，然后可行《周官》[2]之法度。(《二程外书》卷十二《传闻杂记》)

【注释】

[1]《关雎》《麟趾》：指《诗经·国风》中的《关雎》与《麟之趾》二篇。 [2]《周官》：又名《周礼》，分天、地、春、夏、秋、冬六官。

8.22 "君仁莫不仁，君义莫不义。[1]"天下之治乱，系乎人君仁不仁耳。离是而非，则"生于其心，必害于其政[2]"，岂待乎作之于外哉？昔者孟子三见齐王而不言事，门人疑之。孟子曰："我先攻其邪心[3]。"心既正，然后天下之事可从而理也。夫政事之失，用人之非，知者能更之，直者能谏之。然非心存焉，则一事之失，救而正之，后之失者，将不胜救矣。格其非心，使无不正。非大人其孰能之？(《二程外书》卷六《罗氏本拾遗》)

【注释】

[1] 君仁莫不仁，君义莫不义：语出《孟子·离娄上》。 [2] 生于其心，必害于其政：语出《孟子·公孙丑上》："诐辞知其所蔽，淫辞知其所陷，邪辞知其所离，遁辞知其所穷。生于其心，害于其政；

发于其政,害于其事。圣人复起,必从吾言矣。"〔3〕我先攻其邪心:语出《荀子·大略》:"孟子三见宣王,不言事。门人曰:'曷为三遇齐王而不言事?'孟子曰:'吾先攻其邪心。'"

8.23 横渠先生曰:道千乘之国,不及礼乐刑政,而云"节用而爱人,使民以时〔1〕"。言能如是,则法行,不能如是,则法不徒行。礼乐刑政,亦制数〔2〕而已耳。(张载《正蒙·有司》)

【注释】

〔1〕节用而爱人,使民以时:语出《论语·学而》:"子曰:'道千乘之国,敬事而信,节用而爱人,使民以时。'"〔2〕制数:指刑法、法制。

8.24 法立而能守,则德可久,业可大。郑声佞人,能使为邦者丧所以守,故放远之。〔1〕(张载《正蒙·三十》)

【注释】

〔1〕"郑声佞人"句:语出《论语·卫灵公》:"颜渊问为邦。子曰:'行夏之时,乘殷之辂,服周之冕,乐则《韶》舞。放郑声,远佞人。郑声淫,佞人殆。'"郑声,郑国淫靡的乐曲。佞人,花言巧语、阿谀奉承之人。

8.25 横渠先生《答范巽之〔1〕书》曰:朝廷以道学、政术为二事,此正自古之可忧者。巽之谓孔孟可作,将推其所得而施诸天下耶?将以其所不为而强施之于天下欤?大都君相以父母天下为王道，不能推父母之心于百姓，谓之王道可乎？所谓父母之心，非徒见于言，必须视四海之民如己之子。设使四海之内皆为己之子，则讲治之术，必不为秦汉之少恩，必不为五伯[2]之假名。巽之为朝廷言，"人不足与适，政不足与间[3]"，能使吾君爱天下之人如赤子，则治德必日新，人之进者必良士。帝王之道，不必改途而成。学与政不殊心而得矣。（张载《横渠文集佚存·答范巽之书》）

【注释】

〔1〕范巽之：范育，字巽之，张载学生，见卷二第九十一条注〔1〕。范来书已佚。　〔2〕五伯：春秋时代之齐桓公、晋文公、秦穆公、楚庄王、宋襄公。　〔3〕人不足与适，政不足与间：语出《孟子·离娄上》："孟子曰：'人不足与适也，政不足与间也，惟大人为能格君心之非。君仁莫不仁，君义莫不义，君正莫不正，一正君而国定矣。"适，同"谪"，指责、谴责。间，非议。

卷九　治法

【题解】

本卷旨在论述各种礼乐刑政制度。叶采的题解为："此卷论治法。盖治本虽立，而治具不容缺。礼乐刑政有一之未备，未足以成极治之功也。"共收录二十七条，其中周敦颐一条，张载七条，二程合十九条。

"治法"相对于"治体"而言，与"治体"偏重于治理的一般性原则、纲领和根据不同，更有针对性、现实性，多为具体的礼乐刑政制度，治理措施、政策与规范。该卷第一条，就选取了周敦颐综论古代圣王定礼法、修教化的制度、措施。认为只有当百姓和乐、万物并育之后，才能创作音乐以象功德，并且乐声要淡而和，入于耳，感于心。第三条选取了程颢的"论十事"，是经国治民必须落实的十项政策措施。这十项措施，涉及内容较广，具有一定的代表性，可窥古代传统"治法"之一斑。

要想充分发挥"治法"的功效，离不开治理者与被治理者内在主体性的发挥，所以程颐在第四条对于后世只"知求治而不知正君，知规过而不知养德"，多所批评。在《近思录》看来，宗法制度对聚合人心，提升人们对"治法"的内在自觉有着重要功效。第七条指出，"天下萃合人心，总摄众志之道非一，其至大莫过于宗庙"，认为定立宗子法，可以使人有尊卑上下，并使人能够不忘本（第十二、十八条），所以鼓励民间立庙院，置祖业，合人心（第十三条），族人也须合族而会，婚丧喜庆应常相往来，使骨肉亲情得以常相贯通（第十四条）。

9.1 濂溪先生曰：古者圣王制礼法，修教化，三纲正，九畴叙[1]，百姓大和，万物咸若[2]，乃作乐以宣八风[3]之气，以平天下之情。故乐声淡而不伤，和而不淫，入其耳，感其心，莫不淡且和焉。淡则欲心平，和则躁心释。优柔平中，德之盛也；天下化中，治之至也。是谓道配天地，古之极也[4]。后世礼法不修，政刑苛紊，纵欲败度，下民困苦。谓古乐不足听也，代变新声，妖淫愁怨，导欲增悲，不能自止。故有贼君弃父，轻生败伦，不可禁者矣。呜呼！乐者，古以平心，今以助欲；古以宣化[5]，今以长怨。不复古礼，不变今乐，而欲至治者，远哉！（周敦颐《通书·乐上》）

【注释】

[1] 九畴叙：语出《尚书·洪范》："天乃赐禹洪范九畴，彝伦攸叙。"九畴，九类大法，即：一，五行；二，五事；三，八政；四，五纪；五，皇极；六，三德；七，稽疑；八，庶征；九，五福六极。叙，排好次序。 [2] 若：顺。 [3] 八风：八方之风。东北方曰条风，东方曰明庶风，东南方曰清明风，南方曰景风，西南方曰凉风，西方曰阊阖风，西北方曰不周风，北方曰广莫风。详《史记·律熟》《易纬·通卦验》卷下等。 [4] 古之极也：语出《老子》："善为士者，不武；善战者，不怒；善胜敌者，不与；善用人者，为之下。是谓不争之德，是谓用人之力，是谓配天古之极。" [5] 宣化：传布德化。

9.2 明道先生言于朝曰[1]：治天下以正风俗、得贤才为本。宜先礼命近侍、贤儒及百执事，悉心推访，有德业充备、足为师表者。其次有笃志好学、材良行修者，延聘敦遣，萃于京师[2]，俾朝夕相与讲明正学。其道必本于人伦，明乎物理。其教自小学[3]洒扫应对以往，修其孝弟忠信，周旋礼乐。其所以诱掖激厉[4]、渐摩成就之道，皆有节序，其要在于择善修身，至于化成天下，自乡人而可至于圣人之道。其学行皆中于是者为成德。取材识明达、可进于善者，使日受其业。择其学明德尊者为太学之师，次以分教天下之学。择士入学，县升之州，州宾兴[5]于太学，太学聚而教之，岁论其贤者能者于朝。凡选士之法，皆以性行端洁、居家孝悌、有廉耻礼逊、通明学业、晓达治道者。（《二程文集》卷一《请修学校尊师儒取士札子》）

【注释】

〔1〕明道先生言于朝曰：这条是程颢《请修学校尊师儒取士札子》一文的一部分，该文作于宋神宗熙宁元年（1068）。时为西监察御史里行。　〔2〕延聘敦遣，萃于京师：《请修学校尊师儒取士札子》原文曰："其高蹈之士，朝廷当厚礼延聘，其余命州县敦遣，萃于京师。"萃，聚集、汇集。　〔3〕小学：研究文字、训诂、音韵的学问，宋代时，把洒扫、应对这些日常生活也作为小学内容。　〔4〕诱掖激厉：诱掖，引导扶持。激厉，激励。　〔5〕宾兴：举出人才礼遇之。兴，举。本是周代举贤之法，乡大夫自乡小学荐举贤能而宾礼之，以升入国学。《周礼·地官·大司徒》："以乡三物教万民而宾兴之。"科举时代，地方官设宴招待应举之士，也叫宾兴。

9.3　明道先生论十事[1]：一曰师傅，二曰六官[2]，三曰经界[3]，四曰乡党，五曰贡士[4]，六曰兵役，七曰民食，八曰四民[5]，九曰山泽（本注：修虞衡之职[6]），十曰分数[7]（本注：冠、昏、丧、祭、车服、器用等差）。其言曰：无古今[8]，无治乱，如生民之理有穷，则圣王之法可改。后世能尽其道则大治，或用其偏则小康[9]。此历代彰灼著明之效也。苟或徒知泥古而不能施之于今，姑欲徇名而遂废其实，此则陋儒之见，何足以论治道哉？然倘谓今人之情皆已异于古，先王之迹，不可复于今，趣便目前，不务高远，则亦恐非大有为之论，而未足以济当今之极弊也。（《二程文集》卷一《论十事札子》）

【注释】

〔1〕明道先生论十事：此为《论十事札子》一文中的一部分。此疏熙宁二年（1069）奏上神宗。时明道三十八岁，授太子允中，权监察御史里行。　〔2〕六官：《周礼》中，以天地四时命名官名，即天官、地官、春官、夏官、秋官和冬官。隋唐以后设吏、户、礼、刑、兵、工六部尚书，也统称六官。　〔3〕经界：划分土地的类别、用途与分界。语出《孟子·滕文公上》："夫仁政必自经界始。经界不正，井底不钧，谷禄不平，是故暴君污吏必慢其经界。经界既正，分田制禄可坐而定也。"　〔4〕贡士：此称始见于《礼记·射义》："诸侯岁献，贡士于天子。"原指古诸侯推荐给天子的士，汉指郡国荐举的孝廉，唐、宋时，以州（府）、县科举考试（乡贡、乡举）中试者称乡贡士。　〔5〕四民：士、农、工、商。　〔6〕虞衡之职：掌管山泽及山泽之民的职务。语出《周礼·天官·太宰》："以九职任万民。……三曰虞衡，作山泽之材。"　〔7〕分数：依社会地位的高低，规定各种礼仪、车服、器用的限度。　〔8〕无古今：无论古今。　〔9〕小

康：儒家理想中的所谓政教清明、人民富裕安乐的社会局面，指禹、汤、文、武、成王、周公之治，低于"大同"理想，语出《礼记·礼运》。

9.4　伊川先生上疏曰[1]：三代之时，人君必有师、傅、保之官。师，道之教训；傅，傅之德义；保，保其身体。后世作事无本，知求治而不知正君，知规过而不知养德；傅德义之道，固已疏矣，保身体之法，复无闻焉。臣以为傅德义者，在乎防见闻之非，节嗜好之过；保身体者，在乎适起居之宜，存畏慎之心。今既不设保傅之官，则此责皆在经筵[2]。欲乞皇帝在宫中言动服食，皆使经筵官知之。有翦桐之戏[3]，则随事箴规；违持养之方，则应时谏止。（本注：《二程遗书》云：某尝进说，欲令人主于一日之中，亲贤士大夫之时多，亲宦官宫人之时少，所以涵养气质，薰陶德性。）（《二程文集》卷六《论经筵第二札子》）

【注释】

[1] 伊川先生上疏曰：此条为程颐《论经筵第二札子》的摘录。宋哲宗元祐元年（1086），伊川五十四岁，充西京国子监教授，上《论经筵第二札子》。　[2] 经筵：帝王研读经史而特设的御前讲席。　[3] 翦桐之戏：指皇帝漫不经心说话。语出《史记·晋世家》："成王与叔虞戏，削桐叶为珪以与叔虞，曰：'以此封若。'史佚因请择日立叔虞。成王曰：'吾与之戏耳。'史佚曰：'天子无戏言。言则史书之，礼成之，乐歌之。'于是遂封叔虞于唐。"

9.5　伊川先生《看详三学条制》云[1]：旧制公私试

补[2],盖无虚月。学校礼义相先之地,而月使之争,殊非教养之道。请改试为课[3],有所未至,则学官召而教之,更不考定高下。制尊贤堂以延天下道德之士,及置待宾、吏师斋[4],立检察士人行检等法。又云:自元丰[5]后,设利诱之法,增国学解[6]额至五百人,来者奔凑,舍父母之养,忘骨肉之爱,往来道路,旅寓他土,人心日偷,士风日薄。今欲量留一百人,余四百人,分在州郡解额窄处,自然士人各安乡土,养其孝爱之心,息其奔趋流浪之志,风俗亦当稍厚。又云:三舍[7]升补之法,皆案文责迹,有司之事,非庠序[8]育材论秀[9]之道。盖朝廷授法,必达乎下。长官守法而不得有为,是以事成于下,而下得以制其上,此后世所以不治也。或曰:"长贰[10]得人则善矣。或非其人,不若防闲[11]详密,可循守也。"殊不知先王制法,待人而行,未闻立不得人之法也。苟长贰非人,不知教育之道,徒守虚文密法,果足以成人才乎?(《二程文集》卷七《学制》)

【注释】

〔1〕伊川先生《看详三学条制》云:此条为宋哲宗元祐元年(1086)上奏《三学看详文》之一小部分,由全文摘录而成。是年程颐五十四岁。但礼部尚书决不施行,认为伊川不宜使在朝廷。三学,《伊川文集》卷三明言为太学(教授儒学、词赋)、律学(教授法律、条例)、武学(教授武艺、技击),但注家解释纷纭,或作太学、宗学、武学;或作文学、宗学、武学;或作县学、州学、太学;或作三舍(外舍、内舍、上舍);或作尊贤堂、待宾斋、吏师斋;或作国子学、太学、四门学;或以为三间学校。 〔2〕补:奖励。 〔3〕课:考

查,考核。　〔4〕置待宾、吏师斋:张伯行《近思录集解》卷九指出:"四方之士有行能可敬者,宾而待之,有通于治道可为吏之师者,馆而隆之,故于尊贤堂而外,更置待宾、吏师二斋,以广其教。"　〔5〕元丰:宋神宗年号之一,1078—1085年。　〔6〕解:举进士者皆由地方发送入试,称为"解"。　〔7〕三舍:指太学之外舍、内舍、上舍。生徒初入外舍,月一私试,岁一公试,及格升入内舍。间岁一舍试,升入上舍。上舍上等授官。详《宋史》卷一五七《选举三·学校试》。　〔8〕庠序:乡学在周代称为庠,在商代称为序。后代以庠序为教导学生的地方,即学校。　〔9〕论秀:选拔优秀人才。论,通"抡",选拔。　〔10〕长贰:长官与副佐者。　〔11〕防闲:防备弊端。

9.6　《明道先生行状》云〔1〕:先生为泽州晋城令〔2〕。民以事至邑者,必告之以孝悌忠信,入所以事父兄,出所以事长上。度〔3〕乡村远近为伍保〔4〕,使之力役相助,患难相恤,而奸伪无所容。凡孤茕〔5〕残废者,责之亲戚乡党,使无失所。行旅出于其途者,疾病皆有所养。诸乡皆有校,暇时亲至,召父老与之语。儿童所读书,亲为正句读〔6〕。教者不善,则为易置。择子弟之秀者,聚而教之。乡民为社会〔7〕,为立科条〔8〕,旌别〔9〕善恶,使有劝〔10〕有耻。(《二程文集》卷十一《明道先生行状》)

【注释】

〔1〕《明道先生行状》云:此条为《明道先生行状》一文的小部分。行状,人去世后描叙其一生行为事迹的文章,该文为其弟程颐在元丰八年(1085)六月程颢卒后所撰。　〔2〕为泽州晋城令:宋英宗

治平二年（1065）至神宗熙宁元年（1068），程颢为晋城（在今山西晋城）县令。〔3〕度：估量。〔4〕伍保：五家为伍，五伍为保，都是地方组织，同一伍保，可以相互监督，共同守卫。〔5〕孤茕：孤独，无依无靠。〔6〕句读：文辞休止与停顿处，即断句。〔7〕社会：乡民自发结成的组织或团体，称作某某社某某会。〔8〕科条：条例，章程。〔9〕旌别：表彰以为识别。旌，表彰。〔10〕劝：鼓励。

9.7 《萃》："王假有庙[1]。"《程氏易传》曰：群生至众也，而可一其归仰。人心莫知其乡[2]也，而能致其诚敬；鬼神之不可度[3]也，而能致其来格[4]。天下萃合人心、总摄众志之道非一，其至大莫过于宗庙，故王者萃天下之道，至于有庙，则萃道之至也。祭祀之报，本于人心，圣人制礼以成其德耳。故豺獭能祭[5]，其性然也。（《程氏易传·萃》）

【注释】

〔1〕王假有庙：王到宗庙里祭司。语出《周易·萃卦·象传》："《象》曰：萃，聚也；顺以说，刚中而应，故聚也。王假有庙，致孝享也。利见大人亨，聚以正也。用大牲吉，利有攸往，顺天命也。观其所聚，而天地万物之情可见矣！"萃，聚集。假，到。有，语助词。〔2〕乡：通"向"，方向。〔3〕度：揣度。〔4〕来格：祭祀时，祖先神降临享用祭品。格，至。〔5〕豺獭能祭：语出《礼记·月令》："（孟春之月）东风解冻，蛰虫始振，鱼上冰，獭祭鱼，鸿雁来。""（季秋之月）鸿雁来宾，爵入大水为蛤。鞠有黄华，豺乃祭兽戮禽。"獭，即水獭，是以鱼为食的动物，初春捕鱼后，先将鱼一一陈列于地上，然后吃掉，好像行祭礼，所以称"獭祭鱼"。豺，是以肉为食的动

物，到了秋末，为了准备过冬，捕许多兽，也将兽一一陈列，如同行祭礼，所以也称"貊祭兽"。

9.8 古者戍役[1]，再期[2]而还。今年春暮行，明年夏代者至，复留备秋，至过十一月而归。又明年中春遣次戍者。每秋与冬初，两番[3]戍者皆在疆圉[4]，乃今之防秋[5]也。[6]（《程氏经说·诗解》）

【注释】

[1] 戍役：戍守边疆的兵役。　[2] 再期：两年。期，一周年。[3] 两番：两批。番，轮番。　[4] 疆圉：边疆，边境。圉，边陲。[5] 防秋：北方胡人一般秋天大举南犯，所以秋冬边疆须要更多防范，所以称"防秋"。　[6] 本条释《诗经·小雅·采薇》："昔我往矣，杨柳依依；今我来思，雨雪霏霏。行道迟迟，载渴载饥；我心伤悲，莫知我哀！"

9.9 圣人无一事不顺天时，故至日闭关[1]。（《二程外书》卷三《陈氏本拾遗》）

【注释】

[1] 至日闭关：语出《周易·复卦·象传》，见卷四第二条注[2]。至日，冬至。

9.10 韩信多多益办[1]，只是分数明[2]。（《二程遗书》卷七）

【注释】

〔1〕韩信多多益办:韩信(前197卒)初跟从楚王项羽,但并不为项羽重用,于是离开项羽归附汉王刘邦。因立国有功,封齐王,不久又改封为楚王。后因谋反,被赦为淮阴侯。刘邦去世后,曾经计划袭击吕后,终为吕后所杀。他曾经对高祖夸口,谓带兵多多益善。详《史记》卷九十二及《汉书》卷三十四的传文。 〔2〕分数明:指法度分明,治理有方。分,管辖等级的上下之分。数,士兵行伍的数目多寡。

9.11 伊川先生云:管辖人亦须有法,徒严不济事。今帅千人,能使千人依时及节得饭吃,只如此者亦能有几人?尝谓军中夜惊,亚夫坚卧不起〔1〕。不起善矣,然犹夜惊何也?亦是未尽善。(《二程遗书》卷十《洛阳议论》)

【注释】

〔1〕亚夫坚卧不起:亚夫,即周亚夫(?—前143),西汉名将,沛县(今属江苏)人。汉景帝时七王反,遣周亚夫将兵击之。军中夜惊,扰至帐下。亚夫坚卧不起,有顷遂定。事见《史记》卷五十七,又见《汉书》卷四十。

9.12 管摄天下人心,收宗族,厚风俗,使人不忘本,须是明谱系〔1〕,收世族,立宗子法〔2〕。〔3〕(本注:一年有一年功夫。)(《二程遗书》卷六)

【注释】

〔1〕谱系:把世代宗族人等记录下来的册籍叫"谱",宗族中的相

联系属关系叫"系"。 〔2〕宗子法：即宗法。古时候的宗法制度，由嫡长子继承大宗，为族人兄弟所共尊，称为宗子。其他宗族依亲疏关系各有不同的称谓、身份及职守，这种法则称之为宗子法。〔3〕张载《经学理窟·宗法》亦有此条。《二程遗书》本注。

9.13 宗子法坏，则人不自知来处，以至流转四方，往往亲未绝，不相识。今且试以一二巨公之家行之，其术要得拘守得，须是且如唐时立庙院[1]，仍不得分割了祖业，使一人主之[2]。（《二程遗书》卷十五《入关语录》）

【注释】

〔1〕庙院：家庙与斋院。唐制庙垣为东门、南门，斋院在庙垣东门之外稍北。

9.14 凡人家法，须月为一会以合族。古人有花树韦家宗会法[1]，可取也。每有族人远来，亦一为之。吉凶嫁娶之类，更须相与为礼，使骨肉之意常相通。骨肉日疏者，只为不相见，情不相接尔。（《二程遗书》卷一《端伯传师说》）

【注释】

〔1〕花树韦家宗会法：王应麟《困学纪闻》卷十八在评诗时提到："宗会法，今不传。岑参有《韦员外家花树歌》。"《岑嘉州诗》卷二记载岑参的该诗曰："今年花似去年好，去年人到今年老。始知人老不如花，可惜落花君莫扫。君家兄弟不可当，列卿御史尚书郎。朝四花底恒会客，花扑玉缸春酒香。"该诗描述了韦员外在家举行花下酒宴，会宗族。

9.15　冠昏丧祭，礼之大者，今人都不理会[1]。豺獭皆知报本[2]，今士大夫家多忽此，厚于奉养而薄于先祖，甚不可也。某尝修六礼[3]，大略：家必有庙，（本注：庶人立影堂[4]。）庙必有主[5]，（本注：高祖以上即当祧[6]也。主式见《文集》[7]。又云：今人以影祭，或一髭发不相似，则所祭已是别人，大不便。）月朔必荐新[8]，（本注：荐后方食。）时祭用仲月，（本注：止于高祖。旁亲无后者，祭之别位。）冬至祭始祖，（本注：冬至，阳之始也；始祖，厥初生民之祖也。无主，于庙中正位设一位，合考妣享之。）立春祭先祖，（本注：立春，生物之始也。先祖，始祖而下，高祖而上，非一人也。亦无主，设两位分享考妣。）秋季祭祢[9]，（本注：季秋，成物之时也。）忌日迁主，祭于正寝[10]。凡事死之礼，当厚于奉生者。人家能存得此等事数件，虽幼者，可使渐知礼义。（《二程遗书》卷十八《刘元承手编》）

【注释】

〔1〕理会：注意，在意。　〔2〕豺獭皆知报本：见卷九第七条注〔5〕。　〔3〕六礼：冠，昏，丧，祭，乡饮酒，士相见之礼。详见《礼记·王制》。　〔4〕影堂：供奉祖先一巷的房间。　〔5〕主：神主，用栗木制作的先人神位。　〔6〕祧：隔了几代的祖宗，依制将其神主迁入远祖之庙，迁移神主称"祧"。　〔7〕《文集》：《伊川文集》卷六。　〔8〕荐新：以新熟的五谷或其他时新食物祭祀祖考。　〔9〕祢：父庙。　〔10〕正寝：居住的正室。

9.16 卜其宅兆[1],卜其地之美恶也。地美则其神灵安,其子孙盛。然则曷[2]谓地之美者?土色之光润,草木之茂盛,乃其验也。而拘忌者惑以择地之方位,决日[3]之吉凶,甚者不以奉先为计,而专以利后为虑,尤非孝子安厝[4]之用心也。惟五患者不得不慎:须使异日不为道路,不为城郭,不为沟池,不为贵势所夺,不为耕犁所及。(本注:一本所谓五患者:城郭、沟渠、道路、避村落、远井窑[5]。)(《二程文集》卷十《葬说》)

【注释】

[1] 宅兆:埋葬死者的坟地,当成死者的家,故称宅兆。
[2] 曷:同"何"。 [3] 决日:选择葬日。 [4] 安厝:安葬。
[5] 城郭、沟渠、道路、避村落、远井窑:又本注无"城郭"二字,而分井窑为二,以足五患之数。

9.17 正叔[1]云:某家治丧,不用浮图[2]。在洛亦有一二人家化之。(《二程遗书》卷十《洛阳议论》)

【注释】

[1] 正叔:程颐的字。 [2] 浮图:又作"浮屠",梵语音译,指佛、佛陀。这里指佛僧。

9.18 今无宗子,故朝廷无世臣[1]。若立宗子法,则人知尊祖重本;人既重本,则朝廷之势自尊。古者子弟从父兄,今父兄从子弟,由不知本也。且如汉高祖欲下沛时[2],

只是以帛书与沛父老，其父兄便能率子弟从之。又如相如使蜀[3]，亦移书责父老，然后子弟皆听其命而从之。只有一个尊卑上下之分，然后顺从而不乱也。若无法以联属之，安可？且立宗子法，亦是天理。譬如木，必有从根直上一干，亦必有旁枝。又如水，虽远必有正源，亦必有分派处，自然之势也。然又有旁枝达而为干者，故曰：古者天子建国，诸侯夺宗[4]云。(《二程遗书》卷十八《刘元承手编》)

【注释】

〔1〕世臣：历代有功勋的旧臣。　〔2〕汉高祖欲下沛时：秦二世元年（前209），汉高祖想要攻下沛城，沛令闭城固守，于是汉高祖把书帛射到城上与沛城父老，父老乃率子弟杀了沛令，打开城门迎接高祖。沛，今江苏沛县。事详《汉书》卷一上《高帝纪》。　〔3〕相如使蜀：汉武帝元光五年（前130）派遣唐蒙通西北。唐蒙动员数万，发巴蜀（今成都）。军中有逃亡者，唐蒙用军法诛其大部分，这使巴蜀百姓大为惊恐。于是汉武帝乃使司马相如（前179—前117）责唐蒙，并告知巴蜀之民，唐蒙所为并不是上意，劝父老教诲子弟。　〔4〕古者天子建国，诸侯夺宗：语出《左传·桓公三年》："故天子建国，诸侯立家，卿置侧室，大夫有贰宗，士有隶子弟，庶人、工商，各有分亲，皆有等衰。是以民服事其上，而下无觊觎。今晋，甸侯也，而建国，本既弱矣，其能久乎？"张伯行《近思录集解》卷九："古者天子建立侯国，则天子为一宗，诸侯既主其国，则诸侯亦得别自为宗。"

9.19　邢和叔[1]叙明道先生事云：尧舜三代[2]帝王之治，所以博大悠远，上下与天地同流[3]者，先生固已默而识[4]之。至于兴造礼乐，制度文为[5]，下至行师用兵，战阵之法，无所不讲，皆造其极。外之夷狄情状，山川道路之险易，边鄙防戍、城寨、斥候[6]、控带[7]之要，靡不究知。其吏事操决，文法[8]簿书[9]，又皆精密详练。若先生，可谓通儒全才矣。（《二程遗书》附录《门人朋友叙述并序》）

【注释】

〔1〕邢和叔：即邢恕，字和叔，程颢门人，见卷四第十一条注〔1〕。　〔2〕三代：指夏、商、周。　〔3〕上下与天地同流：语出《孟子·尽心上》："夫君子，所过者化，所存者神，上下与天地同流。"　〔4〕识：记住。　〔5〕文为："文章"（指具体礼乐法度）所为，即各种法令条文。语出《礼记·仲尼燕居》："制度在礼，文为在礼，行之其在人乎。"孔颖达疏曰："'文为在礼'者，人之文章所为，亦在于礼，言礼为制度、文章之本。"　〔6〕斥候：侦察兵。斥，伺候、探测。　〔7〕控带：控，山川操控的形式。带，河川联系的关系。　〔8〕文法：法制，法规。　〔9〕簿书：官署中的文书簿册。

9.20　介甫[1]言："律[2]是八分书[3]。"是他见得。（《二程外书》卷十《大全集拾遗》）

【注释】

〔1〕介甫：即王安石（1021—1086），字介甫，号半山，谥文，封荆国公，世人又称王荆公。北宋临川（今江西临川）人。中国历史上杰出的政治家、文学家、思想家、改革家，唐宋八大家之一。有《王临川集》《临川集拾遗》等存世。　〔2〕律：刑律，刑书。　〔3〕八分书：又称八分、八书，相传为秦代上古人王次仲所造，这里表示刑律的义理并不完备。

9.21　横渠先生曰：兵谋[1]师律[2]，圣人不得已而用之。其术见三王[3]方策、历代简书。惟志士仁人，为能识其远者大者，素求预备而不敢忽忘。（张载《近思录拾遗·文集》）

【注释】

〔1〕兵谋：军事计谋，用兵谋略。　〔2〕师律：军队的纪律。语出《周易·师》："象曰：师出以律，失律，凶也。"　〔3〕三王：三代之王，见卷三第四十七条注〔1〕。

9.22　肉辟[1]于今世死刑中取之，亦足宽民之死，过此，当念其散之之久[2]。（张载《近思录拾遗·文集》）

【注释】

〔1〕肉辟：即肉刑。肉辟有五：用刀在脸上刻画而染黑叫墨辟，割鼻叫劓辟，切断脚曰刖辟，毁掉生殖器官叫宫辟，死刑叫大辟。〔2〕念其散之之久：语出《论语·子张》："上失其道，民散久矣。"

9.23　吕与叔[1]撰《横渠先生行状》云：先生慨然有意三代之治[2]，论治人先务，未始不以经界为急，尝曰："仁政，必自经界始[3]。贫富不均，教养无法，虽欲言治，皆苟[4]而已。世之病难行者，未始不以亟[5]夺富人之田为辞。然兹法之行，悦之者众，苟处之有术，期以数年，不刑一人而可复，所病者特上之未行耳。"乃言曰："纵不能行之天下，犹可验之一乡。"方与学者议古之法，共买田一方，画为数井[6]，上不失公家之赋役，退以其私正经界、分宅里、立敛法[7]、广储蓄、兴学校、成礼俗，救灾恤患，敦本抑末[8]，足以推先王之遗法，明当今之可行。此皆有志未就。（吕大临《横渠先生行状》）

【注释】

〔1〕吕与叔：即吕大临，起先师事张载，张载去世后，师事二程，见卷二第五十七条注〔2〕。　〔2〕三代之治：儒家认为夏、商、周三代，圣人在上，为古代理想之治。　〔3〕仁政必自经界始：经界，划分土地的类别、用途与分界。语出《孟子·滕文公上》，见卷九第三条注〔3〕。　〔4〕苟：一时之计。　〔5〕亟：急切。　〔6〕画为数井：古制，八家为一井。　〔7〕敛法：税收之法。　〔8〕敦本抑末：即加强农耕，抑制商业。

9.24　横渠先生为云岩[1]令，政事大抵以敦本[2]善俗为先。每以月吉[3]，具酒食，召乡人高年会县庭，亲为劝酬[4]，使人知养老事长之义。因问民疾苦，及告所以训戒弟子之意。（吕大临《横渠先生行状》）

【注释】

〔1〕云岩：今陕西延安县东南。张载嘉祐二年（1057）中进士后为云岩县令。　〔2〕本：人伦之本，如孝悌之类。　〔3〕月吉：即月朔，每月初一。　〔4〕劝酬：互相劝酒，敬酒。酬，劝酒、敬酒。

9.25　横渠先生曰：古者"有东宫，有西宫，有南宫，有北宫，异宫而同财[1]"。此礼亦可行。古人虑远，目下虽似相疏，其实如此乃能久相亲。盖数十百口之家，自是饮食衣服难为得一。又异宫乃容子得伸其私，所以"避子之私也，子不私其父，则不成为子[2]"。古之人曲尽人情。必也同宫，有叔父伯父，则为子者何以独厚于其父？为父者又乌得而当之？父子异宫，为命士[3]以上，愈贵则愈严。故异宫，犹今世有逐位[4]，非如异居也。（张载《近思录拾遗·乐说》）

【注释】

〔1〕异宫而同财：语出《仪礼·丧服》："故有东宫，有西宫，有南宫，有北宫，异居而同财，有余则归之宗，不足则资之宗。"异宫，同一围墙内的不同房间。张载改"异居"为"异宫"，是担心后人疑为后世的异居（即不住在一起）。　〔2〕"避子之私也"句：语出《仪礼·丧服》。　〔3〕命士：古代爵位最低的士之第九级，其下便是平民。　〔4〕逐位：随其地位而住不同方向的屋子，如兄在东，弟在西。

9.26　治天下不由井地[1]，终无由得平。周道[2]止是均平。（张载《经学理窟·周礼》）

【注释】

〔1〕井地：即井田。　〔2〕周道：大道。语出《诗经·小雅·大东》："有饛簋飧，有捄棘匕。周道如砥，其直如矢。"

9.27　井田卒归于封建[1]，乃定。（张载《经学理窟·周礼》）

【注释】

〔1〕封建：即封侯建国的分封制。

卷十 政事

【题解】

本卷旨在论述从政处事之道。叶采的题解为："此卷论临政处事。盖明乎治道而通乎治法，则施于有政矣。凡居官任职，事上抚下，待同列，选贤才，处事之道具焉。"共收录六十四条，其中张载五条，二程合五十九条。

"治体"是本，"治法"是目，"政事"是行，三者是一个有机整体。再好的治理理念、治理措施都要需要具体治理行为来实现。二程认为从政当以爱民为先。程颢当地方官时，总在设坐处题写"视民如伤"四个字以自警（第五十六条）。程颐也主张为官之道当以爱民为先，遇到饥荒时，要用诚意感动君上，俾能触动君上的"不忍之心"，使其轻财利而赈济灾民（第二条）。

另外，二程也都强调从政当以存诚、笃实为本。程颢在第三十九条说："欲当大任，须是笃实。"光有出众的才学，而缺乏笃实的德性，是担负不起重任的。他本人从不动怒，平气说理，连当时贵为宰辅的王安石也不得不佩服他的修养（第五十八条）。他还劝人处事切勿急迫（第三十四条），处理小事也要敬谨（第三十八条）。程颐则劝人不可有厌事之心（第四十三条）；责任宜缓，"无显人过恶之意"（第五十四条）。

当然，虽然儒家认为道尊于势，主张用"道统"来制约、规范"政统"，但终因没能落实到具体的治理技术的操作层面，没有一套监督帝王权力运行的有效机制，所以只能"潜思存诚，觊感动于上心"（第一条）。

10.1 伊川先生上疏曰[1]：夫钟怒而击之则武，悲而击之则哀[2]，诚意之感而入也。告于人亦如是，古人所以斋戒[3]而告君也。臣前后两得进讲，未尝敢不宿斋预戒，潜思存诚，觊[4]感动于上心。若使营营[5]于职事，纷纷其思虑，待至上前，然后善其辞说，徒以颊舌感人，不亦浅乎？（《二程文集》卷六《上太皇太后书》）

【注释】

〔1〕伊川先生上疏曰：元祐元年（1085），程颐五十四岁，为通直郎充崇政殿说书，六月，上书太皇太后。该文甚长，这是其中一部分。〔2〕钟怒而击之则武，悲而击之则哀：语出《孔子家语》："孔子曰：'无体之礼，敬也；无服之丧，哀也；无声之乐，欢也。不言而信，不动而威，不施而仁。志夫钟之音，怒而击之则武，忧而击之则悲，其志变者，声亦随之。故志诚感之，通于金石，而况人乎！'"武，雄武。〔3〕斋戒：举行重大仪式前沐浴更衣，整洁身心，以示虔诚。斋，修身反省，使身心洁净。戒，防患。　〔4〕觊：希望，企图。　〔5〕营营：忙忙碌碌没有休止。语出《庄子·庚桑楚》："全汝形，抱汝生，无使汝思虑营营。"

10.2 伊川《答人示奏稿[1]书》云：观公之意，专以畏乱为主。颐欲公以爱民为先，力言百姓饥且死，丐[2]朝廷哀怜，因惧将为寇乱，可也。不惟告君之体当如是，事势亦宜尔。公方求财以活人，祈之以仁爱，则当轻财而重民；

惧之以利害，则将恃财以自保。古之时，得丘民则得天下[3]。后世以兵制民，以财聚众。聚财者能守，保民者为迂。惟当以诚意感动，觊其有不忍之心而已。（《二程文集》卷九《答人示奏稿书》）

【注释】

〔1〕奏稿：奏牍。　〔2〕丐：乞求。　〔3〕得丘民则得天下：语出《孟子·尽心下》："孟子曰：'民为贵，社稷次之，君为轻。是故得乎丘民而为天子；得乎天子为诸侯；得乎诸侯为大夫。诸侯危社稷，则变置；牺牲既成，粢盛既洁，祭祀以时，然而旱干水溢，则变置社稷。'"丘民，乡民、国民。

10.3　明道为邑[1]，及民之事，多众人所谓法所拘者，然为之未尝大戾[2]于法，众亦不甚骇。谓之得伸其志则不可，求小补，则过今之为政者远矣。人虽异之，不至指为狂也。至谓之狂，则大骇矣。尽诚为之，不容而后去，又何嫌乎？（《二程文集》卷九《答吕进伯简三》）

【注释】

〔1〕明道为邑：元丰元年至三年（1078—1080），程颢四十七岁至四十九岁，其时王安石正施行新法，因为与他政见不合，外出做官，知扶沟县（在今河南）。政绩详《明道先生行状》。为邑，做县令。　〔2〕戾：违背。

10.4　明道先生曰：一命之士[1]，苟存心于爱物，于人必有所济[2]。（《二程文集》卷十一《明道先生行状》）

【注释】

〔1〕一命之士：职务最低的官员。　〔2〕济：帮助，援助。

10.5　伊川先生曰：君子观天水违行之象[1]，知人情有争讼之道。故凡所作事，必谋其始，绝讼端[2]于事之始，则讼无由生矣。谋始之义广矣，若慎交结，明契券[3]之类是也。（《程氏易传·讼》）

【注释】

〔1〕君子观天水违行之象：本条释《周易·讼卦·象传》："《象》曰：天与水违行，讼；君子以作事谋始。"《讼》卦卦体坎下乾上，坎为水，就下，乾为天，上行，所以"违行"。　〔2〕讼端：诉讼的事端。　〔3〕契券：契据，契约。

10.6　《师》之九二，为师之主。[1]恃专，则失为下之道；不专，则无成功之理，故得中为吉。凡师之道，威和并至则吉也。（《程氏易传·师》）

【注释】

〔1〕《师》之九二，为师之主：本条释《周易·师卦》之九二爻辞"九二，在师中，吉，无咎，王三锡命。"《师》卦卦体坎下坤上，唯有九二爻为一阳爻，这一阳爻在众阴中，象征军中主帅。师，军队。

10.7　世儒[1]有论鲁祀周公[2]以天子礼乐[3]，以为周公能为人臣不能为之功，则可用人臣不得用之礼乐，是不知人臣之道也。夫居周公之位，则为周公之事。由其位而能为

者，皆所当为也。周公乃尽其职耳。(《程氏易传·师》)

【注释】

〔1〕世儒：当代儒者，郑晔《近思录释疑》卷十认为此文是针对王安石的《礼记明堂位解义》，该文今已不存，所以"世儒"或作王安石。 〔2〕周公：周武王之弟，名旦，辅武王伐纣。成王年幼而立，周公摄政当国，制礼作乐，儒家认为他是传统文化之始祖，孔子极崇敬之。相传作《周易·爻辞》。 〔3〕以天子礼乐：语出《礼记·明堂位》，成王命鲁公"世世祀周公以天子之礼乐"。

10.8 《大有》之九三曰："公用亨于天子，小人弗克。[1]"《程氏易传》曰：三当大有之时，居诸侯之位，有其富盛，必用亨通于天子，谓以其有为天子之有也，乃人臣之常义也。若小人处之，则专其富有以为私，不知公已奉上之道，故曰"小人弗克"也。(《程氏易传·大有》)

【注释】

〔1〕小人弗克：语出《周易·大有卦》："九三，公用亨于天子，小人弗克。"公，公侯。亨，亨通。克，能够。

10.9 《随》九五之《象》曰："孚于嘉吉，位正中也。[1]"《程氏易传》曰：随以得中为善。随之所防者，过也。盖心所说[2]随，则不知其过矣。(《程氏易传·随》)

【注释】

〔1〕孚于嘉吉，位正中也：语出《周易·随卦》："九五，孚于嘉，

吉。《象》曰：孚于嘉吉，位正中也。"随，随从、随和。孚于嘉，笃信于善道。孚，诚信。嘉，善。《随》卦卦体震下兑上，九五爻以阳爻居阳位为正，又居上卦之中，所以为善。与之相应的六二爻，以阴爻居阴位得正，又居下卦之中，所以也为善。两爻相应，善与善相应，所以"孚于嘉"。〔2〕说：通"悦"。

10.10　人心所从，多所亲爱者也。常人之情，爱之则见其是，恶之则见其非。故妻孥[1]之言，虽失而多从。所憎之言，虽善为恶也。苟以亲爱而随之，则是私情所与，岂合正理？故《随》之初九出门而交，则有功[2]也。（《程氏易传·随》）

【注释】

〔1〕妻孥：妻子儿女。孥，子女。　〔2〕出门而交，则有功：语出《周易·随卦》："初九，官有渝，贞吉，出门交有功。"

10.11　《坎》之六四曰："樽酒、簋贰、用缶，纳约自牖，终无咎。[1]"《程氏易传》曰：此言人臣以忠信善道结于君心，必自其所明处，乃能入也。人心有所蔽，有所通。通者，明处也，当就其明处而告之，求信则易也，故曰"纳约自牖"。能如是，则虽艰险之时，终得无咎也。且如君心蔽于荒乐[2]，唯其蔽也，故尔虽力诋其荒乐之非，如其不省何？必于所不蔽之事推而及之，则能悟其心矣。自古能谏其君者，未有不因其所明者也。故讦直[3]强劲者，率多取忤[4]；而温厚明辨者，其说多行。非唯告于君者如此，为教者亦然。夫教必就人之所长，所长者，心之所明也。从其心之所明而入，然后推及其余，孟子所谓成德达财[5]是也。(《程氏易传·坎》)

【注释】

〔1〕樽酒簋贰用缶，纳约自牖，终无咎：语出《周易·坎卦》之六四爻辞。樽，酒杯。簋，竹子编成的食器。缶，瓦器。约，俭约的食品。牖，窗户。 〔2〕荒乐：耽于逸乐。 〔3〕讦直：亢直敢言。讦，攻击。 〔4〕取忤：使人愤怒而反对。忤，不顺从，反对。〔5〕成德达才：语出《孟子·尽心上》："君子之所以教者五：有如时雨化之者，有成德者，有达财者，有答问者，有私淑艾者。"财，通材。

10.12　《恒》之初六[1]曰："浚恒，贞凶。"《象》曰："浚恒之凶，始求深也。"《程氏易传》曰：初六居下，而四为正应。四以刚居高，又为二三所隔，应初之志，异乎常矣。而初乃求望之深，是知常而不知变也。世之责望故素[2]而至悔咎者，皆浚恒者也。(《程氏易传·恒》)

【注释】

〔1〕《恒》之初六：《周易·恒卦》："初六，浚恒，贞凶；无攸利。《象》曰：浚恒之凶，始求深也。"浚，深。恒，恒久。 〔2〕故素：故旧，故交。素，旧。

10.13　《遯》之九三曰："系遯，有疾厉。畜臣妾，吉。"[1]《程氏易传》曰：系恋之私恩，怀小人女子之道也，

故以畜养臣妾则吉。然君子之待小人，亦不如是也。(《程氏易传·遁》)

【注释】

〔1〕系遁，有疾厉。畜臣妾，吉：语出《周易·遁卦》之九三爻辞。意思是有所系恋的遁，是遁之不速而不远者，这种遁是就像有厉害疾病。以这种遁蓄养仆妾，则吉。因为仆妾之辈，稍示以眷恋，就可用。系，拘系，拖累。遁，隐退。臣妾，古代男奴隶是臣，女奴隶是妾。

10.14 《睽》之《象》曰："君子以同而异〔1〕。"《程氏易传》曰：圣贤之处世，在人理〔2〕之常，莫不大同；于世俗所同者，则有时而独异。不能大同者，乱常拂理之人也；不能独异者，随俗习非之人也。要在同而能异耳。(《程氏易传·睽》)

【注释】

〔1〕君子以同而异：语出《周易·睽卦·象传》："《象》曰：上火下泽，睽；君子以同而异。" 〔2〕人理：又本作"天理"。

10.15 《睽》之初九〔1〕，当睽之时，虽同德者相与，然小人乖异者至众，若弃绝之，不几尽天下以仇君子乎？如此，则失含弘之义，致凶咎之道也，又安能化不善而使之合乎？故必见恶人，则无咎也。古之圣王，所以能化奸凶为善良，革仇敌为臣民者，由弗绝也。(《程氏易传·睽》)

【注释】

〔1〕《睽》之初九:《周易·睽卦》之初九爻辞:"初九,悔亡。丧马勿逐自复,见恶人,无咎。"睽,乖离,违背。

10.16 《睽》之九二,当睽之时,君心未合,贤臣在下,竭力尽诚,期使之信合而已。至诚以感动之,尽力以扶持之,明义理以致其知,杜蔽惑以诚其意,如是宛转,以求其合也。遇非枉道逢迎也,巷非邪僻由径也。故象曰:"遇主于巷,未失道也〔1〕。"(《程氏易传·睽》)

【注释】

〔1〕未失道也:语出《周易·睽卦》:"九二,遇主于巷,无咎。《象》曰:遇主于巷,未失道也。"

10.17 《损》之九二曰:"弗损益之〔1〕。"《程氏易传》曰:不自损其刚贞,则能益其上,乃益之也。若失其刚贞而用柔说,适足以损之而已。世之愚者,有虽无邪心,而惟知竭力顺上为忠者,盖不知"弗损益之"之义也。(《程氏易传·损》)

【注释】

〔1〕弗损益之:语出《周易·损卦》:"九二,利贞,征凶。弗损益之。《象》曰:九二利贞,中以为志也。"

10.18 《益》之初九曰:"利用为大作,元吉,无咎。"

《象》曰："元吉，无咎，下不厚事也。"[1]"《程氏易传》曰：在下者，本不当处厚事。厚事，重大之事也。以为在上所任，所以当大事，必能济大事，而致元吉，乃为无咎。能致元吉，则在上者任之为知人，己当之为胜任。不然，则上下皆有咎也。（《程氏易传·益》）

【注释】

〔1〕元吉，无咎，下不厚事也：语出《周易·益卦》："初九，利用为大作，元吉，无咎。《象》曰：元吉，无咎，下不厚事也。"元吉，大善。厚事，大事。

10.19　《革》而无甚益，犹可悔也，况反害乎？古人所以重改作也。[1]（《程氏易传·革》）

【注释】

〔1〕本条释《周易·革卦·彖传》："《彖》曰：革，水火相息；二女同居，其志不相得，曰革。已日乃孚，革而信之。文明以说，大亨以正，革而当，其悔乃亡。天地革而四时成，汤武革命顺乎天而应乎人。革之时大矣哉！"

10.20　《渐》之九三曰："利御寇[1]。"《程氏易传》曰：君子之与小人比[2]也，自守以正。岂唯君子自完其己而已乎？亦使小人得不陷于非义。是以顺道相保，御止其恶也。（《程氏易传·渐》）

【注释】

〔1〕利御寇：语出《周易·渐卦》："九三，鸿渐于陆，夫征不复，妇孕不育，凶。利御寇。《象》曰：夫征不复，离群丑也。妇孕不育，失其道也。利用御寇，顺相保也。" 〔2〕比：相从，相处。

10.21 《旅》之初六曰："旅琐琐，斯其所取灾。"[1]《程氏易传》曰：志卑之人，既处旅困，鄙猥[2]琐细，无所不至，乃其所以致悔辱，取灾咎也。（《程氏易传·旅》）

【注释】

〔1〕旅琐琐，斯其所取灾：语出《周易·旅卦》："初六，旅琐琐，斯其所取灾。《象》曰：旅琐琐，志穷灾也。"旅，羁旅。琐琐，琐碎小器。 〔2〕鄙猥：低俗。

10.22 在旅而过刚自高，致困灾之道也。（《程氏易传·旅》）

10.23 《兑》之上六曰："引兑。"《象》曰："未光也[1]。"《程氏易传》曰：说既极矣，又引而长之，虽说之之心不已，而事理已过，实无所说。事之盛，则有光辉，既极而强引之长，其无意味甚矣，岂有光也？（《程氏易传·兑》）

【注释】

〔1〕未光也：语出《周易·兑卦》："上六，引兑。《象》曰：上六

引兑,未光也。"兑,喜悦。引,牵、拉。上六爻处于《兑》卦之极,表示喜悦到了极点。

10.24 《中孚》之《象》曰:"君子以议狱缓死[1]。"《程氏易传》曰:君子之于议狱,尽其忠而已;于决死,极于恻[2]而已。天下之事,无所不尽其忠,而议狱缓死,最其大者也。(《程氏易传·中孚》)

【注释】

[1]君子以议狱缓死:语出《周易·中孚卦·象传》:"《象》曰:泽上有风,中孚。君子以议狱缓死。"中孚,诚信。议狱,断案。缓死,减缓死刑。 [2]恻:恻隐,恻怛。

10.25 事有时而当过,所以从宜,然岂可甚过也?如过恭、过哀、过俭,大过则不可。所以小过为顺乎宜也。能顺乎宜,所以大吉。[1](《程氏易传·小过》)

【注释】

[1]本条释《周易·小过卦·象传》:"《象》曰:小过,小者过而亨也。过以利贞,与时行也。柔得中,是以小事吉也。刚失位而不中,是以不可大事也。有飞鸟之象焉:飞鸟遗之音,不宜上,宜下,大吉,上逆而下顺也。"

10.26 防小人之道,正己为先。[1](《程氏易传·小过》)

【注释】

〔1〕本条释《周易·小过卦》之九三爻辞:"九三,弗过防之,从或戕之,凶。《象》曰:从或戕之,凶如何也!"

10.27 周公至公不私,进退以道,无利欲之蔽。其处己也,夔夔然[1]存恭畏之心;其存诚也,荡荡焉[2]无顾虑之意。所以虽在危疑之地,而不失其圣也。《诗》曰:"公孙硕肤,赤舄几几[3]。"(《程氏经说·诗解》)

【注释】

〔1〕夔夔然:戒谨恭顺的样子。 〔2〕荡荡然:坦荡的样子。〔3〕赤舄几几:语出《诗经·国风·豳风·狼跋》:"狼跋其胡,载疐其尾。公孙硕肤,赤舄几几。狼疐其尾,载跋其胡。公孙硕肤,德音不瑕。"硕肤,很美的意思。硕,大。肤,美。赤舄,红色的鞋子。几几,步履稳重的样子。

10.28 采察求访,使臣之大务。(《程氏经说·诗解》)

10.29 明道先生与吴师礼[1]谈介甫[2]之学错处,谓师礼曰:为我尽达诸介甫,我亦未敢自以为是。如有说,愿往复。此天下公理,无彼我。果能明辨,不有益于介甫,则必有益于我。(《二程遗书》卷一《端伯传师说》)

【注释】

〔1〕吴师礼:字安仲,工翰墨,历官员外郎知州。参看《宋史》

卷三四七、《宋元学案》卷六。 〔2〕介甫：王安石，字介甫，见卷九第二十条注〔1〕。

10.30 天祺[1]在司竹[2]常爱用一卒长。及将代，自见其人盗笋皮，遂治之，无少贷[3]。罪已正[4]，待之复如初，略不介意。其德量如此。(《二程遗书》卷二上《元丰己未吕与叔东见二先生语》)

【注释】

〔1〕天祺：即张戬，字天祺，张载之弟，见卷四第二十一条注〔3〕。据《伊洛渊源录》，天祺在司竹，举家不食笋。 〔2〕司竹：管理竹林的官吏。 〔3〕自见其人盗笋皮，遂治之，无少贷：据五井兰洲《近思录纪闻》下，此治法为百杖。贷，饶恕。 〔4〕正：治罪。

10.31 因论"口将言而嗫嚅[1]"云：若合开口时，要他头，也须开口，(本注：如荆轲于樊於期[2]。)须是"听其言也厉[3]"。(《二程遗书》卷三《谢显道记忆平日语》)

【注释】

〔1〕嗫嚅：欲言又止的样子。 〔2〕如荆轲于樊於期：秦将樊於期得罪于秦王，逃到燕国。秦王灭其父母宗族，以千金购其首级。秦国攻打燕国。公元前227年，燕太子丹与上卿荆轲谋划刺杀秦王，荆轲提出，如果将樊於期的头与燕国地图进于秦王，秦王必喜，可以就近刺杀。于是樊遂自刭，荆轲献樊头与燕国地图于秦王，地图展开而匕首显现。秦王见状环柱逃命，左右乃进前杀轲。事详《史记》卷八

十六。 〔3〕听其言也厉：语出《论语·子张》："子夏曰：'君子有三变。望之俨然，即之也温，听其言也厉。'"厉，严厉。

10.32　须是就事上学。《蛊》："振民育德[1]。"然有所知后，方能如此。"何必读书，然后为学？[2]"（《二程遗书》卷三《谢显道记忆平日语》）

【注释】

〔1〕振民育德：语出《周易·蛊卦·象传》："《象》曰：山下有风，蛊。君子以振民育德。"　〔2〕何必读书，然后为学：语出《论语·先进》："子路曰：有民人焉，有社稷焉，何必读书，然后为学？"

10.33　先生见一学者忙迫，问其故。曰："欲了几处人事[1]。"曰："某非不欲周旋人事者，曷尝[2]似贤[3]急迫？"（《二程遗书》卷三《谢显道记忆平日语》）

【注释】

〔1〕人事：人际交往应酬之事。　〔2〕曷尝：何曾。　〔3〕贤：代词，你。

10.34　安定[1]之门人，往往知稽古[2]爱民矣，则"于为政者也何有[3]"！（《二程遗书》卷四《游定夫所录》）

【注释】

〔1〕安定：指胡瑗，见卷三第五十四条注〔1〕。　〔2〕稽古：考察古代典章制度。　〔3〕于为政者何有：语出《论语·雍也》："季康

子问:'仲由可使从政也与?'子曰:'由也果,于从政乎何有?'曰:'赐也可使从政也与?'曰:'赐也达,于从政乎何有?'曰:'求也可使从政也与?'曰:'求也艺,于从政乎何有?'"又《论语·子路》:"子曰:'苟正其身矣,于从政乎何有? 不能正其身,如正人何!'"

10.35 门人有曰:"吾与人居[1],视其有过而不告,则于心有所不安。告之而人不受,则奈何?"曰:"与之处而不告其过,非忠也。要使诚意之交通[2],在于未言之前,则言出而人信矣。"又曰[3]:"责善[4]之道,要使诚有余而言不足,则于人有益,而在我者无自辱矣。"(《二程遗书》卷四《游定夫所录》)

【注释】

[1] 居:相处。 [2] 交通:交流沟通。 [3]"又曰"以下,《二程遗书》另为一段。 [4] 责善:劝勉从善。语出《孟子·离娄下》:"责善,朋友之道也。"

10.36 职事[1]不可以巧免。(《二程遗书》卷七)

【注释】

[1] 职事:担当一个职位所应该尽的事情。

10.37 居是邦,不非其大夫。[1]此理最好。(《二程遗书》卷六)

【注释】

〔1〕居是邦,不非其大夫:语出《孔子家语》:"子谓夫子而弗知之乎,夫子徒无所不知也,子问,非也,礼,居是邦则不非其大夫。"《荀子·子道篇》中类似语句中"邦"作"邑"。

10.38 克勤小物[1]最难。(《二程遗书》卷十一《师训》)

【注释】

〔1〕克勤小物:不忽视小事,可谓谨慎之至。语出《尚书·毕命》:"惟公懋德,克勤小物,弼亮四世,正色率下,罔不祗师言。"小物,小事。

10.39 欲当大任,须是笃实。(《二程遗书》卷十一《师训》)

10.40 凡为人言者,理胜则事明,气忿则招拂[1]。(《二程遗书》卷十一《师训》)

【注释】

〔1〕招拂:招来别人愤怒。拂,愤怒。

10.41 居今之时,不安今之法令,非义也。若论为治,不为则已,如复为之,须于今之法度内处得其当,方为合义。若须更改而后为,则何义之有?(《二程遗书》卷二上

《元丰己未吕与叔东见二先生语》)

10.42　今之监司,多不与州县一体。监司[1]专欲伺察[2],州县专欲掩蔽。不若推诚心与之共治。有所不逮,可教者教之,可督者督之。至于不听,择其甚者去一二,使足以警众可也。(《二程遗书》卷二上《元丰己未吕与叔东见二先生语》)

【注释】

〔1〕监司:监察州县地方长官的总称,宋代有诸路转运使、提点刑狱公事、提举常平等官,有监察各州县官吏之责。　〔2〕伺察:窥视,侦察。

10.43　伊川先生曰:人恶多事,或人悯之。世事虽多,尽是人事。人事不教人做,更责谁做?(《二程遗书》卷十五《入关语录》)

10.44　感慨杀身者易,从容就义者难。(《二程遗书》卷十一《师训》)

10.45　人或劝先生以加礼近贵,先生曰:"何不见责以尽礼,而责之以加礼?礼尽则已,岂有加也?"(《二程遗书》卷十七)

10.46　或问:"簿,佐令者也[1]。簿所欲为,令或不从,奈何?"曰:"当以诚意动之。今令与簿不和,只是争私意。令是邑之长,若能以事父兄之道事之,过则归己,善则惟恐不归于令。积此诚意,岂有不动得人?"(《二程遗书》卷十八《刘元承手编》)

【注释】

[1]簿,佐令者也:宋代诸县设令、丞、簿、尉。县令是一县之长,县主簿总领县廷文书,所以为"佐令者也"。

10.47　问:"人于议论,多欲直己,无含容之气[1],是气不平否?"曰:"固是气不平,亦是量狭。人量随识长,亦有人识高而量不长者,是识实未至也。大凡别事,人都强得,惟识量不可强。今人有斗筲[2]之量,有釜斛[3]之量,有钟鼎之量,有江河之量。江河之量亦大矣,然有涯,有涯亦有时而满,惟天地之量则无满。故圣人者,天地之量也。圣人之量,道也;常人之有量者,天资也。天资有量须有限。大抵六尺之躯,力量只如此,虽欲不满,不可得也。如邓艾[4]位三公,年七十,处得甚好。及因下蜀有功,便动了。谢安[5]闻谢玄破苻坚,对客围棋,报至不喜,及归,折屐齿。强终不得也。更如人大醉后益恭谨者,只益恭谨,便是动了。虽与放肆者不同,其为酒所动一也。又如贵公子位益高,益卑谦,只卑谦便是动了。虽与骄傲者不同,其为位所动一也。然惟知道者,量自然宏大,不勉强而成。今人

有所见卑下者,无他,亦是识量不足也。(《二程遗书》卷十八《刘元承手编》)

【注释】

〔1〕含容之气:以宽大胸襟包含容纳他人的气度。 〔2〕斗筲:斗可容十升,筲容一斗二升,都是量小的容器。 〔3〕釜斛:都是量器。釜的容量是六斗四升,斛的容量是十斗。 〔4〕邓艾(197—264):字士载,三国时魏名将。邓艾多年在西北前线防备蜀汉姜维,后来作为灭蜀的主要军事指挥之一,偷渡阴平,迫使蜀汉投降,建立奇功。汉亡,他向蜀汉士大夫夸耀说:"诸君赖遭某,故得有今日耳。"十二月,擢为太尉,其位等于大司马、大司徒、大司空之三公。参看《魏志》卷二十八。 〔5〕谢安:谢玄(343—388)之叔,见卷七第九条注〔3〕。晋太元八年(383)前秦王苻坚(338—385)举兵百万,驻扎于淝水,整个京师大为恐惧。谢玄与谢安之子谢琰等渡水决战大破之。捷书传来,谢安正和客人对弈,并没有一点喜色。客人问之,慢慢回答说:"小儿辈遂已破贼。"下完棋后,回内室,过门坎,心中非常高兴,连木鞋的齿已折都没觉察到。参看《晋书》卷七十九。

10.48 人才有意于为公,便是私心。昔有人典选其子弟系磨勘〔1〕,皆不为理,此乃是私心。人多言古时用直,不避嫌得,后世用此不得。自是无人,岂是无时?(本注:因言少师〔2〕典举、明道荐才事〔3〕。)(《二程遗书》卷十八《刘元承手编》)

【注释】

〔1〕典选其子弟系磨勘:宋制文武官吏皆按年份磨勘其功绩,以

转升官阶。典选,主持官吏考察选拔任用之事。磨勘,唐宋官员考核升迁的制度。〔2〕少师:程颐祖父程羽,字冲远,官尚书兵部侍郎。太平兴国五年(890)典试贡士,得人才甚多。〔3〕明道荐才事:宋神宗曾让程颢推择人才,程颢推荐数十人,而以表叔张载及弟弟程颐为首。

10.49　君实[1]尝问先生云:"欲除一人给事中[2],谁可为者?"先生曰:"初若泛论人才,却可。今既如此,颐虽有其人,何可言?"君实曰:"出于公口,入于光耳,又何害?"先生终不言。(《二程遗书》卷十九《杨遵道录》)

【注释】

〔1〕君实:司马光,字君实,见卷四第二十一条注〔6〕。〔2〕给事中:宋代门下省官员,掌读中外出纳,以及判后省之事,也有封驳权。

10.50　先生云:韩持国[1]服义,最不可得。一日,颐与持国、范夷叟[2]泛舟于颖昌[3]西湖,须臾,客将[4]云:"有一官员上书,谒见大资[5]。"颐将谓有甚急切公事,乃是求知己。颐云:"大资居位,却不求人,乃使人倒来求己,是甚道理?"夷叟云:"只为正叔太执。求荐章[6],常事也。"颐云:"不然。只为曾有不求者不与,来求者与之,遂致人如此。"持国便服。(《二程遗书》卷十九《杨遵道录》)

【注释】

〔1〕韩持国(1017—1098):名维,字持国,韩琦之子。宋神宗为

太子时，任记室参军。神宗即位（1068），除直学士，旋迁翰林学士，累知州。宋哲宗立（1086），拜门下侍郎。致仕后坐元祐党，降职，后复旧官。《宋史》卷三一五有传。其学说载《宋元学案》卷十九。〔2〕范夷叟（1031—1106）：范纯礼，字夷叟，范仲淹第三子。累知州府，历任给事中礼部尚书。被诬，罢为端明殿学士。终朝议大夫。详《宋史》卷三一四。　〔3〕颍昌：今之开封。　〔4〕客将：据《朱子语类》卷八十四云："客将次于太守，其权甚重，一州之兵，皆其将之，凡教阅出入，皆主其事。"茅星来《近思录集注》卷十谓客将即牙将，以其主客往来故名。　〔5〕大资：即资政殿大学士。凡位高者皆可称大，宋代资政殿大学士称"大资"。韩维当年（1086）以资政殿大学士知颍昌府。　〔6〕荐章：推荐人才的奏章，举荐文书。

10.51　先生因言：今日供职，只第一件便做他底不得。吏人押[1]申转运司[2]状，颐不曾签。国子监[3]自系台省[4]，台省系朝廷官。外司有事，合行申状[5]，岂有台省倒申外司[6]之理？只为从前人只计较利害，不计较事体，直得恁地。须看圣人欲正名处，见得道名不正时，便至礼乐不兴[7]，是自然住不得[8]。（《二程遗书》卷十九《杨遵道录》）

【注释】

〔1〕押：签字。　〔2〕转运司：转运使司转运使、盐运使司盐运使的简称。　〔3〕国子监：中央教育管理机关和国家最高学府。〔4〕台省：政府的中央机构。　〔5〕申状：下级向上级陈述事实的文书。　〔6〕外司：中央政府以外的政府机构，包括地方政府和中央外派机构。〔7〕礼乐不兴：语出《论语·子路》："子曰：'名不正，则言不顺；言不顺，则事不成；事不成，则礼乐不兴；礼乐不兴，则

刑罚不中。'" 〔8〕住不得：当为"做不得"，以应开头。

10.52 学者不可不通世务。天下事，譬如一家，非我为则彼为，非甲为则乙为。(《二程遗书》卷二十二下《附杂录后》)

10.53 "人无远虑，必有近忧。[1]"思虑当在事外。(《二程外书》卷二《朱公掞问学拾遗》)

【注释】

〔1〕人无远虑，必有近忧：语出《论语·卫灵公》。

10.54 圣人之责人也常缓，便见只欲事正，无显人过恶之意。(《二程外书》卷七《胡氏本拾遗》)

10.55 伊川先生云：今之守令，唯制民之产[1]一事不得为，其他在法度中甚有可为者，患人不为耳。(《二程遗书》卷十二《传闻杂记》)

【注释】

〔1〕制民之产：孟子的基本经济思想，其实质是划分田界，实行井田制，让人民拥有自己的耕地。语出《孟子·梁惠王上》："(孟子)曰：'是故明君制民之产，必使仰足以事父母，俯足以畜妻子，乐岁终身饱，凶年免于死亡；然后驱而之善，故民之从之也轻。'"

10.56 明道先生作县,凡坐处皆书"视民如伤[1]"四字。常曰:"颢常愧此四字。"(《二程外书》卷十二《传闻杂记》)

【注释】

〔1〕视民如伤:对待老百姓就像对待受了伤的人一样,关怀、抚慰他们。语出《孟子·离娄下》:"孟子曰:'禹恶旨酒而好善言。汤执中,立贤无方。文王视民如伤,望道而未之见。武王不泄迩,不忘远。周公思兼三王,以施四事。其有不合者,仰而思之,夜以继日;幸而得之,坐以待旦。'"

10.57 伊川每见人论前辈之短,则曰:"汝辈且取他长处。"(《二程外书》卷十二《传闻杂记》)

10.58 刘安礼[1]云:王荆公[2]执政,议法改令,言者攻之甚力。明道先生尝被旨赴中堂[3]议事。荆公方怒言者,厉色待之。先生徐曰:"天下之事,非一家私议。愿公平气以听。"荆公为之愧屈。(《二程遗书》附录《门人朋友叙述》)

【注释】

〔1〕刘安礼(壮年1085):名立之,字安礼,二程门人。早孤,几岁时即养于二程之家,后娶二程叔父之女。曾经为知县,精于吏事。参看《伊洛渊源录》卷十四、《宋元学案》卷三十。 〔2〕王荆公:即王安石,见卷九第二十条注〔1〕,初封舒国公,改封荆国公,尊称

荆公。〔3〕中堂：亦称政事堂，宰相议事及见客于此。

10.59　刘安礼问临[1]民。明道先生曰："使民各得输其情。"问御吏。曰："正己以格物。"（《二程遗书》附录《门人朋友叙述》）

【注释】

〔1〕临：统管，治理。

10.60　横渠先生曰：凡人为上则易，为下则难。然不能为下，亦未能使下，不尽其情伪[1]也。大抵使人，常在其前己尝为之，则能使人。（张载《经学理窟·义理》）

【注释】

〔1〕情伪：真伪。情，真情、实情。

10.61　《坎》"维心亨"，故"行有尚"[1]。外虽积险，苟处之心亨不疑，则虽难必济，而"往有功也"。今水临万仞之山，要下即下，无复疑滞。险在前[2]，惟知有义理而已，则复何回避？所以心通。（张载《横渠易说·习坎》）

【注释】

〔1〕"维心亨"，故"行有尚"：语出《周易·坎卦·彖传》："《彖》曰：习坎，重险也。水流而不盈，行险而不失其信，维心亨，乃以刚中也。行有尚，往有功也。天险不可升也，地险山川丘陵也，王公设

险以守其国。险之时用大矣哉!"维,惟。亨,亨通。尚,赏。〔2〕险在前:叶采等本"险"作"之",而以"在前"断句,为"无复疑滞之在前"。陈荣捷先生认为:"《张子全书》卷十二,原文作'险'。故以读'险'为正。"

10.62 人所以不能行己者,于其所难者则惰;其异俗者,虽易而羞缩。惟心弘,则不顾人之非笑,所趋义理耳,视天下莫能移其道。然为之,人亦未必怪。正以在己者义理不胜。惰与羞缩之病,消则有长,不消则病常在。意思龌龊,无由作事。在古气节之士,冒死以有为,于义未必中,然非有志概者莫能。况吾于义理已明,何为不为?〔1〕(张载《横渠易说·大壮》)

【注释】

〔1〕本条释《周易·大壮卦·彖传》:"《彖》曰:大壮,大者壮也;刚以动,故壮。大壮利贞,大者正也。正大而天地之情可见矣!"

10.63 《姤》初六:"羸豕孚蹢躅〔1〕。"豕方羸时,力未能动,然至诚在于蹢躅,得伸则伸矣。如李德裕〔2〕处置阉宦,徒知其帖息〔3〕威伏,而忽于志不忘逞,照察少不至,则失其几〔4〕也。(张载《横渠易说·姤》)

【注释】

〔1〕羸豕孚蹢躅:语出《周易·姤卦》初六爻辞:"初六,系于金柅,贞吉。有攸往,见凶,羸豕孚蹢躅。《象》曰:系于金柅,柔道牵

也。"羸，弱、瘦。豕，猪。孚，浮。蹢躅，徘徊。　〔2〕李德裕（787—850）：字文饶，赵郡（今河北赵县）人。宰相李吉甫之子。唐代文学家、政治家。唐穆宗时，因与牛僧孺、李宗闵政见不合，发展成为党争。唐武宗即位后，得到重用，拜太尉，封卫国公，世称李卫公。执政六年，内驭宦官，外败回纥，平泽潞节度使刘稹叛乱，朝廷一时呈中兴之势。　〔3〕帖息：安静平息。　〔4〕几：通"机"，机会。

10.64　人教小童，亦可取益。绊己不出入，一益也；授人数数，己亦了此文义，二益也；对之必正衣冠，尊瞻视，三益也；常以因己而坏人之才为忧，则不敢惰[1]，四益也。（张载《经学理窟·义理》）

【注释】

〔1〕惰：又本作"堕"。

卷十一　教学

【题解】

本卷讲述了儒家的教育方法。叶采的题解为："此卷论教人之道。盖君子进则推斯道以觉天下，退则明斯道以淑其徒。所谓得英才而教育之，即新民之事也。"共收录二十一条，其中周敦颐一条，张载四条，二程合十六条。

儒家历来重视教育，孔子就提倡"诲人不倦"，孟子把"得天下英才而教育之"视为人生三乐之一。理学家要想完成好"新民"事业，教育也是必不可少的环节。儒家的教育同儒学"生命的学问"特质相应，不是知识技能教育，更多是做人品性的教育。

本卷第一条就指出了儒家教育的目标是让受教育者变化好自己气质。周敦颐认为人的气质或刚、或柔，皆有善、有恶。恶固然不是，但善亦未必合乎中，只有阴阳合德，兼得刚柔之善，才能既中且和。这种既中且和的状态才是我们变化气质的理想状态。要想变化好受教者的气质，"礼"的修习必不可少，在第九条中，张载就突出了儒家以礼为先的教育特色，认为修习礼可以"使学者先有所据守"。在变化气质的受教路上，我们还必须正视人性容易"玩物丧志"的弱点，在第五条中，程颢就提出"凡百玩好皆夺志"，他认为即使用力于书法，亦将"徒费时日，于道便有妨处"。

当然，儒家的教育并不是纯粹精神的修行，在教育内容上同样也非常重视实际技能的培养。例如在第六条中，程颢就称赞安定先生在湖州时，设置治道斋，教导门生弟子治民、治兵、水利、算数等实用之学。

11.1　濂溪先生曰：刚善，为义，为直，为断，为严毅[1]，为干固[2]；恶，为猛，为隘，为强梁。柔善，为慈，为顺，为巽[3]；恶，为懦弱，为无断，为邪佞。惟中也者，和也，中节也，天下之达道也[4]，圣人之事也。故圣人立教，俾人自易其恶，自至其中而止矣。（周敦颐《通书·师》）

【注释】

[1]严毅：严厉刚毅。　[2]干固：干练而坚定。语出《周易·乾卦》："贞固足以干事。"　[3]巽：原义为风，后为顺的意思。
[4]惟中也者，和也，中节也，天下之达道也：语出《中庸》："中也者，天下之大本也；和也者，天下之达道也。"中节，符合一定法度。

11.2　伊川先生曰：古人生子，能食能言而教之[1]。大学[2]之法，以豫为先[3]。人之幼也，知思未有所主，便当以格言至论日陈于前，虽未晓知，且当薰聒[4]，使盈耳充腹，久自安习，若固有之，虽以他言惑之，不能入也。若为之不豫，及乎稍长，私意偏好生于内，众口辩言铄[5]于外，欲其纯完，不可得也。（《二程文集》卷二《上太皇太后书》）

【注释】

〔1〕能食能言而教之：语出《礼记·内则》："子能食食，教以右手。能言，男唯女俞。""唯""俞"分别指在应答时，男孩回答"唯"，女孩回答"俞"。　〔2〕大学：古人十五岁就入大学，做格物致知的功夫，学习各种典籍，追求成就大人之德。陈荣捷先生指出："金长生（《近思录释疑》（《沙溪先生全书》卷二十）谓'大学'应作'小学'，殊不必也。"　〔3〕以豫为先：语出《礼记·学记》："大学之法，禁于未发之谓豫。"豫，预先、预防。　〔4〕薰聒：熏陶。聒，一遍遍论说。　〔5〕铄：以火销金，引申为渐次影响。

11.3　《观》之上九曰："观其生，君子无咎。"[1]《象》曰："观其生，志未平也。"《程氏易传》曰：君子虽不在位，然以人观其德，用为仪法，故当自慎省。观其所生，常不失于君子，则人不失所望而化之矣。不可以不在于位，故安然放意，无所事也。（《程氏易传·观》）

【注释】

〔1〕君子无咎：语出《周易·观卦》："上九，观其生，君子无咎。《象》曰：观其生，志未平也。"观，展示，瞻仰，君子将美德、道义展示出来，民众必然会瞻仰之。志未平，张伯行《近思录集解》卷十一指出："言不可忘戒惧也。"

11.4　圣人之道如天然，与众人之识甚殊邈也。[1]门人弟子既亲炙[2]，而后益知其高远。既若不可以及，则趋望之心息矣。故圣人之教，常俯而就之[3]。事上临丧，不敢不勉。君子之常行，不困于酒[4]，尤其近也。而以己处之

者,不独使夫资之下者勉思企及,而才之高者亦不敢易乎近矣。(《程氏经说·论语解》今见《论语集注·述而》)

【注释】

〔1〕圣人之道如天然,与众人之识其殊邈也:扬雄《法言·五百》说:"圣人之言远如天。"吕祖谦认为:"正恐当时以为圣人之道如天,天不可阶而升,道便于此穷极断绝了。"此条就是对这一问题的辨析。殊邈,非常遥远。 〔2〕亲炙:亲自受教。 〔3〕俯而就之:根据普通人能够接受的水平而教诲之。 〔4〕不困于酒:语出《论语·子罕》:"子曰:'出则事公卿,入则事父兄,丧事不敢不勉,不为酒困,何有于我哉?'"

11.5 明道先生曰:忧子弟之轻俊〔1〕者,只教以经学念书,不得令作文字〔2〕。子弟凡百玩好皆夺志。至于书札〔3〕,于儒者事最近,然一向好著,亦自丧志。如王、虞、颜、柳〔4〕辈,诚为好人则有之,曾见有善书者知道否?平生精力,一用于此,非惟徒废时日,于道便有妨处,足以丧志也。(《二程遗书》卷一《端伯传师说》)

【注释】

〔1〕轻俊:飘逸潇洒,与沉静质实相对。 〔2〕不得令作文字:《二程遗书》中"文字"以上另为一段。 〔3〕书札:书写,这里指学习书法。 〔4〕王、虞、颜、柳:指书法家王羲之、虞世南、颜真卿、柳公权。王羲之(321—379),字逸少,官右军将军,会稽内史。虞世南(558—638),字伯施,官弘文馆学士。颜真卿(709—785),字清臣,官吏部尚书,谥文忠。柳公权(778—865),字诚悬,官散骑

常侍。皆善书,都是中国书法史上代表性的书法家。

11.6　胡安定[1]在湖州[2]置治道斋,学者有欲明治道者,讲之于中,如治民、治兵、水利、算数之类。尝言刘彝[3]善治水利,后累为政,皆兴水利有功。(《二程遗书》卷二上《元丰己未吕与叔东见二先生语》)

【注释】

〔1〕胡安定:即胡瑗,人称安定先生,见卷三第五十四条注〔1〕。曾为湖州教授,其教学设数科,每一科为一斋,如治事斋、经义斋等。〔2〕湖州:州名,治所在乌程(今浙江吴兴县)。　〔3〕刘彝(1017—1086):字执中,福州(今福建长乐)人,胡瑗的学生。登庆历进士第。熙宁(1068—1077)初,宋神宗择水官,以其为都水丞。《宋史》卷三三四有传。

11.7　凡立言[1]欲涵蓄意思,不使知德者厌,无德者惑。(《二程遗书》卷二上《元丰己未吕与叔东见二先生语》)

【注释】

〔1〕立言:著书立说。《左传·襄公二十四年》:"太上有立德,其次有立功,其次有立言,虽久不衰,此之谓不朽。"叶采解曰:"知德者玩其理而不厌,无德者守其说而不惑。"

11.8　教人未见意趣,必不乐学。欲且教之歌舞,如古《诗》三百篇[1],皆古人作之。如《关雎》[2]之类,正家之始,故用之乡人,用之邦国,日使人闻之。此等诗,其言简奥，今人未易晓。别欲[3]作诗，略言教童子洒扫应对事长之节，令朝夕歌之，似当有助。（《二程遗书》卷二上《元丰己未吕与叔东见二先生语》）

【注释】

〔1〕古《诗》三百篇：即《诗经》。 〔2〕《关雎》：《诗经·国风》的首篇。《诗序》说：" 《关雎》，后妃之德也。风之始，所以风天下而正夫妇也。故用之乡人，用之邦国焉。" 〔3〕别欲：或作"欲别"。

11.9 子厚[1]以礼教学者最善，使学者先有所据守[2]。（《二程遗书》卷二上《元丰己未吕与叔东见二先生语》）

【注释】

〔1〕子厚：张载之字，见卷一第四十三条注〔1〕。 〔2〕使学者先有所据守：语出《论语·季氏》："不学礼，无以立。"

11.10 语学者以所见未到之理，不惟所闻不深彻，反将理低看了。（《二程遗书》卷三《谢显道记忆平日语》）

11.11 舞、射[1]便见人诚。古之教人，莫非使之成己[2]。自洒扫应对上，便可到圣人事。（《二程遗书》卷五）

【注释】

〔1〕舞、射：舞与射都是上古的教育内容。 〔2〕成己：养成自

己的德行。

11.12　自"幼子常视无诳[1]"以上，便是教以圣人事。(《二程遗书》卷六)

【注释】

〔1〕幼子常视无诳：语出《礼记·曲礼上》："幼子常视毋诳，童子不衣裘、裳。立必正方，不倾听。长者与之提携，则两手奉长者之手。负剑辟咡诏之，则掩口而对。"视，同"示"。诳，欺骗。

11.13　先传后倦[1]，君子教人有序，先传以小者近者，而后教以大者远者。非是先传以近小，而后不教以远大者。(《二程遗书》卷八)

【注释】

〔1〕先传后倦：语出《论语·子张》："子游曰：'子夏之门人小子，当洒扫、应对、进退，则可矣。抑末也，本之则无。如之何？'子夏闻之，曰：'噫！言游过矣！君子之道，孰先传焉？孰后倦焉？譬诸草木，区以别矣。君子之道，焉可诬也？有始有卒者，其惟圣人乎！'"

11.14　伊川先生曰：说书[1]必非古意，转使人薄。学者须是潜心积虑，优游[2]涵养，使之自得。今一日说尽，只是教得薄。至如汉时说下帷讲诵[3]，犹未必说书。(《二程遗书》卷十五《入关语录》)

【注释】

〔1〕说书：讲说古书。　〔2〕优游：从容而不急迫。　〔3〕下

帷讲诵：语出《汉书·董仲舒传》："孝景时为博士，下帷讲诵，弟子传以次相授业，或莫见其面，盖三年董仲舒不观于舍园，其精如此。"下帷，放下室内悬挂的帷幕。

11.15 古者八岁入小学，十五入大学[1]。择其才可教者聚之，不肖者复之农亩。盖士农不易业，既入学则不治农，然后士农判。在学之养，若士大夫之子，则不虑无养，虽庶人之子，既入学则亦必有养。古之士者，自十五入学，至四十方仕[2]，中间自有二十五年学，又无利可趋，则所志可知。须去趋善，便自此成德。后之人，自童稚间已有汲汲趋利之意，何由得向善？故古人必使四十而仕，然后志定。只营衣食却无害，惟利禄之诱最害人。（本注：人有养，便方定志于学。）（《二程遗书》卷十五《入关语录》）

【注释】

〔1〕古者八岁入小学，十五入大学：《汉书·食货志》："八岁入小学，学六甲、五方、书计之事，始知室家长幼之节。十五入大学，学先圣礼乐而知朝廷君臣之义。" 〔2〕至四十方仕：《礼记·曲礼上》："四十曰强而仕。"

11.16 天下有多少才，只为道不明于天下，故不得有所成就。且古者"兴于《诗》，立于礼，成于乐[1]"，如今人怎生会得？古人于《诗》，如今人歌曲一般，虽闾巷童稚，皆习闻其说而晓其义，故能兴起于《诗》。后世老师宿儒[2]，尚不能晓其义，怎生责得学者？是不得"兴于

《诗》"也。古礼既废，人伦不明，以至治家皆无法度，是不得"立于礼"也。古人有歌咏以养其性情，声音以养其耳目，舞蹈以养其血脉，今皆无之，是不得"成于乐"也。古之成材也易，今之成材也难。（《二程遗书》卷十八《刘元承手编》）

【注释】

〔1〕兴于《诗》，立于礼，成于乐：语出《论语·泰伯》。
〔2〕老师宿儒：年老辈尊的经师，修养有素的儒士。

11.17　孔子教人，"不愤不启，不悱不发[1]"。盖不待愤悱而发，则知之不固；待愤、悱而后发，则沛然矣。学者须是深思之，思而不得，然后为他说便好。初学者须是且为他说，不然，非独他不晓，亦止人好问之心也。（《二程遗书》卷十八《刘元承手编》）

【注释】

〔1〕不愤不启，不悱不发：语出《论语·述而》："子曰：'不愤不启，不悱不发；举一隅不以三隅反，则不复也。'"愤，心求通而未搞通。悱，口欲言而不能表达。

11.18　横渠先生曰："恭敬撙节退让以明礼[1]"，仁之至也，爱道之极也。己不勉明，则人无从倡，道无从弘，教无从成矣。（张载《正蒙·至当》）

【注释】

〔1〕恭敬撙节退让以明礼:语出《礼记·曲礼上》:"是以君子恭敬撙节退让以明礼。鹦鹉能言,不离飞鸟;猩猩能言,不离禽兽。今人而无礼,虽能言,不亦禽兽之心乎?"撙节,趋就于节制,即克制的意思。撙,趋向。

11.19 《学记》曰:"进而不顾其安,使人不由其诚,教人不尽其材[1]。"人未安之,又进之,未喻之,又告之,徒使人生此节目。不尽材,不顾安,不由诚,皆是施之妄也。教人至难,必尽人之材,乃不误人。观可及处,然后告之。圣人之明,直若庖丁之解牛,皆知其隙,刃投余地无全牛矣[2]。人之才足以有为,但以其不由于诚,则不尽其才。若曰勉率而为之,则岂有由诚哉?(张载《横渠语录》卷下附《语录抄》)

【注释】

〔1〕教人不尽其材:语出《礼记·学记》:"今之教者,呻其占毕,多其讯,言及于数,进而不顾其安,使人不由其诚,教人不尽其材;其施之也悖,其求之也佛。"进,学习内容的推进。安,熟习。由,用。 〔2〕刃投余地无全牛矣:语出《庄子·养生主》:"三年之后,未尝见全牛也。""彼节者有间,而刀刃者无厚,以无厚入有间,恢恢乎其于游刃必有余地矣。"

11.20 古之小儿便能敬事。长者与之提携[1],则两手奉长者之手。问之,掩口而对。盖稍不敬事,便不忠信。故教小儿,且先安祥恭敬。(张载《横渠语录》卷下附《语录抄》)

【注释】

〔1〕长者与之提携:张伯行《近思录集解》卷十一于"长者"断句,作"古之小儿便能敬事长者",茅星来《近思录集注》卷十一指出其非,认为"敬事"乃敬其所事,非对长者而言也。

11.21 孟子曰:"人不足与适也,政不足与间也,唯大人为能格君心之非[1]。"非惟君心,至于朋游学者之际,彼虽议论异同,未欲深较。惟整理其心,使归之正,岂小补哉?(张载《横渠语录》卷下附《语录抄》)

【注释】

〔1〕"人不足与适也"句:语出《孟子·离娄上》。适,指责。间,非议。格,正。

卷十二　警戒

【题解】

本卷所讨论的是改过，是纠正人心的种种病症。叶采的题解为："此卷论谨戒之道。修己治人，尝行警省之意，不然，则私欲易萌，善日消而恶日积矣。"共收录三十三条，其中周敦颐一条，张载三条，二程合二十九条。

本卷与卷五的"克己"貌似而实异，卷五针对当省察克治的人而言，本卷则是针对不易省察克治的人而言，摘其疵病以深警而痛戒，冀能使我们的修省工夫更上一层楼。我们修己治人，宜长存警醒之意，方能善日积而恶日消。本卷开宗明义就提出向子路学习"喜闻过"，正视自己过错，杜绝"护疾而忌医"的心病。

贪图安逸是人之常情，本卷第三条程颐就告诫我们不可有安于豫乐之心，"处豫不可安而久也，久则溺矣"。对待逸乐，明智的态度是适可而止。耽于逸乐，容易眼界狭隘，心志昏聩，不思克己，不图进取，其结果自然会招致灾祸。喜欢捷径也是人之常情，该卷也提出警戒，反对我们有机心。本卷第二十二条提出："阅机事之久，机心必生。盖方其阅时，心必喜。既喜则如种下种子。"骄傲是人之通病，《近思录》也警戒我们不可有骄心，本卷第十八条指出："富贵骄人，固不善；学问骄人，害亦不细。"此外，程颢还提醒我们千万不能舍本求末。

12.1 濂溪先生曰：仲由[1]喜闻过[2]，令名[3]无穷焉。今人有过，不喜人规，如护疾而忌医，宁灭其身而无悟也。噫！（周敦颐《通书·过》）

【注释】

〔1〕仲由：即子路，见卷五第二十五条注〔1〕。 〔2〕喜闻过：语出《孟子·公孙丑上》："子路，人告知以有过则喜。" 〔3〕令名：美好的名声。

12.2 伊川先生曰：德善日积，则福禄日臻。德逾于禄，则虽盛而非满。自古隆盛，未有不失道而丧败者。[1]（《程氏易传·泰》）

【注释】

〔1〕本条释《周易·泰卦》九三爻辞："九三，无平不陂，无往不复，艰贞无咎；勿恤其孚，于食有福。《象》曰：无往不复，天地际也。"

12.3 人之于豫乐[1]，心说[2]之，故迟迟，遂至于耽恋不能已也。《豫》之六二，以中正自守，其介如石，其去之速，不俟终日，故贞正而吉也[3]。处豫不可安且久也，久则溺矣。如二，可谓见几而作者也。盖中正，故其守坚，而能辨之早，去之速也。（《程氏易传·豫》）

【注释】

〔1〕豫乐：安乐。 〔2〕说：同"悦"。 〔3〕故贞正而吉也：

语出《周易·豫卦》:"六二,介于石,不终日,贞吉。"

12.4 大君致危亡之道非一,而以豫⁽¹⁾为多。⁽²⁾(《程氏易传·豫》)

【注释】

〔1〕豫:逸豫。 〔2〕此条释《周易·豫卦》六五爻辞:"六五,贞疾,恒不死。《象》曰:六五贞疾,乘刚也。恒不死,中未亡也。"

12.5 圣人为戒,必于方盛之时。方其盛而不知戒,故狃⁽¹⁾安富则骄侈生,乐舒肆则纲纪坏,忘祸乱则萌孽⁽²⁾萌。是以浸淫,不知乱之至也。⁽³⁾(《程氏易传·临》)

【注释】

〔1〕狃:贪恋。 〔2〕萌孽:祸乱。 〔3〕本条释《周易·临卦》:"临:元亨,利贞。至于八月有凶。"

12.6 《复》之六三,以阴躁处动之极,复之频数而不能固者也。复贵安固,频复频失,不安于复也。复善而屡失,危之道也。圣人开迁善之道,与⁽¹⁾其复而危其屡失,故云"厉无咎⁽²⁾"。不可以频失而戒其复也,频失则为危,屡复何咎?过在失而不在复也。(本注:刘质夫⁽³⁾曰:"频复不已,遂至迷复。")(《程氏易传·复》)

【注释】

〔1〕与:赞同。 〔2〕厉无咎:语出《周易·复卦》六三爻辞:

"六三，频复，厉，无咎。《象》曰：频复之厉，义无咎也。"《复》卦卦体为震下坤上，六三爻属于阴爻处阳位，所以不当位，又处震体之上，所以"频复"。　〔3〕刘质夫：名绚，字质夫，程颐门人。参看《伊洛渊源录》卷八、《宋史》卷四二八、《宋元学案》卷三十。

12.7　睽极则怫戾[1]而难合，刚极则躁暴而不详，明极则过察而多疑。睽之上九，有六三之正应，实不孤。而其才性如此，自睽孤也。如人虽有亲党，而多自疑猜，妄生乖离，虽处骨肉亲党之间，而常孤独也。[2]（《程氏易传·睽》）

【注释】

〔1〕怫戾：违背，乖戾。　〔2〕本条释《周易·睽卦》上九爻辞"上九，睽孤，见豕负涂，载鬼一车，先张之弧后说之弧。匪寇婚媾，往遇雨则吉。《象》曰：遇雨之吉，群疑亡也。"睽孤，孤独、孤立。

12.8　《解》之六三曰："负且乘，致寇至，贞吝。[1]"《程氏易传》曰：小人而窃盛位，虽勉为正事，而气质卑下，本非在上之物，终可吝也。若能大正，则如何？曰：大正非阴柔所能也。若能之，则是化为君子矣。（《程氏易传·解》）

【注释】

〔1〕负且乘，致寇至，贞吝：语出《周易·解卦》之六三爻辞。六三爻是阴爻处阳位，所以不当位，并且处在下卦之上，所以"贞吝"。就像地位低下的人，背负着东西却乘坐在只有身份高的人才能坐的车上，自然会招致盗贼的觊觎，前来抢夺。

12.9 《益》之上九曰:"莫益之,或击之。[1]"《程氏易传》曰:理者,天下之至公;利者,众人所同欲。苟公其心,不失其正理,则与众同利,无侵于人,人亦欲与之。若切于好利,蔽于自私,求自益以损于人,则人亦与之力争。故莫肯益之,而有击夺之者矣。(《程氏易传·益》)

【注释】

[1] 莫益之,或击之:语出《周易·益卦》:"上九,莫益之,或击之,立心勿恒,凶。《象》曰:莫益之,偏辞也。或击之,自外来也。"《益》卦卦体震下巽上,上九爻,以阳爻处极,不能有益于人,而求益己,所以"莫益之,或击之"。莫,没有人。或,有的人。

12.10 《艮》之九三曰:"艮其限,列其夤,厉薰心。[1]"《程氏易传》曰:夫止道贵乎得宜。行止不能以时,而定于一,其坚强如此,则处世乖戾,与物睽绝,其危甚矣。人之固止一隅,而举世莫与宜者,则艰蹇[2]忿畏,焚挠[3]其中,岂有安裕之理?"厉薰心",谓不安之势,薰烁其中也。(《程氏易传·艮》)

【注释】

[1] 艮其限,列其夤,厉薰心:语出《周易·艮卦》:"九三,艮其限,列其夤,厉薰心。《象》曰:艮其限,危薰心也。"艮,止。限,腰。列,同"裂"。夤,腰部脊背的肉。厉,不安。薰:熏烤。 [2] 艰蹇:处境艰困。 [3] 挠:搅扰使之烦恼。

12.11 大率以说而动,安有不失正者?[1]（《程氏易传·归妹》）

【注释】

〔1〕本条释《周易·归妹卦·象传》:"《象》曰:归妹,天地之大义也。天地不交而万物不兴;归妹,人之终始也。说以动,所归妹也。征凶,位不当也。无攸利,柔乘刚也。"《归妹》卦体兑下震上,兑为悦、为少女,震为动、为长男。男女以悦而动,又以动而悦。程颐认为这种以悦而动,又以动而悦,不得其正,因为不符合夫妻尊卑内外等伦理准则,有恣情纵欲的偏失。

12.12 男女有尊卑之序,夫妇有倡随之理,此常理也。若徇情肆欲,唯说是动,男牵欲而失其刚,妇狃说[1]而忘其顺,则凶而无所利矣。（《程氏易传·归妹》）

【注释】

〔1〕狃说:贪图欢爱。说,通"悦"。

12.13 虽舜之圣,且畏巧言令色[1],说[2]之惑人易入而可惧也如此。[3]（《程氏易传·兑》）

【注释】

〔1〕巧言令色:花言巧语和伪善的面貌。语出《尚书·皋陶谟》:"能哲而惠,何忧乎驩兜?何迁乎有苗。何畏乎巧言令色孔壬?"又《论语·学而》:"子曰:'巧言令色,鲜矣仁。'"　〔2〕说:通"悦"。〔3〕本条释《周易·兑卦》:"九五,孚于剥,有厉。《象》曰:孚于

剥,位正当也。"

12.14 治水,天下之大任也。非其至公之心,能舍己从人,尽天下之议,则不能成其功,岂方命圮族[1]者所能乎?鲧虽九年而功弗成,然其所治,固非他人所及也。惟其功有叙[2],故其自任益强,咈戾[3]圮类益甚,公议隔而人心离矣,是其恶益显,而功卒不可成也。(《程氏经说·书解》)

【注释】

〔1〕方命圮族:指鲧违背天理行事,毁败族类。语出《尚书·尧典》:洪水为害,群臣皆以禹之父鲧可用。尧不以为然,谓鲧逆命而伤同类。大臣请试用之,结果鲧九年而治水不成,被舜杀死在羽山。程颐《经说》卷二解"方命"为不顺正理,叶采《近思录集解》卷十二等从之。方,违抗。命,正理。圮,毁坏。族,族类。 〔2〕其功有叙:依等级论定其功绩。 〔3〕咈戾:违背,乖违。

12.15 君子"敬以直内[1]"。微生高[2]所枉虽小,而害则大。(《程氏经说·论语解》)

【注释】

〔1〕敬以直内:语出《周易·坤卦·文言传》,见卷二第七条注〔1〕。 〔2〕微生高:语出《论语·公冶长》:"孰谓微生高直?或乞醯焉,乞诸邻而与之。"鲁人姓微生,名高,向来以直闻名,有人向他借些醋,自己家里没有,他向邻居借来再给人家。孔子认为有就是有,没有就是没有,这才是直。微生高是曲意逢人,不能算直。

12.16 人有欲则无刚,刚则不屈于欲[1]。(《程氏经说·论语说》)

【注释】

〔1〕刚则不屈于欲:语出《论语·公冶长》:"子曰:'吾未见刚者。'或对曰:'申枨。'子曰:'枨也欲,焉得刚?'"

12.17 人之过也,各于其类[1]。君子常失于厚,小人常失于薄。君子过于爱,小人伤于忍[2]。(《程氏经说·论语解》)

【注释】

〔1〕各于其类:语出《论语·里仁》:"子曰:'人之过也,各于其党。观过,斯知仁矣。'" 〔2〕小人伤于忍:又本"伤"作"过",为"小人过于忍"。忍,残忍。

12.18 明道先生曰:富贵骄人[1]固不善,学问骄人害亦不细。(《二程遗书》卷一《端伯传师说》)

【注释】

〔1〕骄人:傲视他人。

12.19 人以料事为明,便骎骎[1]入逆诈亿不信[2]去也。(《二程遗书》卷一《端伯传师说》)

【注释】

〔1〕骎骎：马疾行貌，表示急迫。　〔2〕逆诈亿不信：语出《论语·宪问》："不逆诈，不亿不信。"逆，预知。亿，通"臆"。

12.20　人于外物奉身[1]者，事事要好。只有自家一个身与心，却不要好。苟得外面物好时，却不知道自家身与心，却已先不好了也。（《二程遗书》卷一《端伯传师说》）

【注释】

〔1〕奉身：奉养身体。

12.21　人于天理昏者，是只为嗜欲乱着他。庄子言："其嗜欲深者，其天机浅。[1]"此言却最是。（《二程遗书》卷二上《元丰己未吕与叔东见二先生语》）

【注释】

〔1〕其嗜欲深者，其天机浅：语出《庄子·大宗师第六》："古之真人，其寝不梦，其觉无忧，其食不甘，其息深深。真人之息以踵，众人之息以喉。屈服者，其嗌言若哇。其耆欲深者，其天机浅。"天机，天赋的悟性。

12.22　伊川先生曰：阅机事之久，机心必生。[1]盖方其阅时，心必喜。既喜则如种下种子。（《二程遗书》卷三《谢显道记忆平日语》）

【注释】

〔1〕阅机事之久，机心必生：语出《庄子·天地》："有机械者必有机事，有机事者必有机心。"机事，机巧之事。机心，智巧变诈之心。

12.23 疑病者，未有事至时，先有疑端在心；周罗[1]事者，先有周事之端在心。皆病也。（《二程遗书》卷三《谢显道记忆平日语》）

【注释】

〔1〕周罗：包揽。

12.24 较事大小，其弊为枉尺直寻[1]之病。（《二程遗书》卷三《谢显道记忆平日语》）

【注释】

〔1〕枉尺直寻：语出《孟子·滕文公下》："枉尺而直寻，宜若可为也。"枉，曲。寻，八尺。

12.25 小人、小丈夫，不合小了他，本不是恶。（《二程遗书》卷六）

12.26 虽公天下事，若用私意为之，便是私。（《二程遗书》卷五）

12.27 做官夺人志。(《二程遗书》卷十五《入关语录》)

12.28 骄是气盈,吝是气歉。人若吝时,于财上亦不足,于事上亦不足,凡百事皆不足,必有歉歉⁽¹⁾之色也。(《二程遗书》卷十八《刘元承手编》)

【注释】

〔1〕歉歉:不足的样子。

12.29 未知道者如醉人。方其醉时,无所不至⁽¹⁾;及其醒也,莫不愧耻。人之未知学者,自视以为无缺,及既知学,反思前日所为,则骇且惧矣。(《二程遗书》卷十八《刘元承手编》)

【注释】

〔1〕无所不至:无所不为。语出《论语·阳货》:"鄙夫可与事君也欤哉!其未得之也,患得之;既得之,患失之。苟患失之,无所不至矣。"

12.30 邢恕⁽¹⁾云:"一日三点检。"明道先生曰:"可哀也哉!其余时理会甚事?盖仿三省⁽²⁾之说错了,可见不曾用功,又多逐人面上说一般话。"明道责之。邢曰:"无可说。"明道曰:"无可说,便不得不说。"(《二程外书》卷十二《传闻杂记》)

【注释】

〔1〕邢恕，一作"邢七"，见卷四第十一条注〔1〕。 〔2〕三省：语出《论语·学而》。曾子曰："吾日三省吾身。为人谋而不忠乎？与朋友交而不信乎？传不习乎？"

12.31　横渠先生曰：学者舍礼义，则饱食终日，无所猷为[1]，与下民一致，所事不逾衣食之间，燕游[2]之乐尔。（张载《正蒙·中正》）

【注释】

〔1〕无所猷为：无所作为。猷，谋划。　〔2〕燕游：宴饮游乐。

12.32　郑、卫之音悲哀，令人意思留连，又生怠惰之意，从而致骄淫之心。虽珍玩奇货，其始感人也，亦不如是切，从而生无限嗜好。故孔子曰："必放之[1]。"亦是圣人经历过，但圣人能不为物所移耳。（张载《近思录拾遗·礼乐说》）

【注释】

〔1〕必放之：语出《论语·卫灵公》："颜渊问为邦。子曰：'行夏之时，乘殷之辂，服周之冕，乐则《韶》舞。放郑声，远佞人。郑声淫，佞人殆。'"放，抛弃，禁绝。

12.33　孟子言反经[1]，特于乡原之后者。以乡原大者不先立，心中初无主，惟是左右看，顺人情，不欲违[2]，

一生如此。(张载《近思录拾遗·孟子说》)

【注释】

〔1〕反经：语出《孟子·尽心下》："乡原，德之贼也……君子反经而已矣。经正，则庶民兴。庶民兴，斯无邪慝矣。"乡原，也作"乡愿"，没有原则的伪君子。　〔2〕不欲违：一味取悦于人，不能特立独行。

卷十三 异端

【题解】

本卷主要内容是把儒家与佛教、道教进行对比，辨析不同之处，揭示佛教、道教之虚妄，从而坚定对儒家学说的信仰。叶采的题解为："此卷辨异端。盖君子之学虽已至，然异端之辨尤不可以不明。苟于此有毫厘之未辨，则贻害于人心者甚矣。"共收录十四条，其中张载三条，二程合十一条。

要想实现"继往圣之绝学"，对异端之学的廓清是必不可少的。所谓异端是指有悖于正道的学说、主张，语出《论语·为政》，孔子说："攻乎异端，斯害也已。"意指批判、辨明那些悖离正道的异端邪说，祸害自然就消除了。在理学家看来，孔孟之道是圣人之道的正统，所谓的"异端"就是"非圣人之道"，专指佛老学说，尤其是释氏之学。

儒家与佛老之争同其"不离日用常行内"的品格，以及在见父知孝、见兄知悌的现实伦常世界中开辟一个神圣的人文价值世界的立场密不可分。由此立场出发，《近思录》认为释氏空谈明心见性，只务上达而无下学，不重视存心养性（第四条），并且"毁人伦"（第三条），主张"出家独善"（第四条），公然要废三纲、绝五常。在理学家看来，释氏之学，完全立足于私欲，只求自身的解脱，而非合乎天理。依释氏之说，客观世界只是幻象，虚妄不实，因而深感人生无常而心生恐惧，一意追求能超越六道轮回的究竟涅槃。对于道家，一方面其所主张的隐居山林，保形练气，可以延年益寿，程颢等对此予以肯定；另一方面至于其所说的历代天师可以"白日飞升"，则被直斥为无稽之谈（第十条）。

13.1 明道先生曰：杨、墨[1]之害，甚于申、韩[2]；佛、老之害，甚于杨、墨。杨氏为我，疑于义；墨氏兼爱，疑于仁。[3]申、韩则浅陋易见，故孟子只辟杨、墨，为其惑世之甚也。佛、老其言近理，又非杨、墨之比，此所以为害尤甚。杨、墨之害，亦经孟子辟之[4]，所以廓如也[5]。（《二程遗书》卷十三《亥八月见先生于洛所闻》）

【注释】

[1] 杨、墨：指杨朱和墨翟。杨朱，见卷一第二十九条注[1]。墨翟，见卷一第二十九条注[2]。　[2] 申、韩：指申不害与韩非，战国时期法家代表人物。申不害（约前385—前337），战国时期韩国著名思想家，作为法家人物，以重术著称，为韩相十九年。著书两篇曰《申子》，已不存，遗言散见诸书。韩非（约前281—前233），战国末期韩国国君之子，与李斯同为荀子弟子。他以书谏韩王，王不能用，作《孤愤》等篇十余万言。秦王见其书，非常喜欢。因为秦国攻打韩国甚急，所以韩王遣他入秦交涉。李斯在秦得势，以己不如韩非，于是遣药使韩非自杀。韩非所著称《韩非子》，集法家法、术、势三派之大成。　[3] 杨氏为我，疑于义；墨氏兼爱，疑于仁：叶采《近思录集解》卷十三作"杨氏为我，疑于仁。墨氏兼爱，疑于义。"谓："杨氏为我，可谓自私而不仁矣，然而犹似于无欲之仁。墨氏兼爱，可谓泛滥而无义矣，然犹似于无私之义。"朱熹《孟子集注·滕文公下》第九章引程子此语，与此处同。茅星来、江永、陈沆等从之。张伯行

《近思录集解》卷十三从叶采本，惟在按语指出："一本作'为我疑于义，兼爱疑于仁'……"语势更顺。今本《二程全书》内之《二程遗书》卷十五，程子确云："杨子为我亦是义，墨子兼爱则是仁"。陈荣捷先生认为："意者初本《二程全书》偶误，而叶采不察。后乃依《近思录》改正。" 〔4〕杨、墨之害，亦经孟子辟之：语出《孟子·滕文公下》："杨氏为我，是无君也。墨氏兼爱，是无父也。无父无君，是禽兽也。""杨墨之道不息，孔子之道不著，是邪说诬民、充塞仁义也。仁义充塞，则率兽食人，人将相食。吾为此惧，闲先圣之道，距杨墨，放淫辞，邪说者不得作。"辟，批判、辨明。 〔5〕所以廓如也：语出扬雄《法言》卷二《吾子》："古者杨墨塞路，孟子辞而辟之，廓如也。"廓如，澄清。

13.2　伊川先生曰：儒者潜心正道，不容有差，其始甚微，其终则不可救。如"师也过，商也不及〔1〕"。于圣人中道，师只是过于厚些，商只是不及些。然而厚则渐至于兼爱，不及则便至于为我，其过不及，同出于儒者，其末遂至杨、墨。至如杨、墨，亦未至于无父无君，孟子推之便至于此，盖其差必至于是也。（《二程遗书》卷十七）

【注释】

〔1〕师也过，商也不及：语出《论语·先进》："子贡问：'师与商也孰贤？'子曰：'师也过，商也不及。'曰：'然则师愈与？'子曰：'过犹不及。'"师，颛孙师，即子张。商，卜商，即子夏，后为魏文侯师。二者都是孔子弟子。

13.3　明道先生曰：道之外无物，物之外无道，是天地之间无适而非道也。即父子而父子在所亲，即君臣而君臣在所严[1]，以至为夫妇，为长幼，为朋友，无所为而非道。此道所以不可须臾离也[2]。然则毁人伦，去四大[3]者，其外于道也远矣。故"君子之于天下也，无适也，无莫也，义之与比[4]"。若有适有莫，则于道为有间，非天地之全也。彼释氏之学，于"敬以直内[5]"则有之矣，"义以方外[6]"则未之有也。故滞固者入于枯槁，疏通者归于恣肆。此佛之教所以为隘也。吾道则不然，率性而已。斯理也，圣人于《易》备言之。（本注：又云：佛有一个觉[7]之理，可以"敬以直内"矣，然无"义以方外"。其直内者，要之其本亦不是。）（《二程遗书》卷四《游定夫所录》）

【注释】

〔1〕即君臣而君臣在所严：严，又本作"敬"，为"即君臣而君臣在所敬"。即君臣，体现于君臣上。　〔2〕不可须臾离也：语出《中庸》："天命之谓性，率性之谓道，修道之谓教。道也者，不可须臾离也，可离非道也。是故君子戒慎乎其所不睹，恐惧乎其所不闻。莫见乎隐，莫显乎微。故君子慎其独也。"　〔3〕四大：指地、水、火、风，佛家谓这四大为幻假。　〔4〕"君子之于天下也"句：语出《论语·里仁》。　〔5〕敬以直内：语出《周易·坤卦·文言传》，见卷二第七条注〔1〕。　〔6〕义以方外：同注〔5〕。　〔7〕觉：觉悟。

13.4　释氏本怖死生为利，岂是公道？唯务上达而无下学[1]，然则其上达处，岂有是也？元不相连属。但有间断，非道也。孟子曰："尽其心者，知其性也。[2]"彼所谓识心见性是也。若存心养性一段事，则无矣。彼固曰出家独善，便于道体自不足。或曰:"释氏地狱之类,皆是为下根之人设此怖,令为善。"先生曰:"至诚贯天地,人尚有不化,岂有立伪教而人可化乎?"(《二程遗书》卷十三《亥八月见先生于洛所闻》)

【注释】

〔1〕唯务上达而无下学:语出《论语·宪问》:"下学而上达。"只有通过在日常生活中广泛学习,才能透悟高深道理,上达天命。程颢认为佛教只讲顿悟、上达,不讲下学。 〔2〕尽其心者,知其性也:语出《孟子·尽心上》:"孟子曰:'尽其心者,知其性也。知其性,则知天矣。存其心,养其性,所以事天也。夭寿不贰,修身以俟之,所以立命也。'"

13.5 学者于释氏之说,直须如淫声美色以远之;不尔,则骎骎然[1]入其中矣。颜渊问为邦,孔子既告之以二帝三王[2]之事,而复戒以"放郑声,远佞人",曰:"郑声淫,佞人殆。[3]"彼佞人者,是他一边佞耳,然而于己则危,只是能使人移,故危也。至于禹之言曰:"何畏乎巧言令色[4]!"巧言令色,直消言畏,只是须着如此戒慎,犹恐不免。释氏之学更不消言,常戒到自家自信后,便不能乱得。(《二程遗书》卷二上《元丰己未吕与叔东见二先生语》)

【注释】

〔1〕骎骎然:马跑得很快,形容急促的样子。 〔2〕二帝三王:即尧、舜二帝,夏之禹、商之汤、周之文三王。 〔3〕郑声淫,佞人

殆：语出《论语·卫灵公》："颜渊问为邦。子曰：'行夏之时，乘殷之辂，服周之冕，乐则《韶》舞。放郑声，远佞人。郑声淫，佞人殆。'"殆，危险。　〔4〕何畏乎巧言令色：语出《尚书·皋陶谟》："皋陶曰：'都！在知人，在安民。'禹曰：'吁！咸若时，惟帝其难之。知人则哲，能官人；安民则惠，黎民怀之。能哲而惠，何忧乎驩兜？何迁乎有苗？何畏乎巧言令色孔壬？'"见卷十二第十三条注〔1〕。

13.6　所以谓万物一体者，皆有此理。只为从那里来，"生生之谓易[1]"。生则一时生，皆完此理。人则能推，物则气昏，推不得。不可道他物不与有也。人只为自私，将自家躯壳上头起意，故看得道理小了他底[2]。放这身来，都在万物中一例看。大小大[3]快活。释氏以不知此，去他身上起意思。奈何那身不得，故却厌恶，要得去尽根尘[4]。为心源不定，故要得如枯木死灰。然没此理，要有此理，除是死也。释氏其实是爱身，放不得，故说许多。譬如负版[5]之虫，已载不起，犹自更取物在身。又如抱石投河，以其重愈沉，终不道放下石头，惟嫌重也。(《二程遗书》卷二上《元丰己未吕与叔东见二先生语》)

【注释】

〔1〕生生之谓易：语出《周易·系辞传上》："富有之谓大业，日新之谓盛德。生生之谓易，成象之谓干，效法之谓坤，极数知来之谓占，通变之谓事，阴阳不测之谓神。"生生，孳生不绝，繁衍不已。〔2〕故看得道理小了他底：茅星来《近思录集注》卷十三于"小了"断句，作"故看得道理小了，他底放这身来"，认为"他底"指古圣贤而言。　〔3〕大小大：宋时洛阳俚语，多么、何其之意。　〔4〕根

尘：六根六尘。佛教以眼、耳、鼻、舌、身、意为根，色、声、香、味、触、法为尘。　〔5〕负版：负荷。版，木片。

13.7　人有语导气[1]者，问先生曰："君亦有术乎？"曰："吾尝"夏葛而冬裘，饥食而渴饮[2]，节嗜欲，定心气[3]，如斯而已矣。"（《二程遗书》卷四《游定夫所录》）

【注释】

〔1〕导气：即导引，一种养生术，呼吸俯仰，屈伸手足，使血气流通，促进身体健康。　〔2〕夏葛而冬裘，饥食而渴饮：语出韩愈《原道》，见卷五第二十条注〔1〕。　〔3〕节嗜欲，定心气：语出《礼记·月令》："是月也，日长至，阴阳争，死生分。君子齐戒，处必掩身，毋躁。止声色，毋或进。薄滋味，毋致和。节耆欲，定心气，百官静事毋刑，以定晏阴之所成。鹿角解，蝉始鸣。半夏生，木堇荣。是月也，毋用火南方。可以居高明，可以远眺望，可以升山陵，可以处台榭。"

13.8　佛氏不识阴阳、昼夜、死生、古今，安得谓形而上者与圣人同乎？（《二程遗书》卷十四《亥九月过汝所闻》）

13.9　释氏之说，若欲穷其说而去取之，则其说未能穷，固已化而为佛矣。只且于迹上考之，其设教如是，则其心果如何？固难为取其心不取其迹，有是心则有是迹。王通言心迹之判[1]，便是乱说。故不若且于迹上断定不与圣人合。其言有合处，则吾道固已有；有不合者，固所不取。如是立定，却省易。（《二程遗书》卷十五《入关语录》）

【注释】

〔1〕王通言心迹之判：语出《中说》卷五《问易篇》："(魏征曰：)'乐天知命，吾何忧？穷理尽性，吾何疑？'王通说：'汝所问者，迹也；吾告汝者，心也。心迹之判久矣。"迹，现象，心的体现。

13.10　问："神仙之说有诸？"曰："若说白日飞升[1]之类，则无。若言居山林间，保形炼气[2]，以延年益寿，则有之。譬如一炉火，置之风中则易过[3]，置之密室则难过。有此理也。"又问："扬子言'圣人不师仙，厥术异也'[4]，圣人能为此等事否？"曰："此是天地间一贼，若非窃造化之机，安能延年？使圣人肯为，周、孔为之矣。"（《二程遗书》卷十八《刘元承手编》）

【注释】

〔1〕白日飞升：道教宣称历代天师有白日飞升的法术。　〔2〕保形炼气：保形，保养自己的形体。炼气，通过吐纳、导引等术以求长生的方法。　〔3〕过：宋元俗语，火熄灭。　〔4〕圣人不师仙，厥术异也：语出扬雄《法言》卷十二《君子》："或曰：'圣人不师仙，厥术异也。圣人之于天下，耻一物之不知；仙人之于天下，耻一日之不生。'曰：'生乎！生乎！名生而实死也。'"仙，迁也，迁入山也，老而不死曰"仙"。

13.11　谢显道历举佛说与吾儒同处，问伊川先生。先生曰："恁地同处虽多，只是本领[1]不是，一齐差却。"（《二程外书》卷十二《传闻杂记》）

【注释】

〔1〕本领：根本，主旨。

13.12 横渠先生曰：释氏妄意天性，而不知范围天用[1]，反以六根[2]之微因缘天地，明不能尽，则诬天地日月为幻妄。蔽其用于一身之小，溺其志于虚空之大，此所以语大语小，流遁失中。其过于大也，尘芥六合[3]；其蔽于小也，梦幻人世。谓之穷理，可乎？不知穷理而谓之尽性，可乎？谓之无不知，可乎？尘芥六合，谓天地为有穷也；梦幻人世，明不能究其所从也。（张载《正蒙·大心》）

【注释】

〔1〕而不知范围天用：又本"天"作"之"，为"而不知范围之用"。范围，裁成，又解作"包括"。 〔2〕六根：即眼、耳、鼻、舌、身、意。 〔3〕六合：东、西、南、北、上、下。

13.13 大《易》不言有、无。言有、无，诸子之陋也。（张载《正蒙·大易》）

13.14 浮图[1]明鬼，谓有识之死，受生循环[2]，遂厌苦求免，可谓知鬼乎？以人生为妄见，可谓知人乎？天人一物，辄生取舍，可谓知天乎？孔孟所谓天，彼所谓道。惑者指"游魂为变"为轮回[3]，未之思也。大学当先知天德，知天德则知圣人，知鬼神。今浮图极论要归，必谓死生流转，非得道不免，谓之悟道可乎？（本注：悟则有义有命，均死生，一天人，惟知昼夜，通阴阳，体之无二。）自其说炽传中国，儒者未容窥圣学门墙，已为引取。沦胥[4]其间，指为大道。乃其俗达之天下，致善恶知愚，男女臧获[5]，人人著信。使英才间气，生则溺耳目恬习之事，长则师世儒崇尚之言，遂冥然被驱，因谓圣人可不修而至，大道可不学而知。故未识圣人心，已谓不必求其迹；未见君子志，已谓不必事其文。此人伦所以不察，庶物所以不明，治所以忽，德所以乱。异言满耳，上无礼以防其伪，下无学以稽其蔽。自古诐淫邪遁之辞[6]，翕然[7]并兴。一出于佛氏之门者，千五百年[8]。向非独立不惧，精一自信，有大过人之才，何以正立其间，与之较是非计得失哉！（张载《正蒙·乾称》）

【注释】

〔1〕浮图：又作浮屠，即佛陀，见卷九第十七条注〔2〕。这里指佛教。　〔2〕受生循环：指佛教生死轮回观念。　〔3〕惑者指"游魂为变"为轮回：叶采《近思录集解》卷十三"惑"作"或"，为"或者指'游魂为变'"。游魂为变，语出《周易·系辞传上》："精气为物，游魂为变，是故知鬼神之情状。"游魂，游散之气。轮回，佛教认为众生根据其善恶，在天、人、阿修罗、地狱、饿鬼、畜生这六道中生死循环，所以也称"六道轮回"。　〔4〕沦胥：相率牵连。胥，相率。〔5〕臧获：古代对奴婢的贱称。　〔6〕诐淫邪遁之辞：指言辞为佞辞邪说，不合正道，隐伏诡谲。语出《孟子·公孙丑上》："何谓知言？曰：'诐辞知其所蔽，淫辞知其所陷，邪辞知其所离，遁辞知其所穷。生于其心，害于其政；发于其政，害于其事。'"诐辞，偏颇的说法。淫辞，放荡的说法。邪辞，邪恶的说法。遁辞，逃避的说法。

〔7〕翕然：一致的样子，又解为兴盛、盛行的样子。　〔8〕千五百年：茅星来《近思录集注》卷十三用"已五百年"代"千五百年"，谓佛法自汉初传入中国，至宋末有一千五百年。魏晋间士大夫未闻有宗佛者。自佛说大行，至宋仅五百四十余年，所以称"已五百年"。

卷十四　圣贤

【题解】

本卷旨在论述圣贤相传的道统及圣贤显现出的精神气度。叶采的题解为："此卷论圣贤相传之统，而诸子附焉。"共收录二十六条。其中前十六条纵论传自尧、舜、禹、汤、文、武、周公，以至于孔子的道统，孔子传之颜、曾，曾子传之子思，子思传之孟子，遂无传焉。

为了更好"继往圣之绝学，开万世之太平"，朱熹、吕祖谦纂辑了该卷作为末篇，针对孔子死后，经义传承偏离、圣人之道难辨不明的处境，从不同侧面描写各位先哲圣贤践履"道体"的情状。通过观摩圣贤的气象，正可以砥砺后生晚辈的希贤、希圣之心，以圣贤的处世为人作为学习典范，不断在日常百行中践行圣人之道。

本卷第十七条程颐所撰的《明道先生行状》、第二十四条吕与叔所撰的《明道先生哀词》以及二十五条吕与叔所撰的《横渠先生行状》，是本卷最具分量的条目。程颢与张载的道德人品无疑是道学的理想典型，这三条可谓儒家理想人格的写照。

14.1　明道先生曰：尧与舜更无优劣，及至汤、武便别。孟子言"性之""反之"[1]。自古无人如此说，只孟子分别出来，便知得尧舜是生而知之，汤武是学而能之。文王

之德则似尧舜,禹之德则似汤武。要之皆是圣人。(《二程遗书》卷二上《元丰己未吕与叔东见二先生语》)

【注释】

〔1〕"性之""反之":语出《孟子·尽心下》:"孟子曰:'尧舜,性者也;汤武,反之也。'"性之,出于本性自然,不习而得。反之,通过修习恢复其本善之性。反,同"返"。

14.2 仲尼,元气也;颜子,春生也;孟子,并秋杀尽见。仲尼无所不包;颜子示"不违如愚〔1〕"之学于后世,有自然之和气,不言而化者也;孟子则露其材,盖亦时然而已。仲尼,天地也;颜子,和风庆云〔2〕也;孟子,泰山岩岩之气象也。观其言,皆可见之矣。仲尼无迹,颜子微有迹,孟子其迹著。孔子尽是明快人,颜子尽岂弟〔3〕,孟子尽雄辩。(《二程遗书》卷五)

【注释】

〔1〕不违如愚:语出《论语·为政》:"子曰:'吾与回言终日,不违如愚。退而省其私,亦足以发。回也不愚。'" 〔2〕庆云:五彩云。 〔3〕岂弟:即"恺悌",也作"恺弟",和乐平易。

14.3 曾子传圣人学,其德后来不可测,安知其不至圣人?如言"吾得正而毙〔1〕",且休理会文字,只看他气象极好,被他所见处大。后人虽有好言语,只被气象卑,终不类道。(《二程遗书》卷十五《入关语录》)

【注释】

〔1〕吾得正而毙:语出《礼记·檀弓上》:"曾子寝疾,病。乐正子春坐于床下,曾元、曾申坐于足,童子隅坐而执烛。童子曰:'华而睆,大夫之箦与?'子春曰:'止!'曾子闻之,瞿然曰:'呼!'曰:'华而睆,大夫之箦与?'曾子曰:'然,斯季孙之赐也,我未之能易也。元,起易箦。'曾元曰:'夫子之病革矣,不可以变,幸而至于旦,请敬易之。'曾子曰:'尔之爱我也不如彼。君子之爱人也以德,细人之爱人也以姑息。吾何求哉?吾得正而毙焉斯已矣。'举扶而易之。反席未安而没。"见卷七第二十五条注〔2〕。正而毙,规规矩矩合于理地死去。

14.4 传经〔1〕为难。如圣人之后,才百年,传之已差〔2〕。圣人之学,若非子思〔3〕、孟子,则几乎息矣。道何尝息?只是人不由之。"道非亡也,幽、厉不由也。〔4〕"(《二程遗书》卷十七)

【注释】

〔1〕传经:起自汉代,谓孔子授某经于某某门人。 〔2〕才百年,传之已差:孔子之后,至战国时期,按《韩非子·显学》说法,儒家分为八派。 〔3〕子思:名伋,孔子之孙,受学于曾子而传于孟子。传为《中庸》作者。 〔4〕道非亡也,幽厉不由也:语出董仲舒(约前176—前104)《对贤良策》。幽、厉,周代幽王、厉王,都是无道之君。

14.5 荀卿〔1〕才高,其过多。扬雄〔2〕才短,其过少。(《二程遗书》卷十八《刘元承手编》)

【注释】

〔1〕荀卿：即荀子（约前313—前238），姓荀，名况，时人尊而号为"卿"，赵国人。年五十游学于齐，三次仕为祭酒。因齐人谗而至楚，为兰陵令。著书讲授，韩非、李斯学于其门，《史记》卷七十四有传。　〔2〕扬雄：西汉时哲学家、文学家，见卷三第二十五条注〔3〕。

14.6　荀子极偏驳，只一句性恶〔1〕，大本已失。扬子虽少过，然已自不识性〔2〕，更说甚道？（《二程遗书》卷十九《杨遵道录》）

【注释】

〔1〕只一句性恶：荀子主性恶，与孟子性善相对。《荀子·性恶》："人之性恶，其善者，伪也。"　〔2〕自不识性：扬雄认为人性善恶没有明确界定，所以程颐说"自不识性"。《法言·修事》："人之性也善恶混，修其善则为善人，修其恶则为恶人。"

14.7　董仲舒曰："正其义，不谋其利。明其道，不计其功。〔1〕"此董子所以度越诸子。（《二程遗书》卷二十五《畅潜道录》）

【注释】

〔1〕此条见《汉书》卷五十六《董仲舒传》。此语亦见卷二第四十条。《春秋繁露》卷九《对胶西王越大夫不得为仁第三十二》所载，则为"正其道，不谋其利。修其理，不急其功"。

14.8　汉儒如毛苌〔1〕、董仲舒，最得圣贤之意，然见

道不甚分明。下此即至扬雄,规模又窄狭矣。(《二程遗书》卷一《端伯传师说》)

【注释】

〔1〕毛苌(壮年,前145):或作"毛长",以别于称大毛公的毛亨,又称小毛公。治《诗》甚精,为河间献王博士。官至北海太守。当时言《诗》者有齐、鲁、韩三家。后三家皆废,《毛诗》大行,以至于今。

14.9　林希[1]谓扬雄为禄隐。扬雄后人只为见他著书,便须要做他是[2]。怎生做得是?(《二程遗书》卷十九《杨遵道录》)

【注释】

〔1〕林希(1057年进士):字子中,福州长乐人。熙宁进士,官至吏部尚书,翰林学士,同知枢密院事。王安石女婿,他参与罢黜元祐群臣,如陈颐等。传见《宋史》卷三四三。　〔2〕做他是:肯定他。

14.10　孔明[1]有王佐之心,道则未尽。王者如天地之无私心焉,行一不义而得天下,不为。孔明必求有成而取刘璋[2]。圣人宁无成耳,此不可为也。若刘表[3]子琮将为曹公所并,取而兴刘氏,可也。(《二程遗书》卷二十四《邹德久本》)

【注释】

〔1〕孔明（181－234）：姓诸葛，名亮，字孔明。汉末，群雄割据。刘备（162－223）访孔明于其草庐，请为军师。曹操志在篡汉，举军东下，与刘备战于赤壁（在今湖北）。建安十三年（208），曹操大败。章武元年（222）刘备称帝，国号蜀，以孔明为相。继续与西北曹操之子曹丕称帝所立的魏、东南的吴，战斗十余年，是谓三国。孔明卒，谥忠武侯。《三国志》之《蜀书》卷五有传。 〔2〕刘璋：字季，为益州（今四川省地）牧，详见《蜀志》卷一《刘璋传》。 〔3〕刘表（144－208）：字景升，为荆州牧，其子刘琮举州降曹操，见《后汉书》卷一零四下《刘表传》。

14.11 诸葛武侯有儒者气象。（《二程遗书》卷十八《刘元承手编》）

14.12 孔明庶几礼乐。（《二程遗书》卷二十四《邹德久本》）

14.13 文中子〔1〕本是一隐君子。世人往往得其议论，附会成书〔2〕。其间极有格言，荀、扬〔3〕道不到处。（《二程遗书》卷十九《杨遵道录》）

【注释】

〔1〕文中子：即王通，见卷三第二十八条注〔2〕。 〔2〕书：指《中说》。 〔3〕荀扬：即荀子、扬雄。

14.14 韩愈亦近世豪杰之士。如《原道》〔1〕中言语虽有病，然自孟子而后，能将许大见识寻求者，才见此人。至如断曰："孟子醇乎醇[2]。"又曰："荀与扬，择焉而不精，语焉而不详。[3]"若不是他见得，岂千余年后便能断得如此分明？（《二程遗书》卷一《端伯传师说》）

【注释】

[1]《原道》：韩愈的哲学论文，提出儒家的"道统"学说，以攻击当时流行的佛老思想，见《韩昌黎全集》卷十一。 [2]孟子醇乎醇：语出韩愈《读荀子》。 [3]荀与扬，择焉而不精，语焉而不详：语出韩愈《原道》。

14.15 学本是修德，有德然后有言[1]。退之却倒学了，因学文日求所未至，遂有所得。如曰："轲之死，不得其传[2]。"似此言语，非是蹈袭前人，又非凿空[3]撰得出，必有所见，若无所见，不知言所传者何事。（《二程遗书》卷十八《刘元承手编》）

【注释】

[1]有德然后有言：语出《论语·宪问》："子曰：'有德者必有言，有言者不必有德。'" [2]轲之死，不得其传：语出韩愈《原道》，认为孟子之后，儒家的道统中断，此说为宋代理学家所称道。 [3]凿空：凭空无据。

14.16 周茂叔胸中洒落，如光风霁月[1]。其为政，精密严恕，务尽道理。（《宋史·周敦颐传》潘兴嗣《濂溪先生

墓志铭》)

【注释】

〔1〕光风霁月：雨过天晴时的明净景象，这里形容周敦颐胸怀光明磊落，语出黄庭坚《山谷集》卷一《濂溪诗并序》："春陵周茂叔，人品甚高，胸中洒落，如光风霁月。"

14.17 伊川先生撰《明道先生行状》曰：先生资禀既异，而充养〔1〕有道。纯粹如精金，温润如良玉。宽而有制，和而不流〔2〕。忠诚贯于金石，孝悌通于神明。视其色，其接物也，如春阳之温；听其言，其入人也，如时雨之润。胸怀洞然，彻视无间。测其蕴，则浩乎若沧溟之无际；极其德，美言盖不足以形容。先生行己〔3〕，内主于敬，而行之以恕。见善若出诸己，不欲弗施于人〔4〕。居广居而行大道〔5〕，言有物而动有常〔6〕。先生为学，自十五六时，闻汝南〔7〕周茂叔论道，遂厌科举之业，慨然有求道之志。未知其要，泛滥〔8〕于诸家，出入于老、释者几十年。返求诸六经，而后得之。明于庶物，察于人伦〔9〕，知尽性至命〔10〕，必本于孝悌。穷神知化〔11〕，由通于礼乐。辨异端似是之非，开百代未明之惑。秦、汉而下，未有臻斯理也。谓孟子没而圣学不传，以兴起斯文为己任。其言曰："道之不明，异端害之也。昔之害近而易知，今之害深而难辨；昔之惑人也，乘其迷暗，今之入人也，因其高明。自谓之穷神知化，而不足以开物成务〔12〕；言为无不周遍，实则外于伦理。穷深极微，而不可以入尧舜之道。天下之学，非浅陋固滞，则必入于此。自道之不明也，邪诞妖异之说竞起，涂生民之耳目，溺天下于污浊。虽高才明智，胶于见闻，醉生梦死，不自觉也。是皆正路之榛芜[13]，圣门之蔽塞，辟之而后可以入道。"先生进将觉斯人，退将明之书。不幸早逝[14]，皆未及也。其辨析精微，稍见于世者，学者之所传耳。先生之门，学者多矣。先生之言，平易易知，贤愚皆获其益，如群饮于河，各充其量。先生教人，自致知至于知止，诚意至于平天下，洒扫应对至于穷理尽性，循循有序。病世之学者舍近而趋远，处下而窥高，所以轻自大而卒无得也。先生接物，辨而不间[15]，感而能通。教人而人易从，怒人而人不怨，贤愚善恶，咸得其心。狡伪者献其诚，暴慢者致其恭，闻风者诚服，觌[16]德者心醉。虽小人以趋向之异，顾于利害，时见排斥，退而省其私，未有不以先生为君子也。先生为政，治恶以宽，处烦而裕。当法令繁密之际，未尝从众为应文逃责之事。人皆病于拘碍，而先生处之绰然。众忧以为甚难，而先生为之沛然。虽当仓卒，不动声色。方监司[17]竞为严急之时，其待先生率皆宽厚，设施[18]之际，有所赖焉。先生所为纲条法度，人可效而为也。至其道之而从，动之而和，不求物而物应，未施信而民信，则人不可及也。(《二程文集》卷十一《明道先生行状》)

【注释】

〔1〕充养：后天的学习与实践。　〔2〕和而不流：语出《中庸》：

"和顺而不至随物流迁。" 〔3〕行己：处身行事。 〔4〕不欲弗施于人：语出《论语·颜渊》："己所不欲，勿施于人。" 〔5〕居广居而行大道：语出《孟子·滕文公下》："居天下之广居，立天下之正位，行天下之大道。" 〔6〕言有物而动有常：语出《礼记·缁衣》："子曰：'下之事上也，身不正，言不信，则义不一，行无类也。'子曰：'言有物而行有格也；是以生则不可夺志，死则不可夺名。故君子多闻，质而守之；多志，质而亲之；精知，略而行之。'" 〔7〕汝南：今河南汝南县。 〔8〕泛滥：博览群籍。 〔9〕明于庶物，察于人伦：明达事物之情，详察人伦之序。语出《孟子·离娄下》："舜明于庶物，察于人伦，由仁义行，非行仁义也。" 〔10〕知尽性至命：语出《周易·说卦传》："穷理尽性，以至于命。"见卷六第十一条注〔2〕。 〔11〕穷神知化：语出《周易·系辞传下》："《易》曰：'憧憧往来，朋从尔思。'子曰：'天下何思何虑？天下同归而殊涂，一致而百虑，天下何思何虑？日往则月来，月往则日来，日月相推而明生焉。寒往则暑来，暑往则寒来，寒暑相推而岁成焉。往者屈也，来者信也，屈信相感而利生焉。尺蠖之屈，以求信也；龙蛇之蛰，以存身也；精义入神，以致用也；利用安身，以崇德也。过此以往，未之或知也。穷神知化，德之盛也。'"孔颖达疏："穷极微妙之神，晓知变化之道，乃是圣人德之极盛。" 〔12〕开物成务：通晓万物之理，成就天下之务，语出《周易·系辞传上》："夫《易》，开物成务，冒天下之道，如斯而已者也。" 〔13〕蓁芜：杂草丛生。蓁，茂盛的样子。 〔14〕不幸早逝：明道卒时年五十四。 〔15〕辨而不间：明辨其恶但不拒绝人。 〔16〕觌：见，相见。 〔17〕监司：监察地方属吏之官。 〔18〕设施：措施，筹划。

14.18 明道先生曰：周茂叔窗前草不除去[1]。问之，云："与自家意思一般。"（本注：子厚[2]观驴鸣，亦谓如此。）（《二程遗书》卷三《谢显道记忆平日语》）

【注释】

〔1〕不除去：叶采本无"去"字，作"不除"。　〔2〕子厚：张载之字。

14.19　张子厚闻生皇子，甚喜。见饿莩〔1〕者，食便不美。（《二程遗书》卷三《谢显道记忆平日语》）

【注释】

〔1〕饿莩：即饿殍，饿死的人或饿得快死的人。

14.20　伯淳〔1〕尝与子厚在兴国寺〔2〕讲论终日，而曰："不知旧日曾有甚人于此处讲此事。"（《二程遗书》卷二上）

【注释】

〔1〕伯淳：程颢之字。　〔2〕兴国寺：旧名相国寺，在开封城内。

14.21　谢显道云："明道先生坐如泥塑人，接人则浑是一团和气。"（《二程外书》卷十二《传闻杂记》）

14.22　侯师圣〔1〕云："朱公掞〔2〕见明道于汝〔3〕，归谓人曰：'光庭在春风中坐了一个月。'"游、杨〔4〕初见伊川，伊川瞑目而坐。二子侍立。既觉，顾谓曰："贤辈尚在此乎？日既晚，且休矣。"及出门，门外之雪深一尺。（《二程外书》卷十二《传闻杂记》）

【注释】

〔1〕侯师圣：侯仲良（壮年1100），字师圣。二程舅氏之孙，从学于二程。《伊洛渊源录》卷十二、《宋元学案》卷三十有传。　〔2〕朱公掞：朱光庭（1037—1094），字公掞。初受学于胡瑗（993—1059），后又从学二程于洛阳。嘉祐进士。历任左司谏，给事中，知州，集贤院学士。《宋史》卷三三三有传，学说见《宋元学案》卷三十。　〔3〕汝：即汝州，今河南临汝县。元丰六年（1083），明道以亲老得监汝州酒税，光庭往见于此。　〔4〕游、杨：即游酢、杨时，都是二程门人。

14.23　刘安礼[1]云：明道先生德性充完，粹和之气，盎于面背，乐易[2]多恕，终日怡悦。立之从先生三十年，未尝见其忿厉之容。（《二程遗书》附录《门人朋友叙述》）

【注释】

〔1〕刘安礼：名立之，二程门人，见卷十第五十八条注〔1〕。〔2〕乐易：和乐平易。

14.24　吕与叔[1]撰《明道先生哀词》云：先生负特立之才，知大学[2]之要，博文强识[3]，躬行力究，察伦明物，极其所止[4]，涣然心释，洞见道体。其造于约[5]也，虽事变之感不一，知应以是心而不穷；虽天下之理至众，知反之吾身而自足。其致于一也，异端并立而不能移，圣人复起而不与易[6]。其养之成也，和气充浃[7]，见于声容，然望之崇深，不可慢也；遇事优为[8]，从容不迫，然诚心恳恻，弗之措也。其自任之重也，宁学圣人而未至，不欲以一善而成名；宁以一物不被泽为己病，不欲以一时之利为己功。其

自信之笃也，吾志可行，不苟洁其去就；吾义所安，虽小官有所不屑。(《二程遗书》附录《哀词》)

【注释】

〔1〕吕与叔：即吕大临，见卷二第五十七条注〔2〕。　〔2〕大学：与"小学"相对的成就大人之德的学问，张伯行《近思录集注》卷十四解作书名。　〔3〕博文强识：博览古代典籍而又有很强的记忆力。语出《礼记·曲礼上》："博闻强识而让，敦善行而不怠，谓之君子。君子不尽人之欢，不竭人之忠，以全交也。"　〔4〕极其所止：即止于至善。　〔5〕约：简要，要领，指简明之理。　〔6〕圣人复起而不与易：语出《孟子·滕文公下》："诐辞知其所蔽，淫辞知其所陷，邪辞知其所离，遁辞知其所穷。生于其心，害于其政；发于其政，害于其事。圣人复起，必从吾言矣。"　〔7〕充浃：充盈浃洽。〔8〕优为：从容。

14.25　吕与叔撰《横渠先生行状》云：康定用兵时[1]，先生年十八，慨然以功名自许，上书谒范文正公[2]。公知其远器，欲成就之，乃责之曰："儒者自有名教，何事于兵？"因劝读《中庸》。先生读其书，虽爱之，犹以为未足，于是又访诸释老之书。累年，尽究其说，知无所得，反而求之《六经》。嘉祐[3]初，见程伯淳、正叔于京师，共语道学之要。先生涣然自信，曰："吾道自足，何事旁求！"于是尽弃异学，淳如也。[4]（本注：尹彦明[5]云：横渠昔在京师，坐虎皮，说《周易》，听徒甚众。一夕，二程先生至，论《易》。次日，横渠撤去虎皮，曰："吾平日为诸公说者，皆乱道。有二程近到，深明《易》道，吾所弗及。汝辈可师之。")晚自崇文[6]移疾[7],西归横渠。终日危坐[8]一室,左右简编,俯而读,仰而思,有得则识之。或中夜起坐,取烛以书。其志道精思,未始须臾息,亦未尝须臾忘也。学者有问,多告以知礼成性、变化气质之道,学必如圣人而后已,闻者莫不动心有进。尝谓门人曰:"吾学既得于心,则修其辞;命辞无差,然后断事;断事无失,吾乃沛然。精义入神[9]者,豫而已矣。"先生气质刚毅,德成貌严,然与人居,久而日亲。其治家接物,大要正己以感人。人未之信,反躬自治,不以语人。虽有未谕,安行而无悔。故识与不识,闻风而畏。非其义也,不敢以一毫及之。(张载《张载集·附录》)

【注释】

〔1〕康定用兵时:"康定"是宋仁宗年号,康定元年(1040),西夏元昊兵寇延州(今陕西西安)。 〔2〕范文正公:范仲淹(989—1052),谥文正。康定用兵时,为陕西招讨副史。张载上书谈兵,他劝之读《中庸》。 〔3〕嘉祐:宋仁宗年号(1056—1063)。 〔4〕于是尽弃异学,淳如也:据《伊洛渊源录》卷六,《行状》有两版本,有些不同之处。一本此处云:"尽弃其学而学焉。" 〔5〕尹彦明:即尹淳,见卷二第七十五条注〔1〕。 〔6〕崇文:宋藏书馆名。熙宁二年(1069),张载曾为崇文院校书,与执政不合,第二年就辞官归于横渠故里。 〔7〕移疾:作书称病,多为居官者求退的婉辞。 〔8〕危坐:端坐。 〔9〕精义入神:语出《周易·系辞传下》:"精义入神,以致用也。"

14.26 横渠先生曰:二程从十四五时,便脱然[1]欲学

圣人。(张载《经学理窟·学大原上》)

【注释】

〔1〕脱然：超越寻常的样子。又本作"锐然"，意思是锐意进取的样子。

后　序

朱熹《书近思录后》

　　淳熙乙未[1]之夏，东莱吕伯恭[2]来自东阳[3]，过予寒泉精舍[4]，留止旬日[5]。相与读周子、程子、张子之书，叹其广大闳博，若无津涯[6]，而惧夫初学者不知所入也。因共掇取其关于大体而切于日用者，以为此编，总六百二十二条，分十四卷。盖凡学者所以求端用力，处己治人之要，与所以夫辨异端，观圣贤之大略，皆粗见其梗概。以为穷乡晚进[7]有志于学，而无明师良友以先后[8]之者，诚得此而玩心焉，亦足以得其门而入矣。如此然后求诸四君子之全书，沉潜反复，优柔厌饫，以致其博而反诸约焉[9]。则其宗庙之美，百官之富[10]，庶乎其有以尽得之。若惮烦劳，安简便，以为取足于此而可，则非今日所以纂集此书之意也。五月五日[11]，新安[12]朱熹谨识。

【注释】

　　[1] 淳熙乙未：指宋孝宗淳熙二年（1175）。"淳熙"，宋孝宗年号。　[2] 东莱吕伯恭：即吕祖谦，字伯恭，学者称东莱先生。"东莱"，郡名。　[3] 东阳：县名，在今浙江省中部，钱塘江支流金华江上游。　[4] 寒泉精舍：在福建建阳市马伏天湖之阳，为朱熹创办

的第一所书院。1170年正月，朱熹葬母于寒泉林天湖之阳；同年，在墓旁构筑精舍，匾曰寒泉，守孝治学。精舍，书斋、学舍，集生徒讲学之所。〔5〕旬日：陈荣捷先生认为，这个日期乃约而言之。他指出："《吕东莱先生文集》，谓其留止月余。《东莱吕太史文集》又谓其四月二十一日前往留止月余。朱子后序成于五月五日，则留止月余之说，殊不可能。《东莱吕太史文集》之第十五章《入闽录》为吕东莱所自书逐日纪录，明谓三月二十一日动程，四月一日抵朱子所居之五夫里，馆于书室。是则留止月余，显然可信。大概记录者误三月为四月耳。"〔6〕津涯：水边，岸。〔7〕晚进：后辈。〔8〕先后：左右，支配。〔9〕博而反诸约焉：语出《孟子·离娄下》："孟子曰：'博学而详说之，将以反说约也。'"约，简明之理。〔10〕宗庙之美，百官之富：语出《论语·子张》："子贡曰：'譬之宫墙。赐之墙也及肩，窥见室家之好。夫子之墙数仞，不得其门而入，不见宗庙之美，百官之富。得其门者或寡矣。夫子之云，不亦宜乎？'"〔11〕五月五日：指淳熙二年五月五日，即公元1175年五月二十六日。〔12〕新安：朱子祖居徽州时的旧地名。新安本汉时丹阳郡地，后改新安。陈荣捷先生认为："朱子好用旧地名，不忘本也。"

吕祖谦《近思录跋》

《近思录》既成，或疑首卷阴阳变化性命之说，大抵非始学者之事。祖谦窃尝与闻次缉之意，后出晚进于义理之本原，虽未容骤语，苟茫然不识其梗概，则亦何所底止？列之篇端，特使之知其名义，有所向望而已。至于余卷所载讲学之方，日用躬行之实，具有科级。循是而进，自卑升高，自近及远，庶几不失纂集之指。若乃厌卑近而骛高远，躐[1]等陵节流于空虚，迄无所依据，则岂所谓"近思"者耶？览者宜详之。淳熙三年四月四日[2]，东莱吕祖谦谨书

【注释】

〔1〕躐:超越。 〔2〕淳熙三年四月四日:即公元1176年5月14日。

附录：《近思录》与理学话语的建构

《近思录》本是朱熹与吕祖谦共同编著的一部理学入门书，但对今人来说，以此书入门并不容易。其中原因，如前言所述，并不单单是古文与白话文的隔阂。事实上，作为宋代文献，其本身并不是很难读，真正的困难在于该书内蕴着一套从儒家经典化出的理学话语体系。为了更好地理解《近思录》，我们需要了解其内蕴的理学话语体系的建构背景、课题、原则与脉络等问题。

一

《近思录》内蕴的理学话语体系究竟是为何形成？对这个问题的解答，涉及对中国学术思想史的理解。

综观《近思录》之前的中国学术思想史，共有四次大的转变。从尧舜到孔子，可谓王官学的时代。在这个时代，学在王官，很少涉及平民阶层。春秋战国时期，学术开始下移，深入民间，出现了百家争鸣的局面，这属于中国学术思想的元典时代。

战国末期，随着政治秩序的统一，思想文化秩序也要随之统一，所以这一时期力求将各家的学术思想整合统一。一方面是国家层面的整合，秦王朝建设的"以法为教，以吏为师"的意识形态过于刻薄寡恩，未能使其政权稳固长久；另一方面是学术层面的整合,《吕氏春秋》和《淮南子》都试图通过广招宾客,将各家学术思想折中归一。到汉武帝时,吸取了秦王朝意识形态建设的教训,采纳了董仲舒的对策,以"留意于仁义之际"的人文色彩浓厚的儒家学术思想为主导,表彰五经,罢黜百家,使中国学术思想定于一尊,进入了经学时代。

东汉末年,天下大乱,政治秩序走向分裂,学术思想也随之转变。先是道家老庄的学术思想再兴,继而从印度传入的佛教也日益走向与中国本土固有文化的融合。南北朝以后,佛家地位转踞道家之上,与儒家一起形成了三足鼎立的格局,成佛家治心、道家治身、儒家治国的情势。相较而言,以治国为务的儒家处于弱势地位。随着南北分裂,南北经学也有南"约简"北"深芜"的差异。到了隋唐,随着南北统一,思想文化的统一也提上了日程。唐朝搞了个经学统一工程,组织编纂了《五经正义》。这一时期佛家一枝独秀,出现了华严、天台、禅宗等中国化佛教。这一时期影响士大夫阶层心灵世界的不是儒家,而是佛家,尤其是禅宗。

唐中叶,韩愈兴起古文运动,提倡辟佛,以孟子批判杨朱、墨家学派光大圣人之道自比。为了抗衡佛老文化的影响,他构造了一个凸显孔孟地位的儒门道统谱系,认为儒门这一道统自孟子以后,就无法延续了。正是因为儒门道统的中断,才造成了在与佛老文化的抗衡中,"儒门淡薄,收拾不住,皆归佛老"的局面。在韩愈看来,要想重振儒门,必须形成一种上承孔孟之道的学术思想自觉。

韩愈的这一抱负，到宋兴，逐渐为一批儒者所认同。与汉唐不同，宋代儒林有了这样一个特殊群体，后来《宋史》专门为这批人撰写了《道学传》，以区别于两汉以来的《儒林传》。在这个群体看来，作为一个儒者，必须有承继孔孟圣人之道的自觉，能否体认和承继圣人之道，是成为儒者的根本所在。

在理学还未成熟之前，汉唐儒学作为一种理论形态远不及佛、道两家的理论精致、思辨，所以才造成了"儒门淡薄，收拾不住，皆归佛老"的情势。要想重振儒门，必须重构儒学话语体系，确立既有上承孔孟之道的学术思想自觉，又有能够抗衡佛老的精致、思辨的理论形态。在这样一个重构中，儒学迎来了新发展——理学，带来了中国学术思想史的第四次转变。

可见，正是在重振儒门，抗衡佛老的历史背景下，宋代道学群体才有了创建作为新儒学的理学话语体系的课题，《近思录》的出现就是对此的积极回应。

二

虽说宋代儒者自立国之初就努力重构能与佛老抗衡的儒学话语体系，但伴随着王安石变法失败，诡异之论，悖理之说，竞相纷出，当时的思想文化世界无法形成有效的主流意识。到了朱熹所生活的南宋，建构一种主流意识来范导南宋王朝的思想文化世界，更好完成对儒学话语体系的重构，成为当时儒者致力解决的课题。

这种主流意识的建构首先面临的是外围的佛、道两家思想的冲击。理学诸子大都有先出入释老后返回六经的经历，作为北宋理学集大成者的朱熹也不例外。其早年深喜禅学，直到三十一岁从师李延平之后，才一意专向儒学，开始了逃禅归儒的历程。理学诸子这些经历让他们既反对佛老之学，又兼采佛老之慧。

与佛、道两家相比，汉唐儒者以天人感应的目的论、阴阳五行的气化论等思想建构的天道观，因为缺乏形上思辨，无法与两家以空、无为本的本体论思想所建构的形上学抗衡；并且汉唐儒者以天人相类、性三品等思想建构的人性论，也因为缺乏精致的修养功夫，无法和两家重视生命调适、安顿和运转的心性论抗衡。显然，儒学要想抗衡佛老，必须补上形上本体论与心性工夫论两个功课。

其次，主流意识的建构还面临儒学阵营内部的事功学派的挑战。事功学派主要是两浙的永嘉、永康学派，其主要代表人物是叶适和陈亮。按照孔子"君子喻于义，小人喻于利"的主张，儒者作为士，要有"志于道"的自觉，为了道德的成就，可以杀身、舍生。然而在事功学派看来，儒家固然有一个开物成务的传统，但并没有将道德和功利两者绝对对立，而是提倡道德与功利并行、王道与霸道并用。他们认为儒家本来的开物成务传统，没有什么形上本体、心性工夫色彩，道德人格的完善并不需要脱离现实事功的心性修养工夫，宇宙社会人生并不存在一个高高在上的、脱离现实事务的形上、超越之理作为主宰。陈亮提出："功到成处，便是有德；事到济处，便是有理。"在陈亮看来，理学诸子对心性工夫、形上本体的建构并不是对儒门固有道统的承继，而是因为受佛老之学浸染所形成的一种不自觉的偏离。显然，事功学派的主张如果成为儒家的主流意识，那么就会因为缺失理论学说的形上思辨、心性修养的精致工夫，无法与佛、道两家思想抗衡。

再者，主流意识的建构还面临心性儒学内部的心学学派的挑战。这一学派主要以江西的陆九渊为代表。陆九渊一方面欣赏朱熹的道德人格，向学生称赞其"乔岳也"；另一方面又向学生慨叹朱熹"学不见道，枉费精神"。在朱熹看来，他与陆九渊相比，在为学路径和修养功夫上，"道问学"一面强调得多，"尊德性"一面则相对薄弱。他反倒是觉得陆九渊弘扬的"圣人之道"大有禅学的色彩，所以常用"陆子禅"来形容陆九渊的学说。

对于朱熹的批判，陆九渊也很难认同。他认为自己所体认和践行的圣人之道，是读《孟子》这部经典"自得之"的结果，圣人之道并不是朱熹那种"道问学"的为学工夫所能成就的。陆九渊力倡孟子主张的人人生来即具的道德本心说。他认为既然人人生来就内在固有这种自足纯善的道德本心，那么体认和践行这种道德本心的关键就不在于外在的格物穷理，而是在于是否能够当下发明，只有当下能够发明这种道德本心，读书为学等外在的格物穷理行为才能有"头脑"。据此，他认为他这个"先立乎其大"的"发明本心"的为学工夫，才是真正圣学事业。他很自信地认为"发明本心"工夫是"易简工夫终究大",朱熹那种重视读书为学的外在格物穷理的工夫则是"支离事业",最终走向"竟浮沉"。

可见,如何总结和继承宋代儒者重构儒学的成果,积极回应来自佛、道两家以及事功派、心学派对理学文化的挑战,把理学确立成一个对后世学术思想有着重要范导作用的主流意识,这乃是朱熹、吕祖谦编著《近思录》所要解决的重要课题。

三

为了更好地通过理学四子的思想确立学术思想的主流意识,以更好地建构能抗衡佛老的理学话语体系,《近思录》需要确立一个建构理学话语体系的合理原则。

作为一部有目的地系统介绍理学四子思想的语录体编著,《近思录》的价值首先体现在对理学四子语录的收录上,《近思录》共收六百二十二条四子语录,分别取材于周敦颐的《太极图说》《通书》,张载的《文集》《正蒙》《经说》《论孟说》《语录》,二程的《文集》《遗书》《外书》《易传》《经说》等书,其中也有少量今本遗佚者,可略补四子文献之阙。

《近思录》更为重要的价值体现在编者剪裁序辑的运思构想。通过这一运思构想,可以看出理学话语体系的建构精神,厘清《近思录》的辑录原则。朱熹在《序》文中指出:"因共掇取其关于大体而切于日用者,以为此编。"这里朱熹道出了他辑录四子语录和建构理学话语体系的原则是"关于大体而切于日用"。

如何理解这个"关于大体而切于日用"的思想？这体现了朱熹的一个重要思想——"理一而分殊"。

"关于大体"是说"理一","切乎日用"是讲"分殊"。朱熹曾用铜钱和穿钱的绳子来描述理一和分殊的关系。如果孤守着理一的一面，那么就像没了铜钱的绳子，就会将道、理等形上本体孤悬、虚无化，沦为不切实用的玩弄风景；如果只是注重分殊的一面，就像散落一地的铜钱，无法提起，这样就会将日用生活弄成一地鸡毛，难见生活日用中的大本大源。

朱熹还曾借用佛家的"月印万川"思想来形容这个道理。万川有不同情势和情状，所以在其中所呈现的月亮也各有不同，这叫分殊。但再怎么不同，都在呈现同一个月亮。月亮在万川中的不同呈现，叫理一而分殊、一本而万殊；万川之中的每个月亮都是在呈现同一个天上月亮，叫分殊而理一、万殊而一本。按照这个说法，我们生活日用之中，就像万川印月一样，并不是散落的铜钱和一地的鸡毛，而是有着理一、一本层面，这一层面就是朱熹所说的"大体"。当然这个"大体"也不离"日用"，绳子必须借助各个铜钱发挥自己穿钱的妙用，月亮只有借助万川的不同情势才能呈现自己不同的情态。

按照这一原则，《近思录》在内容上首先体现了一种"切于日用"的精神。书名"近思"就是这一精神的体现。

"近思"一语出自《论语·子张》:"子夏曰:'博学而笃志,切问而近思,仁在其中矣。'"对"近思"的一般解释是,"近思于己所能及之事","不驰心高远,就其切近者而思之","所谓能近取譬也",等等。简单说来,就是从自己身旁日用常事出发去思辨。如果缺失了"切于日用""近思"这一层面,这部《近思录》就会沦为无铜钱可穿的空绳子。

正是在"切于日用""近思"精神指导下,《近思录》在内容编排上有一个从易到难,由低到高的逻辑顺序。开卷第一篇"道体",是在"三纲八目"之前论说太极、阴阳、理气、性命,本来不合朱熹初衷。朱子晚年回忆当初编著时说:"《近思录》首卷难看,某所以与伯恭商量,教他做数语以载于后,正为此也。若只读此,则道理孤单,如顿兵坚城之下,却不如《语》《孟》只是平铺说去,可以游心。"可见当时朱熹反对的理由,就是怕"道体"诸说深奥难懂,无法"切乎日用",怕初学者开卷即遇"坚城",反生畏葸之心,不利初学。

另外,我们在解读《近思录》之"大体"时,也要做好"切于日用"的体认功夫,反对观其大略,浅尝辄止。《近思录》作为引导入门的理学读物,因其既具见理学"大体",故历来为读者喜闻乐见,但这个"大体"的体认也有个逐渐切于日用的过程。吕祖谦虽坚持把"道体"置于卷首,以明确理学的大本大源,但他仍强调《近思录》卷次编排的用意是在于"日用躬行之实",要求学者就切身日用处下功夫,不废初阶,不凌节以进。朱熹在"编者说明"里指出,首先，要"诚得此而玩心焉"，按照"格物穷理"的要求，仔细体认每一条所内蕴的义理。如此之后，要继续求诸理学四子之全书，沈潜反复，优柔厌饫，实现"博而反约"，能够受用理学四子思想的"宗庙之美，百官之富"。

四

　　缺失了"切乎日用""近思"的层面，《近思录》就会变成无钱可穿的绳子，变得空洞，但无绳子去穿，这些散落的铜钱就难以提起。所以理学话语体系的建构和四子语录的辑录必须还得有"关乎大体"的一面，这样才能呈现理学话语体系的建构脉络和《近思录》文本的内容结构。

　　首先，在整个文本内容编排上，体现着一种"关乎大体"的思想。《近思录》共分十四卷，最初"各卷之中，惟以所引之书为先后，而不及标立篇名"。从形式上讲，《近思录》所辑录的大多是理学四子的语录，这些语录之间是松散的，没有严密的逻辑联系，并且每段语录也很难得要领，没有鲜明的宗旨和主题。

　　虽然这些语录形式上是没有系统的，没有一个"大体"存在，但实质上，这些散乱的语录却有一个内在的系统，存在一个关乎理学四子思想的"大体"。据《朱子语类》载朱熹弟子吴振的记录，朱熹曾向弟子这样描述这个内在的"大体"："《近思录》逐篇纲目：一道体，二为学大要，三格物穷理，四存养，五改过迁善、克己复礼，六齐家之道，七出处进退辞受之义，八治国平天下之道，九制度，十君子处事之方,十一教学之道,十二改过及人心疵病,十三异端之学,十四圣贤气象。"

在这个朱熹所揭示的十四篇纲目基础上,后世传刻印本,就有了十四卷的篇名。虽说不同传本各有更易,但蕴义皆不离朱子原意。比如盛行元、明两代的叶采集解本,篇名除卷一"道体"无异外,余皆有所删简缩改。如卷二删作"为学",卷三简作"致知",卷五改成"克治",卷六、卷七缩成"家道""出处",卷八以"治体"概括"治国平天下之道",卷九改"制度"为具体"治法",卷十称"政事"而举"君子处事"之要,卷十一删"之道"二字,卷十二把"改过及人心疵病"精简为"警戒",卷十三、十四略作改动,曰"辨别异端""总论圣贤"。清茅星来注本则是稍加改易,若卷五作"省察克治","出处"改为"去就取舍",卷十别为"临政处事之方",末二卷缩作"辨异端""观圣贤",等等。两种本子的篇名,用词相对比较规整。当然也有用朱子"逐篇纲目"原说当作篇名的,如清以来最流行的江永集注本就是直接以朱熹纲目为篇名。

其次,朱熹所列举的这十四卷的纲目,不仅仅是作为理解理学四子思想的"大体",而且也是解读整个理学话语体系的"大体"。《近思录》前四卷开显了可以与佛老相抗衡的儒家的形上本体论与心性工夫论体系,这一部分可理解为理学体系的哲学基础。其中,第一卷朱熹以"道体"作为纲目,阐发了儒家的天道性命思想,论述了太极之理和性论,彰显了儒家的形上本体论思想;第二至五卷分别以"为学大要""格物穷理""存养""改过迁善、克己复礼"为纲目，阐发了敬知双修的认识论与修养论，彰显了"涵养须用敬，进学在致知"的儒家心性工夫论思想。

卷六到卷十开显了儒家的外王思想，围绕着齐家、治国、平天下展开了儒家的治道思想，这部分可以理解为理学体系的经世理论。其中，卷六用"齐家之道"为纲目，辑录了一些论述齐家功夫的语录；卷七用"出处进退辞受之义"为纲目，辑录了一些有关出仕为官、待人接物语录；卷八用"治国平天下"为纲目，辑录了一些有关实现外王理想及处理政事的为官原则；卷九用"制度"为纲目，辑录了一些有关处事为官的具体方法；卷十用"君子处事之方"为纲目，辑录了四子对政治制度、治民原则的有关语要。

卷十一到卷十四开显了儒家的教化思想，这部分可以理解为理学体系的学术指归。卷十一用"教学之道"为纲目，辑录的是一套教书育人的方法原则；卷十二用"改过及人心疵病"为纲目，辑录了一些戒恶行善、改过迁善的具体修行；卷十三用"异端之学"为纲目，辑录了一些对佛、道二教思想的批评；卷十四用"圣贤气象"为纲目，辑录了一些圣贤道统、体认圣贤气象及评判诸子的有关语要。

另外，这十四个纲目还和《大学》"三纲八目"相互发明，成为解读以四书学为核心的经学体系的"大体"。《大学》之要在"三纲领、八条目"。"三纲"是说"明明德，新民，止于至善"，"八目"是指"格物、致知、诚意、正心、修身、齐家、治国、平天下"。

按照"三纲八目"的规模，首卷"道体"一篇，揭示了"三纲八目"所依据的本然之理。"道体"以下逐篇阐发"三纲八目"，其中卷二至卷五相当于格、致、诚、正、修，这是"明明德之事"。卷二论"为学大要"，以统领各项工夫。其次"格物穷理"，显然与"八条目"中"格物、致知"相对应。卷三论"存养"，是用来"守道心之正"；"省察克治"，是用来"遏人心之流"，一以培壅善性根本，一为除却恶欲蔽障，一正一反，正是《大学》"诚意、正心、修身"功夫。

卷六以下则为《大学》"新民"之事。"齐家"义自明。身既修，家既齐，然后君子可以出仕"兼济天下"，但或出或处，都必须坚守道德原则，不可进时则退处以"独善其身"，所以于"齐家""治国平天下"间置"去就取舍"一篇。"治体""治法""临政处事之方"，"乃《大学》'治国平天下'之道"，先列大纲，次详条目，继论"居官任职"者"应接事物而处其当是"。末三卷，"警戒"篇揭示不能"省察克治"者的"人心疵病"，以示学者深戒；"辨异端"斥释老神仙；"观圣贤"确立为学的终极目标：止于至善。

既然《四书》是儒学元典《五经》的入门阶梯，《大学》又是《四书》的纲领，《近思录》以《大学》"三纲八目"作为辑录四子语录的"大体"，那么读《近思录》可与《大学》相发明，并循级而上，渐渐明确其内蕴的理学话语体系建构脉络。

总之，《近思录》是按照"关于大体而切于日用"原则来编著理学四子语录的,在这个原则范导下,朱熹提供了一个解读四子思想、理学体系以及以四书学为核心的经学体系的"大体",通过这个"大体",我们可以明确其内蕴的理学话语体系建构脉络,进而更好地理解朱熹为其之后的中国学术思想史所确立的以四子学、四书学为基调的主流意识。